Arbeitsbücher: Sozialgeschichte und soziale Bewegung

Herausgegeben von
Klaus Tenfelde und Heinrich Volkmann

Dick Geary

Arbeiterprotest und Arbeiterbewegung in Europa 1848–1939

Verlag C.H.Beck München

Titel der englischen Originalausgabe:
Dick Geary, European Labour Protest 1848–1939

Vom Verfasser durchgesehene und autorisierte Übersetzung aus dem Englischen von Holger Fliessbach. Die deutsche Ausgabe wurde vom Verfasser mit Ergänzungen versehen.

CIP-Kurztitelaufnahme der Deutschen Bibliothek

Geary, Dick:
Arbeiterprotest und Arbeiterbewegung in Europa 1848 – 1939 / Dick Geary. [Vom Verf. durchges. u. autoris. Übers. aus d. Engl. von Holger Fliessbach]. – München : Beck, 1983.
(Arbeitsbücher: Sozialgeschichte und soziale Bewegung)
Einheitssacht.: European labour protest 1848 – 1939 <dt.>
ISBN 3 406 09743 x

ISBN 3 406 09743 X

Umschlagentwurf von Walter Kraus, München
Umschlagbild: Titelseite (Ausschnitt) der Metallarbeiter-Zeitung vom 3. Juni 1911
Für die deutsche Ausgabe:

Gesamtherstellung: Buchdruckerei Georg Wagner, Nördlingen
Printed in Germany

Inhalt

Verzeichnis der Abkürzungen

ADGB	Allgemeiner Deutscher Gewerkschaftsbund
ASE	British Amalgamated Society of Engineers
CGL	Confederazione Generale del Savoro
CGT	Confédération Générale du Travail (bis 1914 anarcho-syndikalistisch, von 1921 bis Anfang 1936 sozialistisch, seit 1936 sozialistisch und kommunistisch)
CGTU	Confédération Générale du Travail Unitaire (von 1921 bis 1936 kommunistisch)
CNT	Confederación Nacional del Trabajo (anarcho-syndikalistisch)
DMV	Deutscher Metallarbeiterverband
KAPD	Kommunistische Arbeiterpartei Deutschlands (1920 von der KPD abgespalten)
KPD	Kommunistische Partei Deutschlands
PCF	Parti Communiste Français
PCI	Partito Comunista Italiano
PSI	Partito Socialista Italiano
PSOE	Partido Socialista Obrero Españo
SFIO	Section Française de l'Internationale Ouvrière
SPD	Sozialdemokratische Partei Deutschlands
SPÖ	Sozialistische Partei Österreichs
THES	Times Higher Education Supplement
UGT	Union General del Trabajadores
USPD	Unabhängige Sozialdemokratische Partei Deutschlands

Vorwort

Dieses Buch will keine chronologische Darstellung der verschiedenen Arbeiterbewegungen geben, die auf dem europäischen Kontinent nach 1848 entstanden sind. Vielmehr konzentriert es sich auf einige wichtige Fragen, die sich bei der Erforschung des europäischen Arbeiterprotests stellen. Dabei stützt es sich auf Material aus mehreren Ländern, und zwar überwiegend aus Frankreich, Deutschland und Großbritannien, aber auch, wenngleich in geringerem Umfang, aus Österreich, Italien, Spanien und Rußland. Wir werden fragen, welche Arbeitergruppen zu unterschiedlichen Zeitpunkten unterschiedliche Arten des Protests entwickelten und warum sie dies taten; welchem Wandel die Form des Arbeiterprotests von Ort zu Ort und im Laufe der Zeit unterworfen war; ob es sinnvoll ist, von der »Verbürgerlichung« der europäischen Arbeiter in der Zeit vor 1914 zu sprechen; und warum die Zwischenkriegszeit in einigen Ländern durch Revolution und intensiven sozialen Konflikt gekennzeichnet war, in anderen dagegen nicht. In allen diesen Fällen werden mehr Fragen aufgeworfen, als beantwortet werden können; läßt schon ein derartig komplexer Gegenstand kaum mehr als Teilantworten zu, so werden sie angesichts der Forschungsdefizite in der Geschichte der Arbeiterbewegung der meisten europäischen Länder geradezu unvermeidlich. Eine klare Ausnahme bildet nur Großbritannien, eine mögliche Frankreich. Unser Interesse gilt in erster Linie den Protesten der einfachen Arbeiter, der Basis der Arbeiterbewegung, und weniger den Ideologien und Anliegen ihrer Führer, die keineswegs immer und in allen politischen Vorstellungen das »typische« Mitglied repräsentierten. Diese Unterscheidung wird auf den folgenden Seiten eine besondere Rolle spielen.

Bei dem Versuch, ein so umfangreiches Gebiet zu behandeln, ist mein Buch notgedrungen auf eine Synthese von Forschungen anderer angewiesen (mit Ausnahme einiger Abschnitte über Deutschland), doch ist es von einer Warte aus geschrieben, die oft vom Standpunkt der benutzten Originalautoren weit entfernt ist. Auch hat es vom Rat und der Hilfe zahlreicher Kollegen und Studenten der Universitäten Cambridge und Lancaster profitiert. Besonders meinen einstigen *research supervisors* Dr. Jonathan Steinberg und Dr. E. H. Carr sowie Martin Blinkhorn, Geoff Crossick, Ralph Gibson und Gordon Phillips möchte ich meinen Dank aussprechen. Ihre Anregungen waren mir vielfach wertvoll; ebenso – in bezug auf die Vorbereitung der deutschen Fassung – die Vorschläge der Herausgeber Klaus Tenfelde und Heinrich Volkmann. Die Irrtümer und Widersprüche des folgenden Textes gehen auf meine eigene Rechnung.

Dick Geary

1. Einleitung

Im 19. und zu Beginn des 20. Jahrhunderts sahen die Träger der politischen Gewalt und die traditionell herrschenden Kreise in Europa in den verschiedenen Formen des Unterschichtenprotestes fast immer das Werk von „Agitatoren", „Verschwörern" und vorzugsweise von „Außenseitern". So versuchte 1842 die britische Regierung, die kopflosen Streiks und Unruhen jenes bitteren Jahres als eine zusammenhängende und abgesprochene Verschwörung hinzustellen, den sogenannten „Plug Plot". König Friedrich Wilhelm IV. von Preußen war überzeugt, daß die Revolution von 1848 von widerwärtigen Elementen aus dem Ausland „systematisch angezettelt" worden sei; und viele europäische Regierungen hielten den Aufstand der Pariser Commune von 1871 fälschlicherweise für das Werk einer internationalen Verschwörerorganisation, nämlich der Marxschen Internationalen Arbeiterassoziation (der Ersten Internationale). Noch 1918 konnten viele deutsche Aristokraten, und nicht nur sie, ganz ernsthaft davon überzeugt sein, daß die Novemberrevolution jenes Jahres den Machenschaften von Slawen und Juden zu danken sei.

Daß die obere Gesellschaftsschicht die Mechanik des Protests mit solchen Scheuklappen sah, ist kaum verwunderlich. Es war (und ist mancherorts noch immer) geläufige Propaganda, die Schuld an sozialen Unruhen einer kleinen Minderheit von undankbaren Störenfrieden, „ausländischem Gesindel" oder sogar „politisch motivierten" Gewerkschaftsführern in die Schuhe zu schieben. Der begrenzte Horizont einer alteingesessenen, aber um ihre Vorrechte besorgten Elite erklärt sich ferner und unschwer aus der Isolierung oder dem begrenzten sozialen Kontakt einer solchen Gruppe. Schwerer zu erklären und jedenfalls weniger entschuldbar ist die Tatsache, daß sogar Historiker des Sozialismus und der Arbeiterbewegung so oft zu einer modifizierten Version dieser Verschwörungstheorie ihre Zuflucht genommen haben. In diesem Zusammenhang ist die Geschichtsschreibung über die britische Arbeiterbewegung eher die Ausnahme als die Regel. Da eine ideologische Kontroverse und ein institutionalisierter Sozialismus in Großbritannien vor der Jahrhundertwende fast völlig fehlten bzw. relativ bedeutungslos waren, waren die Historiker in gewisser Weise geradezu gezwungen, sich in Ermangelung fesselnderer Themen den „Basis"-Aktivitäten einfacher Arbeiter (und seltener auch Frauen) zuzuwenden. Auf dem Kontinent dagegen lagen die Dinge anders. Das frühe Erscheinen eines revolutionären Sozialismus in Frankreich und Deutschland sowie das nachfolgende Auftreten kommunistischer Massenbewegungen in diesen und anderen Ländern, der Bürgerkrieg in Spanien und mehr noch die bolschewistische Revolution in Rußland erregten sogleich und begreiflicherweise Interesse und haben seither die Aufmerksamkeit von Laien und Gelehrten gefesselt. Leider hat dies jedoch zur Folge gehabt, daß das, was als Geschichte von Bewegungen der Arbeiterklasse in den einzelnen Ländern Europas ausgegeben wurde, in Wirklichkeit – zumindest bis in die jüngste Zeit hinein – alles andere als eben dies war. Noch vor wenigen Jahren erschöpfte sich eine Vorlesung an einer englischen Universität, die angeblich „Europäische Arbeiterbewegungen" behandelte, im wesentlichen in der Untersuchung einer Reihe von geistigen und ideologischen Auseinandersetzungen – Marx kontra Bakunin, Kautsky kontra Bernstein, russischer Populismus, französischer Anarchosyndikalismus –, und befaßte sich nicht mit den Aktivitäten werktätiger Männer und Frauen.[1] Derartige Forschungsgebiete sind selbstverständlich vollkommen legitim; es ist kaum verwunderlich, daß Akademiker sich für intellektuelle Phänomene interessieren. Aber die konkrete historische Entwicklung des Sozialismus und der Arbeiterbewegung wird von diesen Ideologien bestenfalls am Rande berührt. Es gibt überwältigende Beweise dafür, daß selbst auf der Führungsebene der Sozialdemokratischen Partei Deutschlands (SPD), die ja oft als die doktrinärste aller europäischen sozialistischen Parteien vor 1914 angesehen worden ist, die marxistische Theorie bestenfalls mißverstanden, häufiger jedoch ignoriert oder mit Desinteresse bedacht worden ist.[2] Wenn dies schon von den Arbeiterführern gilt – um wieviel problematischer muß es dann sein, die Bedeutung des Marxismus für die *Basis* der Partei einzuschätzen! Wir wissen inzwischen, daß die einfachen Parteimitglieder, wenn sie aus Gewerkschafts- oder Parteibibliotheken wirklich einmal Bücher entliehen – und die meisten taten dies nicht –, sich in der Regel an die eskapistische Romanliteratur hielten.[3] Aus Frankreich wissen wir, daß sich das soziale Verhalten von angeblichen Anarchosyndikalisten kaum vom Verhalten ihrer nicht-anarchistischen Kollegen unterschied; als aber ein namhafter Führer der französischen anarchosyndikalistischen Gewerkschaftsorganisation CGT (Confédération Générale du Travail) nach seiner Meinung über die Theorien George Sorels gefragt wurde, gab er zur Antwort, seine einzige Lektüre sei Alexandre Dumas.[4] Im folgenden werden wir noch auf viele weitere Anhaltspunkte dafür stoßen, daß bei der Mitgliederschaft verschiedener sozialistischer Parteien und radikaler Gruppen ideologische Unwissenheit oder Konfusion herrschte.

Neben den ideengeschichtlichen Sozialismusstudien gibt es natürlich weitere unzählige Untersuchungen über die Geschichte der europäischen Arbeiterschaft; doch sind die meisten von ihnen Organisationsgeschichten von politischen Parteien und Gewerkschaften. Solche Arbeiten sind notwendig, doch sind die meisten gleichsam von oben nach unten geschrieben: Meinungskämpfe innerhalb der Arbeiterbewegung werden durch die Brille von Gewerkschafts- und Parteiführern betrachtet, nicht aus dem Blickwinkel der Basis und ihrer Alltagserfahrungen. Die meisten Erörterungen, welche darauf hinauslaufen, daß beispielsweise die deutsche Arbeiterbewegung in der Zeit vor dem Ersten Weltkrieg an Radikalität verloren habe, gründen sich auf eine Analyse des Verhaltens und der Einstellungen in der Führungsspitze der SPD, während die russische Revolution gewöhnlich unter dem Eindruck der Geschichte der bolschewistischen und menschewistischen Parteien und der Persönlichkeit Lenins analysiert wird und nicht im Lichte der Arbeitserfahrung gewöhnlicher Russen, ungeachtet neuerer Ansätze in dieser Richtung.[5]

Der organisationsgeschichtliche und auf die Führungsorgane von Parteien und Gewerkschaften konzentrierte Ansatz ist aus mehreren Gründen nicht geeignet, der Geschichte der sozialistischen bzw. sozialdemokratischen Bewegung in Europa Gerechtigkeit widerfahren zu lassen. Denn die meisten der sozialistischen Parteien, die im 19. Jahrhundert entstanden, und manche ihrer kommunistischen Nachfolgeorganisationen waren politische Massenbewegungen mit Tausenden, ja Hunderttausenden von Mitgliedern; so hatte die SPD am Vorabend des Ersten Weltkriegs eine Mitgliederzahl von über einer Million. Hinzu kommt, daß diese Organisationen zumindest in ihren Anfängen demokratisch waren und ihrer Basis einen gewissen, wenn auch zurückgehenden Einfluß auf den innerorganisatorischen Entscheidungsprozeß einräumten. Ferner gab es, wie wir sehen werden, Gelegenheiten, bei denen der Widerstand der Basis gegen die offizielle Führung offenkundig wurde. Daher wird jeder Versuch einer angemessenen Auseinandersetzung mit der Geschichte der SPD, der Sozialistischen Partei Frankreichs, der Section Française de L'Internationale Ouvrière (SFIO), oder der Sozialistischen Partei Italiens (PSI) auch den Einstellungen und Aktivitäten der werktätigen Basis Rechnung tragen müssen.

An diesem Punkt ergeben sich jedoch neue Schwierigkeiten. Selbst wenn wir imstande wären, eine gültige Geschichte der organisierten sozialistischen Bewegung zu rekonstruieren, würden dennoch weiteste Bereiche des Arbeiterprotests unerforscht bleiben. Viele Arbeiter traten zwar in Gewerkschaften ein und schlossen sich Massenaktionen (z. B. Streiks) an, waren aber trotzdem nicht bereit, den organisierten Sozialismus zu unterstützen bzw. ihre Unterstützung für ihn zu intensivieren; am offensichtlichsten war dies in Großbritannien. Vielleicht noch bezeichnender ist der Umstand, daß die meisten Arbeiter vor 1914 überhaupt keiner Organisation angehörten, auch nicht in den fortgeschrittenen Industrienationen Europas: Am Vorabend des Ersten Weltkriegs gehörten nicht mehr als 9 Prozent der französischen, 25 Prozent der deutschen und ein kaum größerer Teil der britischen Arbeiterschaft einer wirtschaftlichen oder politischen Organisation an. Und nicht nur das; es gab viele Arbeiter, die zuvor niemals organisiert gewesen waren und sich doch an Streiks und noch radikaleren Aktivitäten beteiligten. So spielten die „Unorganisierten" eine wesentliche Rolle bei der Welle von Streiks in Deutschland und Rußland im Jahre 1905, bei den revolutionären Ereignissen 1917 in Rußland und 1918/19 in

Deutschland sowie bei den Erhebungen in Frankreich 1936. Keine Studie über Arbeiterprotest kann demnach ihr Augenmerk ausschließlich auf Ideologien, Organisationen oder Führungsspitzen richten.

Es trifft zwar zu, daß neuerdings viel Zeit und Mühe auf die Analyse von Streiks und insbesondere von Streikforderungen verwendet worden ist.[6] Man nimmt an, daß auf diese Weise geklärt werden kann, was für gewöhnliche Arbeiter „wichtig" war – weit genauer als aus den Überlegungen und Erklärungen ihrer selbsternannten Führer. Indessen bin ich nicht davon überzeugt, daß Streikforderungen die ganze Bandbreite der von der Arbeiterklasse beklagten Mißstände und der von ihr verfolgten Bestrebungen widerspiegeln: wer streikt, wird in der Regel das verlangen, was er glaubt, bekommen zu können, nicht aber alles, was er sich überhaupt wünscht. Vor allem aber bedeutet der Verzicht auf Streik nicht zwangsläufig, daß man mit der bestehenden wirtschaftlichen, sozialen und politischen Ordnung zufrieden wäre. Wie wir noch sehen werden, gibt es Umstände, unter denen ein Streik unmöglich, gefährlich oder einfach widersinnig ist; gleichwohl hatten aber auch diese nicht-streikenden Arbeiter mannigfache Möglichkeiten des Protests: Verringerung der Produktivität, Absentismus, die *Drohung* mit Streik.

Dieser letztgenannte Punkt wirft weitere Probleme auf. Das vorliegende Buch befaßt sich in erster Linie mit kollektivem Protest; wie steht es aber mit dem individuellen Protest gegen Industrialismus oder das kapitalistische System? Ist erhöhter Alkoholismus eine Form des Protests? Wäre es nicht vielleicht die wirksamste Form des Protests gegen die neue industrielle Ordnung in Europa gegen Mitte und Ende des 19. Jahrhunderts gewesen, in die Neue Welt auszuwandern? Bedeutet Bummelei oder Arbeitsverweigerung bloß die Fortsetzung „vorindustriellen" Verhaltens in einer neuartigen Situation oder aber einen echten Einspruch gegen die herrschende ökonomische Wirklichkeit? Die Antwort mag von Fall zu Fall, von Individuum zu Individuum verschieden sein. Der Gegenstand des Buches ist ein anderer. Es befaßt sich mit kollektiven Reaktionen auf die Probleme der Industriegesellschaft, und zwar in erster Linie mit jenen, die, sei es auch nur für kurze Zeit, eine gewisse organisierte Form gehabt haben. Insbesondere befaßt es sich mit der Frage, *warum* bestimmte Gruppen von Arbeitern sich verbanden, um gemeinsam gegen Ausbeutung und Unterdrückung zu kämpfen.

Wenn im Vordergrund des Interesses nicht mehr Politiker und Gewerkschaftsführer, sondern die Erfahrungen des einfachen Mannes stehen, dann muß die Aufmerksamkeit sich von ideologischen Erwägungen abkehren und den realen, vom Arbeiter beklagten Mißständen am Arbeitsplatz und zu Hause zuwenden. Ganz unverkennbar gibt es einen Zusammenhang zwischen globalen Wirtschaftsdaten und Arbeiterprotest. So gab die Inflation zwischen 1910 und 1914 in verschiedenen europäischen Ländern Anlaß zu Streikaktivitäten, ebenso wie jene der Nachkriegszeit zu den massiven Erhebungen in Mitteleuropa. Trotzdem wäre es ganz gefährlich, wenn man annehmen wollte, Armut oder Verarmung seien die direkten Ursachen des radikalen Arbeiterprotests. In Wirklichkeit ist der Zusammenhang zwischen Lebensstandard und Arbeiterprotest ungemein komplex: die ersten Gruppen von Industriearbeitern, die sich an organisiertem Protest beteiligten, Gewerkschaften bildeten und sozialistischen Parteien beitraten, rekrutierten sich fast ausnahmslos aus den verhältnismäßig gut bezahlten Teilen der Arbeiterschaft. Das ließe vermuten, daß Armut als Erklärung für industrielle und politische Militanz nicht ausreicht. Dennoch gibt es gegenteilige Meinungen.[7] Zwar hat wirtschaftliche Unsicherheit unter gewissen Umständen den Radikalismus begünstigt: so war akute Arbeitslosigkeit der Hintergrund der Maschinenstürme (Luddismus), des Chartismus der „physischen Gewalt" und der Unruhen von 1842 in England. Arbeitslosigkeit war auch das Hauptmotiv für die Unterstützung der Kommunistischen Partei Deutschlands (KPD) zwischen den Weltkriegen. Aber die Arbeitslosigkeit konnte sich auch ungünstig auf die gewerkschaftliche Organisation auswirken und minderte im größten Teil dieses Zeitraums die Versuchung zu streiken: In Zeiten hoher Arbeitslosigkeit konnte der militante Arbeiter verhältnismäßig leicht ersetzt werden, und seine Verhandlungsposition war damit deutlich geschwächt. Wiederum waren es die Arbeiter in gesicherterer Stellung, die sich als erste organisierten und am häufigsten an Streiks teilnahmen. Der Zusammenhang zwischen Qualifikation, hohen Löhnen und Sicherheit des Arbeitsplatzes ist ebenso klar; und es ist von allergrößter Bedeutung, daß es gerade diese Facharbeiter waren, die vor dem Ersten Weltkrieg in Großbritannien, Frankreich und Deutschland die Basis von Gewerkschaften und Parteien ausmachten. Die ungelernten Arbeiter dagegen waren vor und nach 1914 viel schwerer langfristig zu mobilisieren, wobei sie sich in wirtschaftlichen und politischen Krisenzeiten als ganz besonders unbeständig erweisen sollten.

Neben der Höhe des Lohns, dem Grad der Arbeitslosigkeit und der unterschiedlichen Qualifikation scheint auch die Größe der Fabrik bzw. des Betriebes einen gewissen, allerdings umstrittenen Einfluß auf die Struktur des industriellen und politischen Protests gehabt zu haben. An einigen Orten, wie z. B. in Rußland zwischen 1910 und 1918[8] und während eines veritablen Bürgerkrieges in Deutschland nach 1918[9], scheint es einen Zusammenhang zwischen politischem Radikalismus und Beschäftigung in Großunternehmen gegeben zu haben. Jedoch besaßen vor dem Ersten Weltkrieg die größten Unternehmen in Deutschland tendenziell die friedfertigste Arbeiterschaft, und zwar insofern, als nur wenige Beschäftigte in andere als die „gelben" Gewerkschaften der Unternehmer eintraten und die Zahl der Streiks verhältnismäßig klein war.[10] Dagegen könnte man wiederum den Standpunkt vertreten, daß diese Friedfertigkeit nur die vorübergehende Folge der starken Verhandlungsposition der Arbeitnehmer war und daß dieselben Arbeiter, sobald sozialer Aufruhr diese starke Position erschütterte, sich einmal mehr als außerordentlich wankelmütig erweisen würden.[11] Außer der reinen Größe von Wirtschaftseinheiten konnten jedoch auch die Organisation des Arbeitsablaufs und die innerbetriebliche Herrschaftsstruktur eine Unzahl von Beschwerdegründen liefern: angefangen bei der zunehmenden Disziplinierung[12] bis zu der ewigen Klage über brutale Vorarbeiter[13] usw. Andererseits war es nicht schwer, potentielle Protestierer abzuschrecken, wenn der Arbeitgeber den örtlichen Arbeitsmarkt monopolisierte, die Gewährung von Betriebsrenten vom Wohlverhalten (= Verzicht auf Arbeitskämpfe) abhängig machte und womöglich sogar Werkswohnungen stellte, wie dies in den rapide expandierenden Industriestädten des Ruhrgebiets vor 1914 der Fall war.

Dieser letztgenannte Punkt fördert weitere Probleme zutage, die einen tiefgreifenden Einfluß auf das Klassenbewußtsein und die Aktionen des Industrieproletariats hatten: die Wohnverhältnisse des Arbeiters. Wo sein Haus Eigentum des Arbeitgebers war, waren die Risiken, die mit einer Beteiligung an Streiks einhergingen, ebenso groß wie offenkundig, was die Unternehmer nicht müde wurden zu betonen; denn die Beteiligung an Streiks oder gewerkschaftlichen Aktivitäten konnte die fristlose Kündigung des Hauses bedeuten. Man hat die These vertreten, daß die Arbeiter dort, wo sie in sozial homogenen Gemeinden lebten, viel eher imstande waren, in irgendeiner Form ein solidarisches Klassenbewußtsein zu entwickeln: In diesem Sinne hat David Crew versucht, die häufigen Kämpfe der Bergleute im Bochumer Kohlerevier zu erklären.[14] Metallarbeiter aus sozial gemischten Wohngebieten dagegen zeigten weniger Solidarität und weniger Militanz; und Studien über Einstellungen der Arbeiterklasse in England lassen vermuten, daß die Klassentrennung auf dem Wohnsektor in den sechziger Jahren unseres Jahrhunderts noch immer dieselbe Bedeutung hat.[15] Joan Scott vertritt die Ansicht, daß bei den Glasarbeitern der französischen Stadt Carmaux der Übergang von der Passivität zum industriellen und politischen Handeln zumindest teilweise mit ihrem zunehmenden Kontakt mit den in ihrer Wohnumgebung lebenden Bergleuten zusammenhing, die schon über organisatorische Traditionen verfügten[16]; während Erhard Lucas der Meinung ist, daß die Neigung zur Gewalttätigkeit, die in Hamborn (im Ruhrgebiet) während der deutschen Revolution 1918/19 den industriellen und politischen Konflikt begleitete, bis zu einem gewissen Grad eine soziale Umwelt widerspiegelte, in der Trunkenheit und Gewalt an der Tagesordnung waren.[17]

Der Arbeiter (man verzeihe diese maskuline Kurzbezeichnung: der Druck, dem die Arbeiterin unterworfen war, war mindestens genauso groß und normalerweise noch unendlich viel lastender) befand sich also sowohl zu Hause als auch am Arbeitsplatz in einer Situation, in der er dem mannigfaltigsten Druck ausgesetzt war; aber die Art und Weise, wie er diesen Druck erlebte und auf ihn reagierte, ergab sich nicht einfach aus rein materiellen Überlegungen, sondern auch aus ererbten Werten und Erwartungen. Eine mögliche Erklärung für die – oberflächlich gesehen – paradoxe Tatsache, daß viele der streikfreudigen, früh gewerkschaftlich organisierten und sozialistischen Arbeiter in der Tat verhältnismäßig qualifiziert und hochbezahlt waren, ist in dem Umstand zu sehen, daß es sich bei ihnen um Menschen mit hohen und vielleicht sogar steigenden Erwartungen handelte, während manche der radikalsten Arbeiter aus Gruppen kamen, die bessere Tage gesehen hatten und nicht nur ihren Lebensunterhalt, sondern auch ihre beruflichen Qualifikationen, ihre Unabhängigkeit und ihren Status gefährdet sahen (beispielsweise die englischen Handweber in der ersten Hälfte des 19. Jahrhunderts). Dieses letztgenannte Thema kehrt auch in späteren Stadien der Industrialisierung mit der Einführung neuer Technologien und der Radikalisierung der von Dequalifikation betroffenen Arbeiter wieder (Glasarbeiter in Carmaux, Maschinenbauer vom „Red Clydeside" in England am Ende des Ersten Weltkriegs). Wie wir am Beispiel Spaniens noch sehen werden[18], steckten Bauern, in deren Heimat der ländliche Radikalismus Tradition hatte, mit ihrem Haß gegen die Obrigkeit die Fabrikarbeiter Kataloniens an, während Bauern von konservativer ländlicher Herkunft sich anders verhielten. Gruppen mit traditionell niedrigen Erwartungen (irische Einwanderer in England, polnische Arbeiter in Deutschland, Bauern aus Ostelbien oder aus den verarmten ländlichen Gegenden Frankreichs, fast überall die Arbeiterinnen) stießen denn auch verhältnismäßig spät in die Reihen des organisierten Protests (Streiks, Gewerkschafts- oder Parteizugehörigkeit) vor. Zu sagen, daß sie überhaupt nicht „protestierten", wäre vielleicht insofern ungenau, als individuelle Akte der Gewalttätigkeit, die Zuflucht zur Flasche oder gar zum Beichtstuhl keineswegs ungewöhnlich waren. Aber es scheint doch festzustehen (wie Shorter und die Tillys gefolgert haben[19]), daß die „Entwurzelungstheorie" des Protests – die Entfremdung von Männern und Frauen vom Lande in einer neuen und feindseligen städtischen Umgebung – nicht nachzuweisen ist, jedenfalls nicht bei organisiertem kollektiven Handeln. Es scheint so etwas wie eine zeitliche Verschiebung zu geben zwischen der sozialen Entwurzelung und der Beteiligung an dem, was man als neue, der industriellen Ordnung angepaßte Formen des Protests bezeichnen könnte. So war in ganz Europa die lange Ansässigkeit in einer bestimmten Stadt häufig für diejenigen Facharbeiter kennzeichnend, die als erste Gewerkschaften bildeten.[20]

Eine Analyse dieser unterschiedlichen Variablen über die in gewisser Weise „künstlichen" nationalen Grenzen hinweg offenbart bei bestimmten Berufsgruppen eine erstaunliche Ähnlichkeit des Verhaltens, die allen angeblichen „nationalen Eigentümlichkeiten" hohnspricht. Drucker, Maschinenbauer u. dgl. bildeten in Großbritannien, Frankreich, Deutschland und anderswo schon früh die Basis einer stabilen Gewerkschaftsorganisation. Die ungelernten Arbeiter waren in ihrem Verhalten fast ausnahmslos die wankelmütigsten. Fast überall gab es eine Entsprechung zwischen Streikwellen und Zeiten geringer Arbeitslosigkeit, vielleicht mit Ausnahme der frühesten Zeit der Industriellen Revolution. Daher scheinen die Aktivitäten protestierender Arbeiter im industriellen Bereich doch einem Muster zu folgen, das in umfassender und signifikanter Weise verallgemeinerungsfähig ist.

Betrüblicherweise – betrüblich für diejenigen, welche die Geschichte gern in einer Art schematischer Zwangsjacke sehen – verflüchtigt sich dieser Eindruck regelhafter Zusammenhänge, sobald wir uns der Frage des *politischen* Handelns zuwenden. Vielleicht ist es möglich, irgendwelche allgemeinen Formeln zu entwickeln, welche den Übergang von der industriellen zur politischen Militanz erfassen, d. h. warum Arbeiter sich nicht nur in Konflikte mit ihren Arbeitgebern einlassen – durch Streik und gewerkschaftlichen Zusammenschluß –, sondern auch die Auseinandersetzung mit dem Staat suchen, indem sie den Sturz der bestehenden politischen Ordnung betreiben oder um einen gerechten Anteil am politischen Entscheidungsprozeß innerhalb des bestehenden politischen Rahmens kämpfen. Das erste Kapitel dieses Buches befaßt sich denn auch damit, eben solche Formeln anzubieten.[21] Dennoch ist nicht zu leugnen, daß die politische Identität europäischer Arbeiterbewegungen enorme zeitliche und nationale Veränderungen erfahren hat. Mir scheint, daß an dieser Stelle weitere nicht-ökonomische Variablen ins Spiel kommen, und zwar insbesondere die Einstellungen anderer Teile der Gesellschaft und hauptsächlich des Staates zur Arbeiterschaft.

Besonders offenkundig ist, daß ein repressiver Staatsapparat durch direktes militärisches Eingreifen Auseinandersetzungen im Wirtschaftsbereich zu revolutionären Kämpfen verschärfen kann; so geschehen in Rußland 1905. Die Brutalität der Guardia Civil in Spanien hatte die Gewalttätigkeit der Arbeiterklasse zur Folge. Das Verbot legaler Ventile für den Protest konnte aus Kämpfen gegen Lohn- und Arbeitsbedingungen militante Erhebungen machen, wie etwa, nicht eben selten, in den dreißiger Jahren des 19. Jahrhunderts in Frankreich, aber auch in Großbritannien zu Beginn des 19. Jahrhunderts. Andererseits sind die *verhältnismäßig* liberalen Einrichtungen Großbritanniens gegen Ende des 19. Jahrhunderts teilweise verantwortlich für den Reformismus der englischen Arbeiterklasse. Das halbautokratische Verfassungssystem Deutschlands im Zweiten Reich, ein Zwischending zwischen dem „demokratischen" England und dem „autokratischen" Rußland, brachte dagegen eine Arbeiterbewegung hervor, die sich niemals ganz schlüssig werden konnte, ob sie reformistisch oder revolutionär sein wollte. Für Lenin und seine Kollegen existierte diese Alternative überhaupt nicht. Das gilt natürlich auch umgekehrt: Der Radikalismus der Arbeiterklasse konnte die staatliche Repression erst heraufbeschwören, wohingegen der liberale Charakter des britischen Staates zumindest teilweise auf das Fehlen einer wirklich revolutionären Arbeiterbewegung zurückzuführen war. Was war zuerst da: die Henne oder das Ei?

Dasselbe könnte man über das Verhältnis zwischen dem Selbstbewußtsein der Arbeiter und den Einstellungen anderer sozialer Gruppen ihnen gegenüber sagen. Dort, wo in der Mittelschicht liberale Werte lebendig blieben – vielleicht einfach nur, wo es überhaupt eine Mittelschicht gab – und insbesondere dort, wo Tarifverhandlungen zwischen Arbeitgebern und Gewerkschaften nicht, wie dies in Deutschland und Frankreich vor 1914 größtenteils der Fall war, auf den unerbittlichen Widerstand der Arbeitgeber stießen, führten die Arbeitskonflikte nicht automatisch zur politischen Agitation oder zum Sozialismus, wie die Geschichte der englischen Arbeiterklasse und die Klagen Friedrich Engels' mühelos bezeugen. (Daher auch die leninistische Theorie, die uns beispielsweise noch bei DDR-Historikern und in John Fosters Studie über Oldham um die Mitte des 19. Jahrhunderts begegnet und die im wesentlichen besagt, daß die Arbeiterklasse ohne das Eingreifen der Partei oder wenigstens einer radikalen Intelligenz zu einem rein „ökonomistischen" Bewußtsein verurteilt bleibt.[22]) Auf der anderen Seite haben gerade die Schnelligkeit, mit der zumindest Teile des deutschen Bürgertums ihren liberalen Werten entsagten, und die autokratische Unternehmensführung, mit der es die deutschen Arbeiter in ihren Fabriken zu tun bekamen, in den sechziger Jahren des 19. Jahrhunderts ganz offenkundig zur Bildung einer deutschen Arbeiterbewegung mit eigenen, unabhängigen politischen Einrichtungen beigetragen. Oft ist es schwer, zwischen wirtschaftlichen und politischen Kämpfen zu unterscheiden, wie Rosa Luxemburg am Fall der russischen Revolution von 1905 dargelegt hat.[23] Es gibt auch Fälle, in denen ein und dieselbe Gruppe von Arbeitern, je nach wirtschaftlicher Konjunktur, zwischen industriellem und politischem Protest hin- und hergeschwankt zu haben scheint.[24]

Zuletzt noch einige klärende und einige warnende Worte. Zur Bedeutung der Terminologie, die auf den vorangegangenen und den folgenden Seiten ohne Zweifel viel zu unbedenklich verwendet wird, sei gesagt: Mit „industrieller Aktion" meine ich Formen des Protests, die sich eher unmittelbar gegen den Arbeitgeber und die Arbeitsbedingungen richten als gegen die herrschende soziale und politische Realtität in ihrer Gesamtheit. Diese Aktionen bestehen vornehmlich aus Bummelstreiks, Ausständen und unterschiedlichen Formen gewerkschaftlicher Betätigung. „Politisches Handeln" bezieht sich auf das Handeln durch politische Institutionen und Organisationen – Parteien, revolutionäre Geheimgesellschaften – oder auf Handeln, das auf die Beseitigung bestehender politischer Einrichtungen abzielt. Diese Unterscheidung ist, wie bereits angemerkt, einigermaßen rigide. Das Streiken für höhere Löhne kann zum Sturz von Regierungen führen. Beschwerden über die innerbetriebliche Herrschaftsstruktur könnte man leicht auch als „politisch" definieren. Dennoch hat diese Unterscheidung eine gewisse Gültigkeit, da bestimmte Gruppen von Arbeitern zwar ökonomisch militant, aber niemals politisch radikal waren.

„Militanz“ ist ein Begriff, den ich normalerweise verwendet habe, um häufigen *industriellen* Protest zu beschreiben (es sei denn, dem Ausdruck ist das näher bestimmende Eigenschaftswort *politisch* beigegeben). Die Bezeichnung „radikal“ habe ich nach Möglichkeit denjenigen Personen und ihren Handlungen vorbehalten, die mehr als eine nur kurzfristige Verbesserung des Lebensstandards sowie in irgendeiner Form eine strukturelle wirtschaftliche und politische Neuordnung gefordert haben (Vergesellschaftung, Räteherrschaft, Ablösung der bestehenden wirtschaftlichen, sozialen und politischen Eliten). Das Wort „revolutionär“ deckt weitgehend denselben Bereich ab; „reformistisch“ beinhaltet dagegen den Glauben an die Möglichkeit, die Lage der Arbeiterschaft im Rahmen der herrschenden Wirtschafts- und Gesellschaftsordnung durch Teilreformen zu verbessern. Auch diese Kategorien sind keineswegs hieb- und stichfest. Manche „Reformisten“ waren der Überzeugung, daß die Teilreformen schließlich zur Beseitigung der kapitalistischen Eigentumsverhältnisse führen würden. Manche Forderung nach Vergesellschaftung verfolgte nicht irgendeinen chiliastischen Missionseifer, sondern einfach das Ziel, Arbeitsplätze zu sichern. Aber ich hoffe, wie gesagt, daß diese Begriffe zur Abgrenzung dessen beitragen werden, was doch auch reale Unterschiede der Perspektive und der Aktivität zwischen einzelnen Gruppen von Arbeitern waren.

Und damit bin ich bei den warnenden Worten. Auf theoretischer Ebene mag es möglich sein, zwischen einer „revolutionären“ Arbeiterbewegung, etwa in Rußland oder Katalonien, und einer „reformistischen“ Werktätigenklasse in Großbritannien und Süddeutschland zu unterscheiden; aber diese Unterschiede in solcher – keineswegs ungeläufigen – Weise zu schematisieren, heißt vermutlich, sich zum Sklaven einer unsachgemäßen Terminologie zu machen, die mehr über die Einstellung von Intellektuellen aussagt als über die Arbeiter selbst. Man könnte sogar den Standpunkt vertreten – und das wird im folgenden geschehen –, daß das treibende Motiv sowohl der russischen als auch der englischen Arbeiter ein und dasselbe war und in nichts anderem bestand als in dem Wunsch, etwas Warmes in den Magen zu bekommen; aber die Beseitigung dieser unmittelbaren materiellen Mißstände erforderte unterschiedliche Strategien, und zwar infolge der Begleitumstände, die von Land zu Land so außerordentlich verschieden waren. Im einzelnen schloß die Beseitigung jener Mißstände in Rußland im Jahre 1917 die Beendigung des Krieges ein, die ihrerseits den Sturz zunächst der Zarenherrschaft und dann der Provisorischen Regierung beinhaltete. Der Unterschied lag im historischen Rahmen, nicht in divergierenden Graden von „Bewußtsein“.

Die folgenden Kapitel gliedern sich in drei Hauptabschnitte, die annähernd chronologisch angeordnet sind. Einzelne spezifische Themen und Erörterungen werden allerdings an Hand von Material aus mehr als einer Epoche veranschaulicht. Kapitel 2, „Die Anfänge des organisierten Protests“, befaßt sich mit den Unterschieden zwischen industriellem und vorindustriellem Protest, mit der Frage, warum in verschiedenen Teilen Europas um 1860 eine organisierte Arbeiterbewegung entstand, und mit der sozialen Basisstruktur dieser Bewegung. Um diese Themen abhandeln zu können, wurde englisches Material aus einem früheren Zeitraum herangezogen, da die Industrialisierung in Großbritannien früher einsetzte als auf dem Kontinent. Wertvolle Vergleichsdaten liefern natürlich auch die späteren Erfahrungen in Rußland und in geringerem Umfang in Spanien und Italien, wo sich die Auswirkung der Industrialisierung erst später bemerkbar machten. Kapitel 3 trägt den Titel „Die Entfaltung der Arbeiterorganisationen, 1890–1914", wobei „Entfaltung" keinesfalls normativ zu verstehen ist, und behandelt das massive Anwachsen und die Institutionalisierung des Arbeiterprotests in der Zeit vor dem Ersten Weltkrieg. Es sucht auch die Frage zu beantworten, ob in dieser Zeit ein Prozeß der Entradikalisierung stattgefunden hat. Kapitel 4, „Krieg, Revolution und Kommunismus", versucht das Entstehen radikaler Massenbewegungen und kommunistischer Bewegungen zu erklären und gleichzeitig der Tatsache Rechnung zu tragen, daß im England der Zwischenkriegszeit ein echter revolutionärer Impuls von nennenswerter Stärke nicht vorhanden war. Es setzt sich ferner mit dem zentralen Problem auseinander, daß es der Arbeiterschaft fast nirgendwo gelang, an die Macht zu kommen, und daß sie in einigen Fällen nicht einmal den Ansturm des Faschismus überlebte. Die Erfahrung des Faschismus, des Zweiten Weltkrieges und danach des Kalten Krieges haben das Gesicht des Arbeiterprotestes verändert; doch das steht auf einem anderen Blatt.

2. Die Anfänge des organisierten Protests

Einführung

Die modernen Formen des Protests, die durch den Kampf zwischen Arbeitnehmern und Arbeitgebern um Löhne und Arbeitsbedingungen gekennzeichnet sind, mit dem Streik als Hauptwaffe ausgetragen und auf lokaler und nationaler Ebene langfristig organisiert werden, hängen natürlich mit der Ausbreitung der Industriegesellschaft zusammen; doch sahen die Anfänge dessen, was wir „Industrielle Revolution" nennen, in den verschiedenen Ländern außerordentlich verschieden aus, so wie auch die Geschwindigkeit, mit der diese Revolution um sich griff, von Fall zu Fall verschieden war. Um 1848 hatte Großbritannien, das notwendig der Ausgangspunkt unserer Studie ist, fast hundert Jahre einer rapiden wirtschaftlichen Entwicklung hinter sich, wobei in manchen Bereichen, namentlich in der Textilindustrie, bereits neue Technologien und die Serienproduktion ihren Einzug gehalten hatten, obwohl Fabrikarbeiter nach wie vor eine zahlenmäßige Minderheit in der Arbeiterschaft darstellten und in einigen industriellen Bereichen häusliche und handwerkliche Fertigung nicht nur noch vorhanden waren, sondern sogar weiter an Bedeutung gewannen. Das hatte dazu geführt, daß sich bis zu diesem Zeitpunkt in Großbritannien bereits zahlreiche Formen des Arbeiterprotests herausgebildet hatten: Luddismus, Streiks, gewerkschaftliche Organisation, ja sogar das Eingreifen der Arbeiterschaft in die Politik in Gestalt des Chartismus. Auf dem Kontinent lagen die Dinge anders. In Frankreich setzte die erste große Welle der wirtschaftlichen Modernisierung während der Julimonarchie, zwischen 1830 und 1848 ein: es entstanden Textilindustrien in der Gegend von Lille, Rouen und Mühlhausen (Elsaß), wobei gerade das letztgenannte Textilzentrum in technischer Hinsicht fast ebenso fortschrittlich wie Lancashire war; Kohlebergbau und metallverarbeitende Industrien fanden im Loire-Becken um St. Etienne eine Heimat. Weiteres und nachhaltigeres Wachstum brachte das Zweite Kaiserreich (1852-1870) mit dem Ausbau des Eisenbahnnetzes und der Erschließung eines moderneren Bergbau- und Metallverarbeitungsgebiets im Nordosten des Landes. Doch besaß die französische Wirtschaft während des ganzen 19. und noch bis ins 20. Jahrhundert hinein einen sehr großen und rückständigen handwerklichen Sektor, was, wie wir noch sehen werden, bedeutsame Folgen für Eigenart und Ausmaß des französischen Arbeiterprotests haben sollte. Mit dem industriellen Wachstum seit den dreißiger Jahren des 19. Jahrhunderts kam es in Frankreich nichtsdestoweniger zur Bildung von Arbeiterselbsthilfevereinen, Genossenschaften, Gewerkschaften, ja sogar von revolutionären Geheimgesellschaften. In Deutschland begann die Arbeiterklasse erst nach 1848, sich in nennenswertem Umfang auf solche Aktivitäten einzulassen; hierin spiegelte sich natürlich der verhältnismäßig späte Beginn der Industrialisierung. Seit den fünfziger Jahren des 19. Jahrhunderts jedoch erlebte Deutschland vor allem im Kohle-, Eisen- und Stahlbereich einen Prozeß der Industrialisierung von spektakulärer Geschwindigkeit. Dies führte zur Entstehung riesiger Unternehmen der Schwerindustrie mit einer starken Konzentration von Arbeitskräften, während es daneben in anderen Branchen noch Kleinbetriebe gab. Wie wir noch sehen werden, blieb auch dies wiederum nicht ohne Einfluß auf den Arbeiterprotest, der sich rapide ausbreitete und erheblich anwuchs, aber auch in sich zersplittert war. Spanien verfügte über eine Textilindustrie, die sich schon im 18. Jahrhundert in Katalonien entwickelt, seither jedoch einen Niedergang erlebt hatte, sowie in den nördlichen Provinzen des Baskenlandes über Schwerindustrie, die aber erst viel später und mit Hilfe ausländischen Kapitals entstanden war. Es leuchtet deshalb ein, daß der Arbeiterprotest in diesen beiden verschiedenen Gebieten unterschiedliche Formen annahm. Italien blieb praktisch bis nach der Jahrhundertwende wirtschaftlich rückständig, erlebte dann aber einen massiven und raschen Aufschwung der Schwerindustrie im Dreieck Turin-Genua-Mailand. Rußland begann seine Modernisierung erst in den sechziger und siebziger Jahren des 19. Jahrhunderts; doch die überwältigende Masse der Bevölkerung merkte bis zum Ersten Weltkrieg praktisch nichts von den zögernden Versuchen der Regierung, das Land zu einem Industriestaat zu machen. Soweit es jedoch Industrie gab, war sie stark von der zaristischen Regierung oder aber von ausländischen Investitionen abhängig. Dies hatte, wie wir noch sehen werden, weitreichende Auswirkungen auf den sozialen Konflikt, vor allem wegen des fast völligen Fehlens eines unabhängigen Bürgertums. Dazu kam, daß die vorhandene Industrie sich hochmoderner Technologien bediente und eine enorme Konzentration der Industriearbeiterschaft in einigen wenigen Riesenunternehmen bewirkte, von denen die Putilov-Werke in St. Petersburg das berühmteste waren.

Mit der Entwicklung der Industrie vollzog sich eine Veränderung in der Struktur des Arbeiterprotests, die man ungefähr folgendermaßen gliedern könnte (mit den noch zu erwähnenden Einschränkungen):

Vorindustrieller Protest

Das klassische Beispiel für diese Art von Protest war die Brotrevolte, die im 18. Jahrhundert in praktisch allen europäischen Ländern außerordentlich verbreitet war, nach 1850 in den industrialisierteren Staaten zwar an Bedeutung verlor, aber auch viel später durchaus noch vorkam. Unter dieselbe Kategorie fallen auch Erhebungen gegen die Einziehung zum Militär, gegen Steuererhöhungen u. dgl. Für diese Art des Protests war in den meisten Fällen die direkte und oft gewalttätige Aktion typisch. Sie pflegte sporadisch aufzutreten und entbehrte eines stabilen organisatorischen Rahmens. Normalerweise waren solche Unruhen lokal eng begrenzt, und ihre soziale Basis war gemischt. Der vorindustrielle Protest war somit, vordergründig gesehen, die „spontane Reaktion" einer sozial amorphen Masse auf eine unmittelbare Bedrängnis. Dennoch war dieser Protest, wie wir noch sehen werden, alles andere als „irrational"; er gründete sich auf allgemein verbreitete soziale Werte, zeigte häufig bereits erste Ansätze einer elementaren Organisation und war manchmal auch erfolgreich, jedenfalls vorübergehend. Mit einem Wort, der vorindustrielle Protest war zwar noch weit entfernt von moderneren Auseinandersetzungen zwischen Arbeitgebern und Arbeitnehmern um die Arbeitsbedingungen, unterschied sich aber gleichermaßen von der „sinnlosen Gewalt", die voreingenommene Zeitgenossen und moderne Kommentatoren mitunter zu erkennen glaubten.

Frühindustrieller Protest

Zu dieser Kategorie rechne ich den englischen Luddismus des frühen 19. Jahrhunderts und die Maschinenstürmerei, die in den dreißiger und vierziger Jahren des 19. Jahrhunderts in Frankreich, in geringerem Umfang auch in Deutschland grassierte. Diese Art des Protests zeigte noch viele der Kennzeichen des früheren: Sie war in der Regel lokal begrenzt und sporadisch, entbehrte einer längerfristigen formalen Organisation und verlief häufig blutig. Auch hier werden wir jedoch sehen, daß solche Aktionen keineswegs unbesonnen waren, daß sie oft Ansätze einer elementaren Organisation zumindest auf lokaler Ebene aufwiesen und daß mit ihnen häufig auch bestimmte kurzfristige Ziele erreicht wurden. Man betrachtet sie vielleicht am besten als „Verhandeln durch Aufruhr" (*bargaining by riot*, Eric Hobsbawm). In mancherlei Hinsicht war der frühe industrielle Protest jedoch nicht nur rückwärts gewandt, sondern auch zukunftsorientiert; denn obgleich er sich häufig gegen die neuen Werte eines *laissez-faire*-Industrialismus richtete und von Gruppen ausging, die von der wirtschaftlichen Modernisierung verdrängt wurden, ging er doch offensichtlich aus dem Industrialisierungsprozeß hervor und führte in vielen Fällen zu einem bitteren Konflikt zwischen den Kapitaleignern und ihren Beschäftigten. Man könnte die These vertreten, daß diese Art des gewalttätigen Protests auf Anpassungsprobleme der Arbeiter in den ersten Phasen der Industrialisierung zurückzuführen ist und somit vielleicht einiges zum Verständnis etwa der Militanz russischer Arbeiter zu Beginn unseres Jahrhunderts beiträgt. Unter die Kategorie des frühindustriellen Protests könnten auch gewisse Arten ländlicher Konflikte fallen, namentlich die englischen „Swing Riots" von 1830; denn auch hier haben wir es mit einer Bewegung ländlicher Lohnempfänger zu tun, die um die Wahrung ihres Lebensstandards besorgt waren und bestimmte Formen des Maschinensturms wählten.[1]

Moderner industrieller Protest

Für diese letzte Kategorie ist nicht so sehr der Gebrauch oder die Androhung von physischer Gewalt oder der Aufruhr typisch, obgleich beides noch im 20. Jahrhundert in industrialisierten Nationen nicht selten vorkommt, sondern vielmehr der Einsatz von Machtpotentialen, die den Arbeitern aus ihrer Stellung im Produktionsprozeß erwachsen sind, insbesondere die Verwendung des Streiks als der dominierenden Taktik. Hinzu kommt die Schaffung von formalen Organisationen – Gewerkschaften und Arbeiterparteien –, die sich durch stabile und kontinuierliche Existenz auszeichnen. Was wir hier vor uns haben, ist eine eindeutige Konfrontation zwischen dem Unternehmer und seinen Arbeitern, wobei freilich der Grad der Militanz, die im Rahmen dieser Konfrontation an den Tag gelegt wird, enorme zeitliche und geographische Schwankungen aufweist. Der Arbeitskampf nimmt nun nicht mehr die Form eines Krieges gegen die industrielle Ordnung als solche an, sondern richtet sich gegen ganz bestimmte Bedingungen innerhalb dieser Ordnung: Löhne, Länge des Arbeitstages, Verteilung des Sozialprodukts, Eigentumsverhältnisse.

Bevor wir nun die verschiedenen Arten des Protests im einzelnen untersuchen, sei noch hervorgehoben, daß diese Kategorien nicht als „Stufen" oder „Etappen" des Protests zu verstehen sind, welche die Arbeiterschaft in chronologischer Reihenfolge durchlaufen muß, um ihren Beschwerden Gehör zu verschaffen. Erstens gab es Gruppen von Arbeitern, die sich niemals an Aktivitäten wie dem Zerstören von Maschinen beteiligten. Zweitens kann man feststellen, daß alle drei Arten des Protests in ein und derselben historischen Situation gleichzeitig aufgetreten sind, beispielsweise in England in den dreißiger und vierziger Jahren des 19. Jahrhunderts sowie in den Revolutionen von 1848 auf dem Kontinent. So konnte es geschehen, daß mitunter dieselben Gruppen von Arbeitern bald dem industriellen Kampf und dem Streik, bald dem politischen Kampf und der Violenz zuneigten: der Gewalt in den Jahren der Wirtschaftskrise und der schwachen Verhandlungsposition, dem gewaltlosen Streik unter günstigeren wirtschaftlichen Umständen (man vergleiche nur das Auf und Ab des britischen Chartismus in den dreißiger und vierziger Jahren). Außerdem sind Gewaltandrohung, Einschüchterung und blutiger Protest niemals bloß ein Ausdruck der Unreife oder Pubertät der Arbeiterklasse gewesen. Mit physischer Gewalt wurden französische Fabrikleiter noch im 20. Jahrhundert bedroht. Streikende Arbeiter zwangen gelegentlich ihre nicht-streikenden Kollegen recht handfest, sich an dem Ausstand zu beteiligen – freilich nicht entfernt so oft, wie die Unternehmer gern behaupteten. Bürgerkrieg und beispiellose Gewalttätigkeit herrschten nach dem Ersten Weltkrieg in weiten industriellen Bereichen Deutschlands. Der unorganisierte Protest war auch nach 1900 keineswegs vergessen; vielmehr spielte er eine wesentliche Rolle bei den wilden Streiks, die unmittelbar vor 1914 in verschiedenen europäischen Ländern ausbrachen, ebenso in den Revolutionen, die zwischen 1917 und 1919 Rußland, Österreich, Deutschland und Ungarn erfaßten. Zu Beginn des 20. Jahrhunderts gab es sogar, wie wir noch sehen werden, in verschiedenen Teilen Europas einzelne (zugegebenermaßen seltene) Fälle einer Art von Luddismus, als eine zweite Welle der technischen und arbeitsorganisatorischen Modernisierung die wirtschaftliche Existenz und den Status bestimmter Gruppen von gelernten und ungelernten Arbeitern bedrohte.

Und schließlich halte ich den „modernen industriellen Protest" in keiner Weise für „rationaler", als es ältere Formen der Auseinandersetzung waren. In früheren wie in späteren Zeiten handelte es sich bei Menschen, die protestierten, nur selten um naive oder böswillige Raufbolde, sondern um Leute mit einem klaren Gefüge von Werten und Erwartungen, die in irgendeiner Weise enttäuscht worden waren. Die Art, in der sie ihren Beschwernissen Abhilfe zu schaffen suchten, hing von dem jeweiligen Terrain ab, das in der Mehrzahl der Fälle nicht in ihrer eigenen, sondern in der Hand des Gegners war – des Unternehmers oder der Regierung. Die Zuflucht zur Gewalt konnte unter gewissen Umständen ebenso rational sein wie unter anderen Umständen der Entschluß, Tarifvereinbarungen mit dem Arbeitgeber zu treffen. Zu behaupten, daß Hungerrevolten und Maschinensturm ihre eigene innere Logik besaßen, heißt natürlich nicht, daß diese innere Logik dieselbe war wie bei späteren Streiks. Diese dürften, was Zeitpunkt und Organisation betraf, den Gegebenheiten der Industriegesellschaft besser angepaßt gewesen sein.[2] Daß sich der industrielle Streik vom vorindustriellen prinzipiell unterscheide, ist allerdings von der jüngeren deutschen Geschichtsforschung bezweifelt worden, indem sie gezeigt hat, daß auch letzterer konjunkturbewußt und mit beachtlichem organisatorischen Aufwand geplant wurde.[3]

Vorindustrieller Protest

Wir befassen uns in diesem Buch vornehmlich mit dem Protest von Industriearbeitern in der Industriegesellschaft; doch müssen wir zunächst kurz auf den vorindustriellen Protest eingehen, um uns zu vergewissern, was an den modernen Protestbewegungen neuartig war und was nicht. Unruhen, die sich gegen die Einziehung zum Militär und gegen die Besteuerung (sowie in Zeiten einer Mißernte gleichzeitig auch gegen die Lebensmittelknappheit) richteten, kamen im 18. Jahrhundert in ganz Europa vor. Umfangreiche Bauernaufstände gab es in den siebziger und achtziger Jahren des 18. Jahrhunderts in Rußland und dem Habsburger-Reich, ebenso bekanntlich in Frankreich vor und während der Französischen Revolution und zwischen 1790 und 1810 auch in den deutschen Staaten. Noch 1830 und dann wieder 1841 gab es in Frankreich, besonders im Südwesten des

Landes, Unruhen, die sich gegen die Besteuerung richteten. Der klassische Fall dieser Art von Protest dürfte aber die Brotrevolte sein. Sie bildete einen wesentlichen Bestandteil der Revolutionen von 1789, 1830 und 1848 in Frankreich und war auch in Deutschland während der Hungerjahre nach 1840 verbreitet. Auch in Großbritannien fehlte sie nicht, wo beispielsweise 1795 viele Unruhen durch den hohen Getreidepreis ausgelöst wurden. Der aufrührerische städtische „Mob" war vielerorts auch später noch keineswegs verschwunden: so kam es in vielen italienischen Großstädten im Jahre 1868 zu Unruhen, es gab während des Ersten Weltkrieges Hungeraufstände in Deutschland und natürlich auch in St. Petersburg, wo sie das Vorspiel der Februarrevolution von 1917 waren.[4]

Diese Art des Protests nahm eine direkte und sehr häufig gewalttätige Form an, wenn sie von Massen ausging, deren soziale Zusammensetzung gemischt war:[5] Meister und Gesellen mochten zwar in puncto Löhnen unterschiedliche Interessen vertreten, waren sich aber, wie es nahelag, in dem Wunsch einig, den Brotpreis niedrig zu halten. Diese Unruhen waren im allgemeinen lokal begrenzt, entbehrten einer längerfristigen formalen Organisation, brachen sporadisch aus und waren unter Umständen ebenso schnell wieder verschwunden, wie sie entstanden waren.

Es wäre nun freilich ganz falsch, wollte man in Aufruhr und „vorindustriellem Protest" ein immer gleichbleibendes Beispiel sinnloser Gewalt sehen, die nur geringe oder gar keine Wirkung hatte. So veränderte sich im Laufe der Zeit der Charakter der Brotrevolten.[6] Das Etikett „vorindustriell" verwirrt daher vielleicht mehr als es erklärt. Außerdem hatte bei Hungeraufständen der Gebrauch oder die Androhung von Gewalt recht oft den Erfolg, den Getreidepreis zu fixieren; diese „taxation populaire" war eine ebenso verbreitete Protestmaßnahme wie das primitivere Plündern von Kornspeichern.[7] Bei der „taxation populaire" wurden die Vorräte des Kaufmanns beschlagnahmt und zu einem Preis versteigert, den die Aufrührer für gerecht hielten; die so erzielten Einnahmen wurden am Ende des Tages dem Kaufmann ausgehändigt. Es muß auch festgehalten werden, daß die aufrührerischen Massen ihre Angriffsziele nicht zufällig wählten: sie suchten nur solche Kaufleute aus, die entweder besonders wohlhabend waren oder im Verdacht der Preistreiberei standen, und vergriffen sich nicht am Eigentum jener, die entweder in ihre Forderungen einwilligten oder über jeden Verdacht erhaben waren.[8] Dies verrät bereits eine gewisse minimale Organisation – die Verteilung von Flugblättern etwa[9] – und zeigt, daß es nicht der Hunger als solcher war, der den Protest hervorrief, sondern vielmehr die „künstliche Knappheit".[10] Die Aufrührer protestierten entweder gegen die Handlungsweise von Hamsterern und Spekulanten oder die Versäumnisse der Regierung bei der Regulierung des Getreidemarktes – eine Aufgabe, deren Erfüllung man sowohl in Frankreich als auch in Großbritannien traditionell von der Regierung erwartete.[11] Es gab keinen automatischen Kausalzusammenhang zwischen der wirtschaftlichen

Notlage und dem Aufruhr. Vielmehr bestand ein Konflikt zwischen den Erwartungen, Werten und Einstellungen der Aufrührer, zwischen einer „legitimierenden Idee" (E. P. Thompson) und der zeitgenössischen staatlichen Praxis.

Aber auch aus anderen Gründen dürfte es schwierig sein, zwischen „vorindustriellen" und späteren Formen des Protests zu unterscheiden. Die Gewalttätigkeit, die mit dem frühen Protest verbunden war, war häufig auch noch auf späteren Stufen der industriellen Entwicklung anzutreffen. In Großbritannien schlugen 1866, bei den berüchtigten „Sheffielder Exzessen", einige Messerschmiede in Sheffield diejenigen ihrer Kollegen zusammen, die sich weigerten, ihren Gewerkschaften beizutreten;[12] streikende Arbeiter in Frankreich drohten noch gegen Ende des 19. Jahrhunderts mit Vorliebe damit, ihre Arbeitgeber aufzuhängen.[13] Darüber hinaus scheinen viele der späteren Gepflogenheiten der Arbeiterschaft des Industriezeitalters in älteren Traditionen zu wurzeln. Die Abstrafung von Streikbrechern geht auf die vorindustriellen Rituale der Volksjustiz zurück,[14] desgleichen einige Lieder und Zeremonien der organisierten Arbeiterschaft im späten 19. Jahrhundert.[15] Gareth Stedman Jones sieht in seiner Untersuchung der Londoner Armen des 19. Jahrhunderts ebenfalls eine Kontinuität zwischen vielen Beispielen von Aufruhr am Ende des Jahrhunderts und den städtischen Unruhen der vorindustriellen Epoche.[16] Selbst die säuberliche Scheidung zwischen Aufruhr und Streik beginnt sich bei genauerem Hinsehen aufzulösen. Erstens haben Dobson und Griessinger gezeigt, daß Handwerkerstreiks im 18. Jahrhundert in Großbritannien und Deutschland eine geläufige Form des Protests waren.[17] Zweitens waren Hungeraufstände keineswegs ausschließlich auf ländliche Gebiete beschränkt, sondern zogen regelmäßig auch Industriearbeiter mit.[18] Schließlich hat Reddy nachgewiesen, daß der angebliche Streik in Rouen 1830 in Wirklichkeit nichts dergleichen war. Die Arbeiter legten keineswegs ihr Werkzeug aus der Hand, um die Unternehmer unter Druck zu setzen; sie nahmen ihre Tätigkeit denn auch recht schnell wieder auf. Vielmehr verließen sie ihren Arbeitsplatz, um Gruppen zu bilden, die dann in traditioneller Weise zur Tat schritten.[19] Sie zogen in genau derselben Weise von Mühle zu Mühle, wie es bei den Brotrevolten von 1768 der Fall gewesen war.[20] Es darf auch nicht übersehen werden, daß ein und dieselbe Gruppe von Arbeitern sowohl streiken und sich organisieren als auch mehr oder weniger gleichzeitig sich an Unruhen und Erhebungen beteiligen konnte. Dies scheint beispielsweise in den vierziger Jahren des 19. Jahrhunderts in Großbritannien der Fall gewesen zu sein.[21]

Und schließlich wäre es verfehlt, zu glauben, der vorindustrielle Aufruhr habe ausschließlich ökonomische Ziele oder Motive gehabt. Volksmassen, die sich über ihre wirtschaftliche Misere erregten, konnten von städtischen Liberalen für Bewegungen gewonnen werden, deren Ziel die politische Reform war, wie dies in Frankreich, Deutschland, Italien und Spanien häufig der Fall gewesen ist. Rudé hat gezeigt, wie in der Französischen Revolution von 1789 Politik und Brotpreise oft unentwirrbar durcheinander gingen.[22] Unruhen, die sich an der Besteuerung, an Zöllen oder der Einziehung zum Militär entzündeten, waren offensichtlich politisch motiviert, insofern sie sich gegen Forderungen des Staates richteten; aber selbst der urwüchsige Hungeraufstand hatte politische Untertöne insofern, als er oft gegen die Untätigkeit der Regierung opponierte, die nichts unternahm, um den Getreidehandel zu regulieren.[23]

Nachdem all dies gesagt ist, bleiben aber doch drei bedeutsame Unterschiede bestehen zwischen einer Gesellschaft, in welcher der Protest *vorwiegend* direkt und gewalttätig ist, und der Industriegesellschaft, in welcher Streik und Organisation zur hauptsächlichen Waffe des Arbeiters werden. Charles Tilly hat denn auch versucht, diesen Übergang im Falle Frankreichs ganz konkret auf die fünfziger Jahre des 19. Jahrhunderts zu datieren.[24] Eine langfristige Organisation als Grundlage für den Protest war in der vorindustriellen Epoche verhältnismäßig unbekannt; eine Ausnahme bilden allerdings die *sans-culotte*-Organisation in den Revolutionsausschüssen von 1792-94 in Paris sowie die verschiedenen Jakobinerclubs von Londoner und anderen britischen Handwerkern. Neu für die Industriegesellschaft ist jedoch ein Konflikt, der in einem bisher nicht gekannten Umfang organisiert ist und zwischen klar bezeichneten Gegenspielern innerhalb der industriellen Ordnung ausgetragen wird: dem Arbeitgeber und dem Arbeitnehmer. Dies war bei Brotrevolten nicht der Fall. Auch waren sie keine Reaktion auf die industrielle Ordnung als solche, auch wenn sie sich häufig gegen die kapitalistische Landwirtschaft und den freien Getreidemarkt richteten. Obgleich also manche Aspekte des vorindustriellen Protests in die neue Gesellschaft übertragen worden sind, hatte sich doch die *Form* des Protests in den Industriestaaten Europas in dramatischer Weise verändert. An die Stelle des Aufruhrs trat der Streik; vor allem aber kam es zur Organisierung der Arbeiterschaft.

Industrialisierung und Protest

Der Übergang von den weiter oben erörterten frühen Formen des Protests zu moderneren Konflikten ergab sich offensichtlich aus jenem großen wirtschaftlichen und sozialen Umbruch, der als Industrielle Revolution bekannt geworden ist. Indes ist der genaue Zusammenhang zwischen Industrialisierung und der Entstehung des modernen Arbeiterprotests keineswegs so klar, wie man einst glaubte. Die älteste und bei Laien vielleicht noch immer beliebteste Erklärung für den Widerstand der Arbeiterklasse gegen die neue industrielle Ordnung beginnt mit einer Aufzählung all der Schrecken, denen der Industriearbeiter anfangs sowohl zu Hause als auch in der Fabrik ausgesetzt war. Es gibt sogar einige Wissenschaftler, die solchen Verelendungstheorien noch heute Glauben schenken.[25] Nun kann es keinem Zweifel unterliegen, daß die Anfänge der Industriellen Revolution für sehr viele Menschen vielfältige Not und Bedrängnis zur Folge hatten. Das rapide Wachstum von Industriestädten wie Manchester brachte grauenhafte Wohnungsverhältnisse mit sich, wie Friedrich Engels 1844 so eindrucksvoll geschildert hat,[26] während die Expansion von Städten wie Paris, dessen Größe sich zwischen 1800 und 1850 praktisch verdoppelte, und von anderen französischen Industriestädten, etwa Lille und St. Etienne, dazu führte, daß die kommunalen Dienstleistungen zusammenbrachen, Krankheiten (namentlich Cholera und Typhus) zunahmen und die Zahl der Geisteskranken, Kindstötungen, Selbstmorde und Verbrechen in die Höhe schnellten[27], Bettelarmut und Prostitution um sich griffen. In Deutschland führte das starke natürliche Bevölkerungswachstum in Verbindung mit der massiven Wanderungsbewegung aus dem ländlichen Ostdeutschland in die Industrieregionen Westdeutschlands, besonders ins Ruhrgebiet, in einigen Orten zu einer spektakulären städtischen Bevölkerungsexplosion: So wuchs Gelsenkirchen zwischen 1868 und 1871 durch die Ausweitung des Kohlebergbaus und des Thyssenschen Industrieimperiums auf das Dreifache seiner Größe.[28] Die Folge waren immer höhere Mieten sowie beengte und unhygienische Wohnverhältnisse. In einigen Städten entstanden die Mietskasernen zur Unterbringung der neuen Arbeiterklasse.

Die Lebensbedingungen außerhalb der Fabrik waren also alles andere als idyllisch. Doch auch in der Fabrik selbst, in der die werktätigen Männer und Frauen, ja sogar Kinder den größten Teil ihres Tages zubrachten, herrschten beklagenswerte Verhältnisse. Der Arbeiter sah sich mit einem hohen Unfallrisiko und einer Unzahl von Berufskrankheiten konfrontiert, aber auch mit der zunehmenden Disziplinierung durch die Unternehmensleitung. Der Verlust der Unabhängigkeit hat vielleicht mehr Unmut erregt als irgend etwas sonst: An manchen Orten stießen Einschränkungen der persönlichen Freiheit des Industriearbeiters, namentlich aber des bislang noch unabhängigen Handwerkers, auf erbitterten Widerstand,[29] während anderswo die Versuche von Unternehmern, das Leben der bei ihnen Beschäftigten zu überwachen, einen außergewöhnlichen Umfang annehmen konnten.[30]

Gleichwohl werden heute nur noch die wenigsten Wirtschaftshistoriker die alte Auffassung teilen, nach welcher die Industrielle Revolution zu einer allgemeinen Verarmung der Arbeiterklasse geführt habe. Gewiß, die Frage des Lebensstandards ist zum Gegenstand hitziger Debatten geworden, insbesondere, was Großbritannien betrifft.[31] Dennoch scheint es klar zu sein, daß die Entwicklung für unterschiedliche Gruppen von Arbeitern unterschiedlich verlief. Vielen Handwerkern in Branchen, die von der neuen Technologie und Arbeitsorganisation unberührt blieben, gelang es, unter Ausnutzung ihrer Qualifikationen und ihrer organisatorischen Stärke ihr hohes Lohnniveau aufrecht zu erhalten. Dies scheint auch für traditionelle

Metallarbeiter in Kleinbetrieben gegolten zu haben. Manche Fabrikarbeiter mögen ebenfalls von der industriellen Expansion profitiert haben, der sie Arbeitsplätze und gute Löhne verdankten, besonders wenn sie Facharbeiter waren. Dies scheint bei Maschinenbauern, Druckern und den Metallarbeitern von Birmingham der Fall gewesen zu sein.[32] Andererseits sind aggregierte Statistiken, die auf eine Verbesserung des Lebensstandards schließen lassen, in den meisten Fällen irreführend; denn sie verschweigen sowohl die regelmäßige Arbeitslosigkeit als auch den zunehmenden Einsatz von Frauen- und Kinderarbeit, die zwar das Gesamteinkommen einer Familie vergrößern, aber kaum eine Verbesserung des Lebensstandards bedeuten konnten.[33] Mehrere neuere Untersuchungen des Lebensstandards der Arbeiter in einem so wohlhabenden Lande wie Deutschland gegen Ende des 19. Jahrhunderts betonen denn auch die Existenzunsicherheit des Arbeiters, Probleme der Sicherheit am Arbeitsplatz und der Arbeitslosigkeit sowie die Verringerung des Lohnes mit zunehmendem Alter.[34]

Es kann keinen Zweifel daran geben, daß bestimmte Gruppen von Arbeitern in der Frühzeit der Industriellen Revolution in großer Bedrängnis lebten. Dies scheint insbesondere für Landarbeiter gegolten zu haben, für die eine ganzjährige Beschäftigung eher die Ausnahme als die Regel war, aber auch für die Heimarbeiter, die sowohl durch die maschinelle Konkurrenz als auch einfach durch den Umstand gefährdet waren, daß in ihrem Gewerbe mehr Leute beschäftigt waren, als es, selbst ohne die Konkurrenz der Maschine, verkraften konnte. Für diese Gruppen waren die dreißiger und vor allem die vierziger Jahre des 19. Jahrhunderts eine Zeit sinkender Einkommen. In England waren die Löhne für Weber von 30 Shilling pro Woche im Jahre 1800 auf fünf Shilling Anfang der dreißiger Jahre gefallen.[35] Aggregierte Berechnungen der Reallöhne auf dem Kontinent lassen sogar einen fast generellen Rückgang des Lebensstandards vermuten. Eine Berechnung für Deuschland besagt, daß die durchschnittlichen Reallöhne zwischen 1800 und 1848 um rund 26 Prozent schrumpften, während die durchschnittlichen Reallöhne in Frankreich zwischen 1817 und 1848 ebenfalls signifikant fielen.[36]

Ein weiteres Problem, das den meisten Arbeitern in den sich industrialisierenden Staaten Europas, vor allem aber wieder den Heimarbeitern zu schaffen machte, war der saisonal bedingte oder zyklische Mangel an Beschäftigung, dessen Ursache in einigen Fällen eine herkömmliche Mißernte war, in anderen die Konkurrenz des Auslandes oder der Fabrik sowie die Konjunktur. Das Zusammenwirken dieser verschiedenen wirtschaftlichen Übel führte dazu, daß etwa in der Textilstadt Krefeld 1847 drei von acht Webstühlen stillstanden. In Köln war zur selben Zeit rund ein Drittel der Bevölkerung in der einen oder anderen Form auf die öffentliche Wohlfahrt angewiesen, um überleben zu können.

Trotzdem wäre es irrig, die Massenarmut oder die angespannte Lage der Handwerker und Heimarbeiter einzig und allein auf das Vordringen neuer

Technologien und die Konkurrenz durch mechanisierte Fabriken zurückzuführen. Auf dem Kontinent bestand ein Hauptproblem darin, daß mit dem Bevölkerungswachstum gerade *nicht* eine entsprechende industrielle Expansion einherging, die den Zuwachs an Arbeitskräften durch vermehrte Arbeitsplätze hätte auffangen können. Bezeichnenderweise waren es gerade die beiden am meisten industrialisierten Länder Europas, nämlich Großbritannien und Belgien, die bei den Revolutionen des Jahres 1848 fehlten. Die Handwerker standen darüberhinaus vor einer ganzen Gruppe von Problemen, die mit der Einführung neuer Technologien wenig oder gar nichts zu tun hatten: Viele der Handwerker, die 1848 in Paris oder Berlin auf die Barrikaden gingen, kamen aus Branchen, in denen es bis dahin keine wesentlichen technischen Innovationen gegeben hatte.[37] Vielmehr machte ihnen die Konkurrenz der Ausbeutungsbetriebe („sweat-shops") zu schaffen (wie beispielsweise den französischen Schneidern, die während der Julimonarchie von Herstellern von Konfektionskleidung unterboten wurden), womit der Zustrom billiger aber nicht notwendig ungelernter Arbeitskräfte vom Land verbunden war. Es gibt Anhaltspunkte dafür, daß das Schuster- und das Schneidergewerbe in Marseille um 1840 zu Ausbeutungsbranchen wurden, daß Textilarbeiter in zunehmendem Maße unter der Fuchtel von Händler-Kapitalisten standen, die das Rohmaterial lieferten und sich den Besitz am Fertigprodukt sicherten und daß in Deutschland die Tischler praktisch zu Arbeitnehmern der großen Möbelfirmen wurden, während die Schneider sich immer mehr zu abhängigen, ausgebeuteten Arbeitskräften entwickelten.[38] Mit einem Wort, die Reorganisation der Industrie durch Meister oder Händler und die schlichte Tatsache, daß es zu viele Weber gab – außer in Jahren einer ungewöhnlichen Hochkonjunktur –, warfen beträchtliche Probleme auf, desgleichen die Abschaffung von Gesetzen, welche die Zulassung zu einem Gewerbe und zu einer Lehrstelle rechtlich geschützt hatten.[39] Hinzu kommt, daß der Handweber, der beschäftigungslose Heimarbeiter und der ausgebeutete Handwerker ihre Probleme nicht nur rein ökonomisch sahen, sondern auch erbittert darüber waren, daß ihnen Würde und Status der Selbständigkeit verlorengingen, die sie früher genossen hatten.[40] Im Fall der sozial absinkenden Handwerker und Heimarbeiter darf man wohl mit Recht behaupten, daß zum Verständnis ihrer Proteste die durch die industrielle Revolution zumindest teilweise hervorgerufene Armut zu berücksichtigen ist. Von der neuen Klasse der Fabrikarbeiter kann man das jedoch nicht sagen. Wie wir sehen werden, blieb der organisierte Protest noch bis weit ins 20. Jahrhundert hinein fast ausschließlich die Domäne gelernter und verhältnismäßig gut bezahlter Arbeiter in kleinen und mittleren Betrieben. Die ärmsten Fabrikarbeiter waren normalerweise die letzten, die sich in die Front des kollektiven Arbeiterprotests einreihten.[41] Ein weiterer Umstand, der sich kaum mit der „Verelendungstheorie" vereinbaren läßt, ist, daß Streiktätigkeit und gewerkschaftliche Organisierung eher in Zeiten der wirtschaftlichen Expansion als in wirtschaftlichen Krisenzeiten zuzunehmen pflegten. Es besteht also keineswegs ein direkter und unproblematischer Zusammenhang zwischen Protest und Armut. Die Arbeiter waren auch nicht immer und überall gegen die Einführung neuer Maschinen. Manche, die *vor* der Mechanisierung in die Fabriken gekommen waren und über besondere Qualifikationen sowie den Rückhalt bei einer Organisation verfügten, konnten ihre verhältnismäßig privilegierte Stellung halten, indem sie den Zugang zum Gewerbe beschränkten, wie es bei den Druckern der Fall war;[42] anderen blieb durch die Einführung neuer Technologien die Notwendigkeit einer oft harten, unrentablen und langen Lehrzeit erspart. So könnte man im Grunde davon sprechen, daß der Protest der Arbeiter in den allerersten Stadien der Industrialisierung in Wirklichkeit zwei ganz verschiedene Formen annahm: Auf der einen Seite gab es die Verzweiflung der wirklich Verarmten und sozial Absinkenden, auf der anderen Seite die relativ prosperierende Organisation der Facharbeiter, denen nicht die unmittelbare Verelendung drohte und deren Aktivitäten daher besser in einem späteren Abschnitt dieses Kapitels zur Sprache kommen.[43]

Frühindustrieller Protest

Diese zweite Art von Protest könnte man als Übergang begreifen, als Teilstück eines langen Weges, welcher von der bedingungslosen Absage an die neue industrielle Ordnung zur Annahme des Industrialismus führte. Diese Annahme bedeutete übrigens keineswegs, daß damit zwangsläufig auch bestimmte Verhältnisse innerhalb der neuen Gesellschaft oder deren konkrete Organisation hingenommen worden wären. Die Reaktion auf die neue industrielle Ordnung und die durch sie hervorgerufene Armut konnte sich in Formen äußern, die man als Protest bezeichnen kann, aber nicht muß: Viele Arbeiter verfielen dem Alkohol; ehemalige Bauern in Rußland verließen ihre Fabriken; unter den Bergarbeitern im südlichen Wales, im französischen Carmaux, im Ruhrgebiet und in Schlesien war Absentismus eine verbreitete Erscheinung. Viele suchten das gelobte Land in der Neuen Welt – allein 1847 wanderten mehr als eine Million Menschen aus Mitteleuropa aus, während zwischen 1880 und 1893 weitere 1,3 Millionen Deutsche das Kaiserreich verließen. Allerdings erklärt diese letztgenannte Auswanderungswelle sich wohl eher aus der Übervölkerung auf dem Lande und der kritischen Lage der Landwirtschaft als aus spezifisch industriellen Problemen.[44]

Diejenige Form des „anti-industriellen" Protests (dieser Begriff wird sogleich erläutert), welche die meiste Beachtung der Historiker gefunden hat, war der handgreifliche Widerstand gegen die Einführung industrieller Maschinen (Tuchschermaschinen, mechanische Webstühle usw.), welche nicht nur Wirker und Weber um ihre besondere Qualifikation und ihren

Lebensunterhalt brachten. 1817 forderten Arbeiter in Lille in einer Eingabe an die Obrigkeit gesetzliche Schritte gegen die Einführung von Maschinen, das Gleiche taten 1826 Leipziger Buchdrucker, und schlesische Weber folgten später ihrem Beispiel. Eine der Parolen während der französischen Revolution von 1830 lautete „Nieder mit den Maschinen!" Anti-industrielle Forderungen wurden auch während der Revolution von 1848 von den verschiedenen Organisationen der deutschen Handwerker vorgebracht. Und bekanntlich gingen die Arbeiter zuweilen auch mit Gewalt gegen die neuen Maschinen und deren Besitzer vor. Zwischen 1811 und 1817 zerstörten Strumpfwirker in Leicestershire und Nottinghamshire Schermaschinen, Walker in West Yorkshire attackierten Rauhmaschinen, und Baumwollweber im südlichen Lancashire beteiligten sich auch an Gewalttaten der Luddisten. Das gewaltsame Zerstören von Maschinen beschränkte sich jedoch nicht auf die britischen Inseln. So waren Akte der Maschinenstürmerei in Frankreich in der ersten Hälfte des 19. Jahrhunderts an der Tagesordnung: 1819 in Vienne, 1830 in St. Etienne (hierbei waren angeblich mehr als 2000 Arbeiter beteiligt) und im folgenden Jahr in Paris, Bordeaux, Toulouse und noch einmal in St. Etienne. Noch 1848 wurden mehrere Fabriken von Aufrührern in Brand gesteckt. Was Deutschland betrifft, so zertrümmerten 1826 Solinger Arbeiter verschiedene Maschinen, und zwei Jahre später taten Seidenweber in Krefeld dasselbe. In den dreißiger Jahren folgten sächsische Weber. Am berühmtesten wurde der Aufstand der schlesischen Leinenweber im Jahre 1844, dem Gerhart Hauptmann in seinem klassischen Drama *Die Weber* ein literarisches Denkmal gesetzt hat.[45] Diese Art der Gewalt gegen Maschinen und Arbeitgeber beschränkte sich übrigens keineswegs auf die Städte: Bei den „Captain Swing riots", zu denen es 1830 im östlichen England kam, wurden aus Angst um Arbeitsplätze und Löhne u. a. auch landwirtschaftliche Maschinen zerstört, ebenso in unzähligen Fällen von Brandstiftung, die sich in den vierziger Jahren in derselben Gegend ereigneten.[46] (Mit den „Captain Swing riots" machten zwischen 1830 und 1833 die Landarbeiter im südlichen und östlichen England auf ihre elende Lage aufmerksam; sie verschickten Drohbriefe, zerstörten Maschinen und zogen plündernd und brandschatzend durchs Land. Hinter den Unruhen vermuteten die betroffenen Bauern und Bürger als Rädelsführer einen Captain Swing, der aber vermutlich eine imaginäre Gestalt war. – A. d. Ü.)

Auf den ersten Blick hatte ein derartiger Protest viel mit seinem Vorgänger gemein. Er war in der Regel von lokal begrenzter Natur, trat sporadisch auf und bediente sich augenscheinlich der direkten Aktion und der physischen Gewalt. Manchmal überschnitt er sich mit der traditionellen Brotrevolte, wie etwa 1812 in der Gegend von Middleton und Overton im nördlichen Lancashire,[47] und generell fehlte es ihm an formalen Organisationsstrukturen. Trotzdem müssen wir uns auch hier davor hüten, den Luddismus als Ausdruck einer irrationalen und sinnlosen Gewalttätigkeit zu bezeichnen. Wo mit der Einführung neuer Maschinen nicht die Verschlechterung des Lebensstandards und des sozialen Status verbunden war, hatte man nichts gegen sie einzuwenden. Es gab spezifische Angriffsziele, und die Ludditen legten oft ein erhebliches Maß an organisatorischer Planung an den Tag: So hatte man es in England teilweise mit weiträumigen, disziplinierten Operationen von vermummten Männern und mit bewaffneten Angriffen gegen sorgfältig ausgewählte Ziele zu tun. Gewalttätigkeit und Maschinensturm in ländlichen Gebieten zeigen oft eine ähnliche Disziplin.[48] Häufig kam es erst zu Akten der Gewalttätigkeit, *nachdem* die Betroffenen vergeblich bei der Obrigkeit um die Beseitigung von Übelständen nachgesucht hatten, wie etwa im Falle der schlesischen Weber und der meisten englischen Heimarbeiter, die sich an den Ludditen-Erhebungen beteiligten. Mitunter hatte der Rückgriff auf die Gewalt – zumindest kurzfristig – den Erfolg, Arbeitsplätze zu erhalten oder Löhne zu sichern.[49] Auch hier haben wir es wieder mit dem „Verhandeln durch Aufruhr" zu tun.

Dieser letztgenannte Punkt wirft ein weiteres Problem auf. Es hat den Anschein, als ob die Zerstörung von Maschinen (bzw. die Androhung einer solchen Zerstörung) unter Umständen nicht so sehr auf prinzipieller Maschinenfeindlichkeit beruhte – was man als die klasische Form des Luddismus und der antiindustriellen Gewalttätigkeit bezeichnen könnte –, sondern ganz einfach Taktik war, um durch Druck auf die Unternehmer eine Verbesserung der Löhne und Arbeitsbedingungen zu erzwingen.[50] Das heißt, sie erfüllte weitgehend dieselbe Funktion wie später der Streik. Und noch in anderer Hinsicht war der in Europa grassierende Maschinensturm nach vorn orientiert: Er ergab sich aus der fortschreitenden Industrialisierung und stellte in vielen Fällen einen bitteren Kampf zwischen den beiden großen Protagonisten des neuen Klassenkonflikts dar, dem Arbeitgeber und dem Arbeitnehmer.

Noch um die Jahrhundertwende tauchten gewisse Arten des Maschinensturms wieder auf, als eine neue Welle technologischer Innovation einsetzte, obwohl man sagen muß, daß eine solche Industriesabotage unter den verschiedensten Umständen vorkam und jedenfalls vom früheren Luddismus zu unterscheiden ist: In Dortmund warfen im Jahre 1900 Bauarbeiter Sand in einen Kran, während die Schauerleute von Le Havre zweimal Kräne ins Meer stürzten. Ein weiterer derartiger Vorfall war 1907 die Zerstörung mechanischer Getreideheber durch belgische Ladearbeiter.[51] Es stimmt zwar, daß diese späteren Fälle von Luddismus selten waren; aber es stimmt ebenso, daß ein guter Teil des ganz anders gearteten modernen Arbeiterprotests ebenfalls durch die Dequalifikation früherer Facharbeiter hervorgerufen wurde. Manche der ersten Arbeitergruppen, die sich überhaupt organisierten, bedienten sich ihrer organisatorischen Stärke, um sich vor der Konkurrenz ungelernter Kräfte zu schützen und den Zugang zu ihrer Branche zu beschränken.[52] In England verfolgten die „New Model

Unions" der fünfziger und sechziger Jahre des 19. Jahrhunderts eine Vielfalt restriktiver Praktiken. Die Glasarbeiter von Carmaux organisierten sich erst, als sie in den achtziger Jahren Qualifikation und Status durch technologische Innovationen bedroht sahen, wie die dortigen Bergarbeiter es in einer ähnlichen Situation dreißig Jahre zuvor ebenfalls getan hatten.[53] Die zunehmende Militanz deutscher Facharbeiter in der Metallindustrie und im Bergbau seit etwa 1910 sowie die revolutionären Bewegungen auf dem „Red Clydeside" und in Mitteleuropa am Ende des Ersten Weltkriegs hat man in ähnlicher Weise erklärt.[54] Was diese Arbeiter nunmehr zur Erleichterung ihrer Situation vorschlugen, war freilich nicht mehr die Abschaffung fortschrittlicher Maschinen als solcher, sondern vielmehr ein Wandel in der Organisation der Industriegesellschaft und insbesondere in der innerbetrieblichen Herrschaftsstruktur (Stichwort „Arbeiterkontrolle"). Der Umfang, in welchem technologische Innovationen vor dem Ersten Weltkrieg zur Dequalifikation von Facharbeitern geführt haben, wird allerdings auch gern übertrieben. Im deutschen Maschinenbau beispielsweise ging die Expansion so rapide vor sich, daß neue Maschinen von *neuen* Gruppen un- und angelernter Arbeiter bedient wurden, ohne daß die gelernten Facharbeiter zurückgestuft worden wären.[55]

Moderner industrieller Protest

Wie ich bereits angedeutet habe, kann man den Übergang von der gewalttätigen direkten Aktion zur Verwendung des Streiks als Waffe nicht in eine einfache, chronologische Parallele zur Schaffung von formalen Organisationen bringen. In manchen Zusammenhängen erfüllte die Gewalttätigkeit im Grunde Streikfunktionen, während umgekehrt viele frühe Streiks gewalttätig verliefen. Ferner blieb Gewalt auch in den Industrienationen des 20. Jahrhunderts ein Mittel der Konfliktaustragung und verschwand nicht einfach von der Bildfläche. Übergriffe gegen Streikbrecher waren an der Tagesordnung. In Frankreich, Deutschland, Italien, Spanien und Rußland setzte man noch nach 1900 gegen streikende Arbeiter Militär ein. Die Zwischenkriegsjahre sahen in Mitteleuropa einen blutigen Bürgerkrieg. Manche Arbeiter, die eigentlich in normalerer Weise streikten und sich Arbeiterorganisationen anschlossen, konnten, wie wir gesehen haben, mitunter trotzdem in einen gewalttätigen Luddismus verfallen. Insgesamt aber behielt der moderne industrielle Protest doch gegenüber früheren Formen des Konflikts die Oberhand und unterschied sich in mehrfacher Hinsicht von diesen. Er richtete sich nun nicht mehr gegen die Industriegesellschaft als solche, sondern entweder gegen die Arbeitsbedingungen in ihr oder gegen Herrschafts- und Besitzverhältnisse. Mit einem Wort: Er hörte auf, rückwärts gewandt zu sein. Der moderne industrielle Protest versuchte auch, die Misere der Arbeiterexistenz weniger durch den Gebrauch nackter Gewalt erträglicher zu machen als vielmehr durch die Ausnutzung industrieller Möglichkeiten (Streiks, gewerkschaftliche Organisation), wobei der Gebrauch von Gewalt von diesen Organisationen keineswegs immer strikt ausgeschlossen wurde. Die Frage, in welchem Umfang die formalen Organisationen ihrerseits dazu beitrugen, die gesellschaftlichen Antagonismen und radikalen Gefühle abzubauen, werden wir im nächsten Kapitel erörtern. Was diesen modernen Konflikt jedoch vor allem auszeichnete, war, daß der Antagonismus sich nun in das Verhältnis von Arbeitgeber und Arbeitnehmer verlagerte. So hatten in Frankreich noch 1789, 1830 und Anfang 1848 die Meister zusammen mit ihren Gesellen die Barrikaden errichtet; was sie einte, waren gemeinsame Interessen in bezug auf den Brotpreis und gleiche politische Bestrebungen. Aber schon im Juni 1848 trennten sich ihre Wege, und es kam nun zu Auseinandersetzungen zwischen ihnen, bei denen es um Löhne, Arbeitsbedingungen und Besitzverhältnisse ging. Später im Jahr zeigte sich in Deutschland die gleiche Spaltung.[56]

Der Streik

Gewiß war der Streik, durch welchen die Arbeitnehmer dem Arbeitgeber ihre Arbeitskraft entziehen, um ihn zur Verbesserung ihrer wirtschaftlichen Lage zu zwingen, in der ersten Hälfte des 19. Jahrhunderts nichts Neues, wie viele Beispiele in Großbritannien und einige in Frankreich und Deutschland belegen.[57] In eben diesem Zeitraum aber wurde er zu einer verbreiteten, wenn nicht sogar der verbreitetsten Form des Arbeiterprotests in den wirtschaftlich fortgeschritteneren Ländern. In England löste er um 1830 den Aufruhr als dominierendes Kampfinstrument der Arbeiterklasse ab. In Frankreich gab es 1833/34 und 1840 regelrechte Streikwellen, vor allem in Paris; Streiks gab es auch in Frankreich und Deutschland im Laufe der Revolutionen von 1848, nachdem die Gesetze gegen die Vereinigungs- und Versammlungsfreiheit gelockert worden waren. Die meisten dieser kontinentalen Streiks dauerten nicht lange – normalerweise bloß ein paar Stunden – und wurden nur von einem winzigen Prozentsatz der Arbeiterschaft getragen. Auch beschränkten sie sich fast ausschließlich auf Forderungen wirtschaftlicher Natur. In England dagegen beteiligten sich oft verhältnismäßig viele Arbeiter an Streiks; auch hingen diese Streiks häufig mit den Forderungen der Chartisten nach einer politischen Reform im Sinne der Demokratie zusammen.[58] Nach den Revolutionen von 1848 machten offizielle Verfolgung und Verbote in den meisten Staaten Europas jeder ausgedehnteren Streiktätigkeit ein Ende. Doch in den sechziger Jahren des 19. Jahrhunderts tauchten diese Aktivitäten sowohl in Frankreich als auch in verschiedenen deutschen Staaten wieder auf und waren besonders zu Beginn der siebziger Jahre ausgeprägt, während es gegen Ende der siebziger und in den achtziger Jahren zu einem neuerlichen Rückschlag kam.

Der Zeitpunkt von Streiks scheint in erster Linie von den Schwankungen der Konjunktur abzuhängen. In Zeiten verhältnismäßig hoher Arbeitslosigkeit wie etwa während der sogenannten Großen Depression zwischen 1873 und 1896[59] war die Anzahl der Streiks in den meisten europäischen Ländern niedrig, während der wirtschaftliche Aufschwung der frühen siebziger Jahre in Deutschland zu einer Streikwelle von – bis dahin – beispiellosem Ausmaß geführt hatte.[60] Dies dürfte daran gelegen haben, daß ein wirtschaftlicher Aufschwung einen hohen Arbeitskräftebedarf mit sich bringt und damit die Verhandlungsposition des Arbeiters stärkt und ihn vor Entlassung schützt, während der Boom zugleich eine Inflation erzeugt, die als Auslöser des Streiks wirkt. Umgekehrt war in wirtschaftlichen Krisenzeiten die Sicherheit des Arbeitsplatzes gefährdet, so daß es für den Arbeiter riskanter wurde, zu streiken, während es oft gleichzeitig bei jenen, die ihren Arbeitsplatz behielten, zu einem Anstieg des Lebensstandards kam, der auf die Preisdeflation zurückzuführen war. Ferner konzentrierten sich Streiks erwartungsgemäß und aus naheliegenden Gründen in Zeiten der politischen Entspannung und im Falle der Legalität von Streiks. Als 1824 in Großbritannien das Streiken praktisch legalisiert wurde, kam es zu einer dramatischen Zunahme der Arbeitskämpfe, nicht anders als während der vorübergehenden politischen Entspannung in Frankreich und Deutschland in der Anfangsphase der Revolutionen von 1848. Es ist auch denkbar, daß diese Revolutionen in der Arbeiterklasse die Erwartung weckten, die Regierung werde sie in ihrem Kampf gegen die Arbeitgeber unterstützen, und deshalb einen zusätzlichen Anreiz zum Streiken lieferten. In Frankreich war das Wiederaufleben von Streiks in den sechziger Jahren eine Folge der 1864 und vor allem 1868 vorgenommenen Liberalisierung der Gesetze gegen die Vereinigungs- und Versammlungsfreiheit; in Deutschland geschah dasselbe aus ähnlichen Gründen 1863 sowie Ende der sechziger Jahre.[61]

Es ist behauptet worden, daß der Zeitpunkt von Streiks in der vorindustriellen Zeit insofern weniger „rational" gewesen sei, als Streiks sich in Zeiten existenzgefährdender Krisen zu häufen pflegten, d. h. nicht nur dann, wenn die Preise für Nahrungsmittel hoch waren, sondern auch dann, wenn eine Rezession zu starker Arbeitslosigkeit geführt und damit die Verhandlungsposition der Arbeiterschaft geschwächt hatte. So setzt Hobsbawm den Übergang von der Streiktätigkeit alten Stils zu derjenigen neuen Stils in Großbritannien um das Jahr 1850 an. Indes hat es heute den Anschein, daß Streiks in jenen Tagen vor der industriellen Revolution doch sehr viel häufiger waren, als man sich bisher vorgestellt hatte, daß sie oft alles andere als spontan und unorganisiert waren und daß sie nicht selten sehr wohl günstige Aufschwünge der Konjunktur, in denen Arbeitskräfte knapp waren, auszunützen suchten.[62]

Die Tatsache, daß die Arbeiter eher aus einer Position der Stärke als aus einer Position der Schwäche heraus in den Streik traten und daß nicht einfach nur Armut, sondern steigende oder enttäuschte Erwartungen ein entscheidendes Motiv ihrer Aktionen waren, geht auch daraus hervor, daß bis Ende der achtziger Jahre Arbeiter, die bei Streiks mitmachten, in erster Linie Facharbeiter waren, die verhältnismäßig gut verdienten, eine Lehrzeit absolviert hatten, über organisatorische Traditionen verfügten, auf die sie sich stützen konnten, und herkömmlicherweise auch hohe Erwartungen hegten. Diejenigen Arbeiter, die in England die ersten und stabilsten Gewerkschaftsorganisationen ins Leben riefen, die in Frankreich während der Julimonarchie (1830-1948) in den Streik traten, die in Deutschland in den sechziger Jahren bei Streikbewegungen mitmachten, waren Drucker, Schneider, Zimmerleute, Maurer und dergleichen, nicht aber das ungelernte Fabrikproletariat. Von den Fabrikarbeitern beteiligte sich vor allem die neue „Arbeiteraristokratie" der Metallarbeiter, Maschinenbauer usw. an Arbeitskämpfen. In Deutschland verhielten sich die Arbeiter in den großen Unternehmen der Schwerindustrie bis zum ersten großen Bergarbeiterstreik von 1889 verhältnismäßig passiv. Freilich – es hatte schon vorher einige Aktivitäten in den Bergwerken gegeben und auch danach blieb es in der Eisen- und Stahlindustrie des Ruhrgebiets noch relativ lange ruhig. In Frankreich waren es nur die Fabrikarbeiter aus den neueren Industrien, die sich 1869/70 wirklich in einem nennenswerten Umfang an Streiks beteiligten; aber danach blieb auch ihre Beteiligung sporadisch. In England wurde der große Hafenarbeiterstreik von 1889 zum Verboten der neuen Kämpfe der Ungelernten.[63] Mit den Gründen werden wir uns später beschäftigen.[64]

Peter Stearns vertritt die These,[65] daß dem Streik in der Frühzeit der Industriellen Revolution eine besondere Bedeutung zukomme. Zunächst einmal vermögen Streiks die Ziele und Hoffnungen der einfachen Arbeiter viel unmittelbarer zur Sprache zu bringen als die Ausführungen ihrer Führer. Dies gilt für diesen Zeitraum vor allem insofern, als mit dem Streik zwangsläufig nicht nur wirtschaftliche Härten verbunden waren (sofern die Arbeiter nicht gleichzeitig im Nebenberuf Bauern waren, was ihre Streikbereitschaft gesteigert haben könnte, wie es in einigen Teilen Frankreichs der Fall gewesen zu sein scheint[66]), sondern auch der mögliche Verlust des Arbeitsplatzes und die Konfrontation mit Polizei oder gar Militär, was mitunter, wie 1869 in verschiedenen Teilen des Bergbaureviers an der Loire und noch 1912 in Deutschland, Blutvergießen und Tod bedeutete.[67] Die Forderungen der Arbeiter, die bereit waren, solche Risiken auf sich zu nehmen, betrafen vor 1890 in den allermeisten Fällen die Löhne, manchmal die Länge des Arbeitstages. Auch Klagen über brutale Vorarbeiter und die Fabrikdisziplin waren nicht selten.[68] Streiks hatten aber noch eine andere Bedeutung: sie waren oft der erste Schritt zur formalen Organisation. Denn im Verlauf eines Streiks oder im Anschluß an eine Niederlage erkannten die Arbeiter die Notwendigkeit einer gewissen Organisation, um ihre Interessen längerfristig zu schützen und während des Streiks die Solidarität aufrechtzuerhalten; dies geschah beispielsweise während des Streiks der Hamburger Hafenarbeiter 1864.[69] Ferner konnten staatliche Koalitionsverbote die Klagen über wirtschaftliche Mißstände in eine politische Richtung drängen, wie dies offenbar in Großbritannien zu Beginn des 19. Jahrhunderts, in Frankreich in den dreißiger und in Deutschland in den achtziger Jahren der Fall war.[70] Und selbstverständlich konnte die gewaltsame Unterdrückung eines Streiks durch das Militär denselben Effekt haben: nach der Niederwerfung ihres Streiks 1869 gingen die Bergarbeiter von Waldenburg zur Sozialdemokratie über.[71] Das vielleicht schlagendste Beispiel für diesen Übergang des ökonomischen in den politischen Protest bieten aber wohl die Vorgänge des „Blutsonntags" während der russischen Revolution von 1905, als das Vorgehen gegen loyalistische Gewerkschaftler, die von einem orthodoxen Popen angeführt wurden und dem Zaren eine Bittschrift überreichen wollten, zur Errichtung von Barrikaden und dem Beginn einer echten Revolution führte.[72]

Dies bedeutet natürlich keineswegs, daß es einen zwingenden Zusammenhang zwischen industrieller Militanz und politischem Radikalismus gibt. Engels war verwundert darüber, daß England unzählige Arbeitskämpfe erlebt, den Aufstieg einer starken Gewerkschaftsorganisation gesehen hatte und doch zugleich immun gegen den politischen Radikalismus der Arbeiterklasse geblieben war.[73] In Deutschland wandten sich Arbeiter, die über beträchtliche wirtschaftliche Mißstände zu klagen hatten, oft mit Bittschriften an den Kaiser, damit dieser ihnen gegen die Arbeitgeber beistehe. Solche Bittschriften kamen beispielsweise von Metallarbeitern in Solingen, von schlesischen Webern und von Bergleuten an der Ruhr; d. h. der Zorn der Arbeiter über jene Zustände und über die Unternehmer, denen sie die Schuld an ihnen gaben, wurde nicht in Widerstand gegen den politischen Status quo umgemünzt.[74] Manche französischen Arbeiter, die zwar an die radikale gesellschaftliche Veränderung glaubten, d. h. an den Umsturz der kapitalistischen Eigentumsverhältnisse, scheuten dennoch vor der Welt der formellen Politik zurück, die sie nach dem großen Betrug des Juni 1848, als die bürgerliche Nationalgarde mit brutaler Gewalt gegen eine Erhebung der Unterschicht vorging, für bürgerlich und damit zwangsläufig korrupt hielten. Den Ausweg aus den Zwängen des Kapitalismus suchten diese Arbeiter anfangs in proudhonistischen Genossenschaften, später in anarchosyndikalistischen Gewerkschaften und im Generalstreik.[75]

Was endlich Streiks betrifft, so sollte man die Tatsache, daß gewisse Gruppen von Arbeitern den Reihen der Streikenden fernblieben, nicht als Beweis ihrer Zufriedenheit mit den herrschenden politischen, gesellschaftlichen und wirtschaftlichen Umständen auffassen. Diese Zurückhaltung mochte ebensogut die Repression durch den Staat oder die Unternehmer, die schwache Verhandlungsposition der betreffenden Arbeiter oder eine beliebige Zahl anderer Faktoren widerspiegeln, auf die wir weiter unten noch eingehen werden.[76]

Organisation

Im Laufe der Industriellen Revolution begannen die Arbeiter nicht nur, häufiger zu streiken als früher; sie entwickelten auch ein ungemein vielfältiges organisatorisches Leben, vor allem in alten Hochburgen des Handwerks wie London, Paris, Berlin und Leipzig, wo die organisatorischen Traditionen bis zu den Zünften zurückreichten. Im ganzen 19. Jahrhundert schlossen Facharbeiter sich zu Rauch- und Debattierclubs, Bildungsvereinen, Verbraucher- und Erzeugergenossenschaften, Gewerkschaften und Parteien zusammen. Nun könnte man einwenden, daß manche dieser Zusammenschlüsse wenig oder gar nichts mit Protest im üblichen Begriffssinne zu tun haben: Wie verhält es sich in dieser Hinsicht beispielsweise mit den Bildungs- und Selbsthilfevereinen? Wir werden jedoch sehen, daß dieser Einwand nur bedingt zutrifft; denn derartige Organisationen waren oft Vorformen von militanteren Unternehmungen oder gar nur deren achtbare Fassade.

Eine der frühesten und jedenfalls verbreitetsten Formen der Arbeiterorganisation im 19. Jahrhundert war der Hilfsverein (Hilfskasse; im englischen Sprachraum „friendly society“). 1815 gab es in England mehr als eine Million solcher Vereine. Sie verfügten während des ganzen 19. Jahrhunderts über höhere Mitgliederzahlen als die Gewerkschaften. In Frankreich wuchs die Zahl der Hilfsvereine vor allem nach 1830; um 1840 gab es annähernd 2000. Viele andere entstanden in Spanien in den vierziger und in Rußland in den siebziger Jahren. Es ist kaum verwunderlich, daß solche Vereine sich überwiegend aus den verhältnismäßig wohlhabenden Teilen der Facharbeiterschaft zu rekrutieren pflegten. Bei den verarmten Arbeitern, die am Rande des Existenzminimums dahinkümmerten, waren regelmäßige Zahlungen in die Vereinskasse kaum zu erwarten. Das Anliegen dieser Hilfsvereine war es in erster Linie, dem Arbeiter eine Versicherung gegen Schicksalsschläge wie Unfall, Krankheit und Alter zu bieten, die ihn – jedenfalls in einer Zeit, bevor der Staat auf dem Gebiet der sozialen Sicherung tätig wurde – zur Abhängigkeit von der öffentlichen Wohlfahrt verurteilt hätten. Die Vereine betonten oft auch mit großem Nachdruck traditionelle Werte der Handwerkerschaft wie Mäßigkeit beim Trinken sowie ehrbaren und sittlichen Lebenswandel, und zwar selbst dann, wenn bei ihrer Gründung keinerlei bürgerliche Philanthropie eine Rolle gespielt hatte. Häufig war in solchen Assoziationen jegliche politische Betätigung, ja auch nur die politische Diskussion unter den Mitgliedern verboten. Doch die Einstellung des Staates zu diesen scheinbar harmlosen Organisationen und auch deren Ablehnung durch die Unternehmer lassen vermuten, daß die Realität anders aussah. Wenn solche Arbeitervereine von der Regierung verfolgt wurden – wie in Großbritannien und Frankreich zu Beginn des 19. Jahrhunderts, in Deutschland sowohl in den fünfziger und sechziger Jahren des 19. Jahrhunderts als auch in den Jahren des Sozialistengesetzes zwischen 1878 und 1890 –, hatte sie dafür eine Reihe von Gründen. Der Besitz von Geldmitteln förderte bei manchen Arbeitergruppen offensichtlich die Möglichkeit von Streiks, und gelegentlich wurden sie auch so genutzt. In Zeiten der Illegalität von Gewerkschaften wurde in Frankreich und Großbritannien der Unterschied zwischen dem Hilfsverein und der Gewerkschaft, gelinde gesagt, undeutlich; und in Frankreich konnten sich die Hilfskassen auf Gegenseitigkeit unschwer zu dem entwickeln, was man „sociétés de résistance" nannte. In England setzte man sich über das Politikverbot oft hinweg; in Deutschland waren während der Sozialistenverfolgung Arbeiterhilfsvereine, ja sogar Gesangsvereine und Rauchclubs Deckorganisationen für den Widerstand gegen das herrschende politische System. Das soll jedoch nicht heißen, daß dies ihre einzige Funktion gewesen wäre oder gar, daß sie nur zu diesem Zweck gegründet worden wären. Im Gegenteil, sie waren ureigenster Bestandteil der traditionellen Handwerkergesellschaft. Dies war auch der Grund dafür, daß das Verbot von formelleren Organisationen wie Parteien und Gewerkschaften nicht den gewünschten Erfolg hatte, den Widerstand der Arbeiterklasse gegen den wilhelminischen Obrigkeitsstaat zu brechen.[77]

Viele dieser Beobachtungen gelten ungeschmälert auch für die Arbeiterbildungsvereine. Auch in ihnen herrschte oft ein „Politikverbot". Manche Bildungsvereine in England untersagten sogar die Erörterung von nationalökonomischen Fragen oder versuchten, die Art der politischen Ökonomie vorzuschreiben. Normalerweise war es das *laissez faire* der Manchesterschule, über die „in verständiger Weise" diskutiert werden durfte: Auch diese Vereine waren die Domäne der Arbeiteraristokratie, ein Ausbund an handwerklichen Werten wie Unabhängigkeit und Ehrbarkeit, und sollten dem Arbeiter Zugang zur klassischen Kultur und ihren Werten verschaffen. In Breslau waren die Handwerker der Überzeugung, daß jeder Erweiterung der politischen Rechte auf die Klasse der Werktätigen ein Prozeß der Bildung und Aufklärung vorangehen müsse. Diesen Standpunkt vertrat zunächst auch August Bebel, der aus dieser Vereinsbewegung kam und später zum Gründer und Führer einer unabhängigen sozialistischen Arbeiterbewegung in Deutschland wurde. Es trifft auch zu, daß viele Bildungsvereine tatsächlich von Reformern und liberalen „Arbeiterfreunden" aus der Mittelschicht gegründet wurden, so in Deutschland in den sechziger Jahren von Sonnemann. Bis zu einem gewissen Grad war die Gründung solcher Vereine Ausdruck eines echten philanthropischen Anliegens. Andere Gründungen verfolgten ausdrücklich das Ziel, die Arbeiterklasse für die liberale Bewegung zu gewinen (so im Falle Sonnemanns). Und vielfach war die Absicht, der Arbeiterschaft die Werte der Selbsthilfe und Sozialismusfeindlichkeit zu vermitteln. Ein sparsamer, nüchterner und ehrbarer Arbeitnehmer war ein besserer Arbeitnehmer.

Freilich konnten auch die Arbeiterbildungsvereine zum Ausgangspunkt anderer, radikalerer Aktivitäten werden. Selbst ein Facharbeiter, der im

Bildungsverein zunächst nichts anderes suchte als einen gewissen kulturellen Firnis, um bei den Angehörigen höherer Gesellschaftsschichten als respektabel und akzeptabel zu gelten – ein sozialer Typus also, dessen ursprüngliche Motivation kaum als radikal zu bezeichnen ist –, konnte radikalisiert werden, wenn die ihm sozial überlegenen Vertreter der Mittelschicht sich weigerten, seinen Rang anzuerkennen. In England wollten Arbeiter auch über jene Wirtschaftstheorien diskutieren, vor denen sie gerade bewahrt bleiben sollten, was häufig zu Auseinandersetzungen mit den bürgerlichen Gründern und Leitern von Bildungsvereinen führte. In Deutschland gingen sowohl Lassalles Allgemeiner Deutscher Arbeiterverein (ADAV) als auch die Eisenacher Partei von August Bebel und Wilhelm Liebknecht – die ersten beiden Arbeiterparteien, die 1863 und 1869 in Deutschland entstanden – zumindest teilweise aus bestehenden Arbeiterbildungsvereinen hervor, in denen es zu Streitigkeiten zwischen bürgerlichen und proletarischen Mitgliedern gekommen war. Natürlich wäre es nun irrig, zu glauben, daß sämtliche Arbeiterbildungsvereine diesen Weg zum politischen Radikalismus beschritten hätten. In Württemberg etwa hielten sich bis weit in die siebziger Jahre des 19. Jahrhunderts liberale Bildungsgesellschaften mit proletarischer Mitgliederschaft Seite an Seite mit sozialdemokratischen Organisationen, während in Nürnberg etwa zur gleichen Zeit katholische und evangelische (lutherische) Arbeitervereine noch fortexistierten.[78]

Eine Form der Arbeiterorganisation, die deutlicher aus einer gewissen Unzufriedenheit mit der herrschenden Wirtschaftsordnung hervorging, war (zumindest in ihren Anfängen) die Genossenschaftsbewegung. Großhandelsgenossenschaften von der Art, wie sie in Großbritannien in den zwanziger Jahren des 19. Jahrhunderts entstanden, verfolgten nicht nur den Zweck, preisgünstige Waren für Arbeiter bereitzustellen, sondern wollten ihre Geldmittel auch dazu benutzen, genossenschaftliche Erzeugergemeinschaften zu bilden, die nicht der Kontrolle des Arbeitsprozesses durch die Unternehmer unterworfen waren. Solche Gemeinschaften entstanden dann in den dreißiger Jahren. Was Frankreich betrifft, so hat man die Genossenschaftsbewegung als die Hauptform der französischen Arbeiterpolitik in den dreißiger und vierziger und dann wieder in den sechziger Jahren des 19. Jahrhunderts bezeichnet. In Frankreich wie in Großbritannien hingen genossenschaftliche Zusammenschlüsse häufig eng mit anderen Formen der Arbeiterpolitik, wie z. B. Gewerkschaften, zusammen, so auch in den sechziger Jahren in Württemberg. In all diesen Ländern rekrutierte sich die Genossenschaftsbewegung hauptsächlich aus der Facharbeiterschaft und verkörperte die traditionellen Werte der Unabhängigkeit und Selbständigkeit. Die Haltung der Genossenschaftsbewegung gegenüber anderen Formen der wirtschaftlichen und politischen Betätigung schwankte jedoch erheblich. Die englischen Oweniten begannen mit einer radikalen Kritik der wirtschaftlichen Grundsätze des *laissez-faire*-Kapitalismus und seiner Arbeitswerttheorie, lehnten es aber zugleich ab, sich in den politischen Kampf hineinziehen zu lassen; dasselbe galt für manche Arbeiterorganisationen in Frankreich während des Zweiten Reichs (1852-1870), die nach dem großen Betrug des Juni 1848 an der Politik der Mittelschicht verzweifelten und sich von einem Staat, der sich ihnen gegenüber wenig entgegenkommend verhielt, nichts mehr erhofften. In Deutschland verschrieben sich viele der von Schulze-Delitzsch in den sechziger Jahren gegründeten Genossenschaften den Werten der Selbsthilfe, sei es auch der kollektiven Selbsthilfe, und standen der liberalen Bewegung nahe. Louis Blanc dagegen, der in Frankreich für kurze Zeit als Mitglied der provisorischen Regierung von 1848 hervortrat, erwartete gerade vom Staat eine Unterstützung seiner „Genossenschaftswerkstätten", während Ferdinand Lassalle, ein außergewöhnlicher Abenteurer und einer der geistigen Väter einer unabhängigen deutschen Arbeiterbewegung in den sechziger Jahren, eine demokratische Reform verlangte, gerade damit ein neu konstituierter „Arbeiterstaat" die „Produktivassoziationen" finanzierte, die er wiederum als einzige Lösung für das Problem des „„ehernen Lohngesetzes" ansah, das nach seiner Meinung unter den normalen Bedingungen der kapitalistischen Produktion herrschte. In Großbritannien gab es in den dreißiger und vierziger Jahren des 19. Jahrhunderts auch chartistische Genossenschaften, die, wie der Name schon andeutet, ihr Augenmerk nicht nur dem wirtschaftlichen Gebiet zuwandten.[79]

Doch die klassische organisatorische Form der Arbeiterschaft, diejenige, welche im Mittelpunkt des zeitgenössischen Interesses stand und langfristig die größte Bedeutung erlangen sollte, war die Gewerkschaft – jene Organisation, die geschaffen wurde, um die wirtschaftliche Situation des Arbeiters zu verbessern oder ihn wenigstens vor dem Zugriff raffgieriger Unternehmer und den Auswirkungen der Inflation zu schützen. In Großbritannien konnten manche Gruppen von Facharbeitern – Wollkämmer, Schuhmacher, Hutmacher, Schiffszimmerleute, Schneider – auf eine Geschichte ihrer Organisationen zurückblicken, die bis ins 18. Jahrhundert reichte und auch durch die Repression zu Beginn des 19. Jahrhunderts keineswegs völlig abgeschnitten worden war. Doch führte die 1824 erfolgte Legalisierung gewerkschaftlicher Betätigung zu einer starken Erhöhung der Zahl von Gewerkschaften, welche imstande waren, Streiks zu organisieren. Bis in die zwanziger Jahre des 19. Jahrhunderts war die verbreitetste Form der Gewerkschaft in Großbritannien die Organisierung eines bestimmten einzelnen Gewerbes in einer bestimmten Stadt, eine „union", die häufig auch als Arbeiterhilfsverein fungierte und sich oft um eine ausgesprochen exklusive Kontrolle der Lehrstellen und damit des Zugangs zu dem betreffenden Gewerbe bemühte. So versuchten englische Baumwollspinner, die Handweber aus ihrer Organisation herauszuhalten. In den dreißiger Jahren blieben die meisten englischen Gewerkschaften bei ihrer exklusiven Mitgliederpolitik, ungeachtet einiger mit Recht berühmt gewordener, aber vergeblicher Ansätze zur Gründung nationaler Gewerkschaften, wie etwa Robert Owens unglücklicher Grand National Consolidated Trades Union (GNCT). In zunehmendem Maße (wenn auch nicht ausschließlich, wie wir gesehen haben) verließen sich die gewerkschaftlich organisierten Arbeiter auf das Mittel der friedlichen Tarifverhandlungen anstatt auf die direkte Aktion. Doch erst mit der Bildung der sogenannten „New Model Unions" und insbesondere mit der Gründung der Amalgamated Society of Engineers (ASE) im Jahre 1851 entstanden in England wirksame nationale Gewerkschaftsverbände. Es muß jedoch auch hier angemerkt werden, daß diese neuen Organisationen sich nicht weniger exklusiv gaben als ihre Vorgängerinnen, daß sie hohe Beiträge verlangten und sich aus der Fabrik-Facharbeiterschaft rekrutierten, wie etwa die ASE selbst. Neu an ihnen waren ihre zentralisierte Führung, ihre Stabilität und ihr Erfolg. Gewiß war diese exklusive und bedächtige Gewerkschaftspolitik nicht unbedingt nach dem Geschmack sämtlicher Teile der britischen Arbeiterschaft, und so kam es in den sechziger Jahren des 19. Jahrhunderts zu manchen erbitterten Auseinandersetzungen über dieses Thema. Es gab im folgenden Jahrzehnt auch manche Versuche, die weniger qualifizierten Teile der britischen Arbeiterschaft zu organisieren; aber solchen Versuchen waren immer nur kurzfristige Erfolge beschieden, und so standen die ungelernten Arbeiter bis zum „new unionism" der späten achtziger und der neunziger Jahre außerhalb des organisierten Protests. Noch 1883 hatte die ASE erst zehn Prozent aller Arbeiter in der britischen Maschinenbauindustrie zu mobilisieren vermocht.[80]

Etwas Vergleichbares läßt sich auch in anderen Ländern feststellen. In Frankreich organisierten sich ungeachtet repressiver Maßnahmen der Regierung Maurer, Zimmerleute, Schneider, Drucker, Hutmacher, Schuster und Maschinenbauer schon während der Julimonarchie (1830-1848) und noch offener im Laufe der Revolution von 1848 im Anschluß an eine Lokkerung der Versammlungs- und Vereinigungsfreiheit. Nach einer neuerlichen Periode legalisierter Repression in den fünfziger Jahren tauchte die französische Gewerkschaftsbewegung in den sechziger Jahren bei genau denselben Gruppen von Arbeitern wieder auf, während Bergarbeiter sowie die Arbeiter der verhältnismäßig jungen Textilfabriken sehr viel länger brauchten, um ihre eigenen, unabhängigen Organisationen aufzubauen. Facharbeiter in Rußland schlossen sich in den sechziger und siebziger Jahren ebenfalls zu Gewerkschaften zusammen, zu einer Zeit, als das Land die ersten zögernden Schritte auf dem schmerzhaften Weg zur wirtschaftlichen Modernisierung tat; bei ihren weniger qualifizierten Kollegen fanden sich, wie wir sehen werden, sehr unterschiedliche Aktionsmuster. In Italien waren es bis zur Jahrhundertwende die Arbeiter alteingesessener, kleiner Industriebetriebe, die das Rückgrat des organisierten Protests bildeten. Auch hier gelangten die Textil- und Metallarbeiter der größeren Fabriken erst spät zu einer erfolgreichen Organisation.[81]

Es ist gelegentlich behauptet worden, daß Deutschland von diesem Muster – der Priorität der wirtschaftlichen Mobilisierung – insofern abgewichen sei, als die Gewerkschaftsbewegung sich dort erst nach der politischen Organisation der Arbeiterschaft und als deren Anhängsel entwickelt habe. Die moderne Forschung hat gezeigt, daß diese Behauptung falsch ist. Im Rheinland und in Wuppertal entstanden Handwerkervereine in den vierziger Jahren des 19. Jahrhunderts. Während der Revolution von 1848 stellten deutsche Arbeiter nicht nur gelegentlich demokratische Forderungen auf, sondern gründeten auch bereits erste Gewerkschaften, wie im Falle der Zigarrenarbeiter, Buchdrucker und Maschinenbauer. Wie in den sechziger Jahren in Frankreich, so führte zur selben Zeit auch in Deutschland die Liberalisierung des Versammlungs- und Vereinigungsrechts zu einer Neubelebung der gewerkschaftlichen Organisation dieser Arbeiter, aber auch der Maurer, Zimmerleute, Schneider, Schuster, Lederarbeiter u. dgl.[82]

Nicht selten lehnten diese Gewerkschaften der „Arbeiteraristokratie" jede Form der politischen Betätigung strikt ab. Gewerkschaftlich organisierte Bergleute in Großbritannien wollten beispielsweise nichts mit den Chartisten und ihrer politischen Agitation zu schaffen haben. Die Buchdrucker in Großbritannien, Frankreich und Deutschland gehörten zwar zu den ersten Arbeitern, die starke und stabile Gewerkschaften aufbauten, wandten aber politischen Fragen oft ganz bewußt den Rücken zu, ebenso deutsche Zigarrenarbeiter. Man hat ferner in bezug auf Deutschland in den vierziger Jahren des 19. Jahrhunderts den Standpunkt vertreten, daß Arbeitervereine sich nur dort an politischen Aktionen beteiligten, wo bürgerliche Radikale vor Ort die Führung ergriffen.[83] Der Zeitpunkt von Gewerkschaftsgründungen sowie der Umstand, daß an ihnen in erster Linie die besser gestellten Arbeiter beteiligt waren, verrät einmal mehr, daß die Gewerkschaften nicht von der Schwäche und Armut des ungelernten Industrieproletariats getragen wurden, sondern von der starken Verhandlungsposition der Facharbeiterschaft. Die britische Arbeiterbewegung ging in den Jahren der wirtschaftlichen Prosperität zwischen 1848 und 1880 von der direkten Aktion zur industriellen Organisation über, während die Gründung von Facharbeitervereinen in Deutschland auf die stetige Verbesserung des Lebensstandards von Facharbeitern folgte.[84] Unter solchen Umständen hatte die Facharbeiterschaft eine starke Verhandlungsposition, die sich aus der angespannten Lage auf dem Arbeitsmarkt ergab, und hegte sogar steigende Erwartungen, anstatt vor der Verarmung zu stehen.

Es wäre jedoch genauso irrig, aus dem eben Gesagten zu schließen, daß gewerkschaftliche Organisation und politischer Radikalismus einander ausschlossen. Wenn der Staat oder unnachgiebige Unternehmer alle Ansätze zur Bildung von Gewerkschaften vereitelten, trieben sie manche der „gemäßigten" Gewerkschaftler fast mit Gewalt in die Reihen des radikalen Protests. Dies war bis zu einem gewissen Grade zu Beginn des 19. Jahrhunderts in Großbritannien der Fall. Auch in Frankreich führte die Unterdrückung von industriellen Aktionen der Arbeiter in den dreißiger und vierziger Jahren des 19. Jahrhunderts mehr als einmal zu Erhebungen in Lyon und Paris sowie zur Entstehung von revolutionären Geheimgesellschaften, deren Mitglieder sich aus den Kreisen sowohl der bürgerlichen Intelligenz als auch der Arbeiterschaft rekrutierten, wie in Blanquis berühmter Société des Saisons.[85] In ähnlicher Weise hatte in Deutschland die Unterdrückung vieler Gewerkschaften und sonstiger Formen der Arbeiterorganisation durch das Sozialistengesetz (1878–1890) zur Folge, daß manche Arbeiter die Lösung ihrer Probleme in der SPD und der politischen Aktion zu sehen begannen.[86]

Politik

Wir haben gesehen, daß es bezüglich der Entwicklung von Streikaktivitäten und der gewerkschaftlichen Organisation über die nationalen Grenzen hinweg beachtliche Ähnlichkeiten in der sozialen Zusammensetzung und Struktur des Arbeiterprotests gab. Viel problematischer werden die Dinge auf dem Gebiet der Politik. In manchen Ländern scheinen die Arbeiter, oder doch diejenigen unter ihnen, die das Wahlrecht erhalten hatten, den traditionellen, sozial heterogenen Parteien treu geblieben zu sein, so beispielsweise in Großbritannien den Tories und den Liberalen. Hier kam es erst nach 1900 zur Entstehung einer unabhängigen Partei der Arbeiterschaft von nennenswerter Bedeutung. In Deutschland dagegen entstanden schon in den sechziger Jahren des 19. Jahrhunderts unabhängige Parteien der Arbeiterklasse, und sowohl Lassalles Allgemeiner Deutscher Arbeiterverein (ADAV) als auch die sogenannte Eisenacher Partei von August Bebel und Wilhelm Liebknecht orientierten sich gegen Ende des Jahrzehnts in der einen oder anderen Form am Sozialismus. Als die beiden Gruppen sich 1875 in Gotha zusammenschlossen und aus ihnen die Sozialistische Arbeiterpartei Deutschlands hervorging, gab es im Kaiserreich sogar eine geschlossene, geeinte sozialistische Partei. In Frankreich war zwar der politische Flügel der Arbeiterschaft bis zur Gründung der SFIO im Jahre 1905 in eine Vielzahl von unterschiedlichen Organisationen zersplittert, doch die Tendenz der Arbeiterklasse zu unabhängiger politischer Betätigung hatte sich bereits bei den nationalen Arbeiterkongressen von 1876, 1878 und 1879 nachdrücklich abgezeichnet. Einige französische Gewerkschaften schlossen sich Ende der sechziger Jahre Marxens Erster Internationale (die freilich zu unrecht so bezeichnet wird) an, doch ist ihre genaue politische Zuordnung nicht leicht zu bestimmen.

Abgesehen von dem Problem, wie es zu erklären ist, daß in einigen Ländern eine unabhängige Politik der Arbeiterschaft sich herausbildete und in anderen nicht, stellt sich natürlich die weitere Frage, warum sich die politischen Organisationen der Arbeiterschaft an unterschiedlichen Orten ideologisch so unterschiedlich orientierten. Bei einigen Gruppen französischer und katalonischer Arbeiter faßte der Anarchosyndikalismus Fuß. Bei anderen war es der Sozialismus, der den Führern der Arbeiter die Ideologie lieferte, so in Deutschland und in einigen Teilen der französischen, italienischen, spanischen und russischen Arbeiterbewegung. Doch dieser Sozialismus wiederum hatte in Rußland und in Teilen Italiens eine radikalere Färbung als in Deutschland. Zahllose Versuche sind unternommen worden, um diese Divergenz zu erklären; einige dieser Erklärungen sollen im folgenden untersucht werden.

Die Rolle von Ideologie und Ideologen. Lenin vertrat den Standpunkt – im Anschluß an Kautsky und unter dem Eindruck von Engels' Bemerkungen über das Unvermögen der britischen Arbeiterklasse, ihre industrielle Militanz in politischen Radikalismus umzusetzen –, daß Arbeiter sich nicht über das Niveau nur wirtschaftlicher Forderungen und des von ihm so genannten „trade-unionistischen Bewußtseins" erheben würden, wenn man sie völlig ihren eigenen Vorstellungen und Methoden überließ. Es bedürfe des Eingreifens einer radikalen bürgerlichen Intelligenz, um den revolutionären Sozialismus in die Reihen des Proletariats zu tragen.[87] Zu frappierend ähnlichen Schlußfolgerungen gelangt Barrington Moore bei seiner Suche nach den zeitlosen Wurzeln von „Gehorsam und Revolte", bei der er wiederum die Ursprünge für den Erfolg der Revolution in Rußland und ihr Scheitern in Deutschland am Vorhandensein einer revolutionären Elite festmacht.[88] Nun ist es zweifellos richtig, daß begabte Agitatoren und Intellektuelle bei vielen Gelegenheiten zur Politisierung, wenn auch nicht unbedingt zur Radikalisierung des Arbeiterprotests beigetragen haben. Der revolutionäre Standort der russischen Arbeiterklasse in den Jahren 1905 und 1917 (und gewiß der Radikalismus der Bolschewisten) muß vor dem Hintergrund einer revolutionären bürgerlichen Intelligenz gesehen werden, zu der auch Lenin gehörte. Die Entstehung einer unabhängigen Arbeiterbewegung in Deutschland in den sechziger Jahren des 19. Jahrhunderts ist gewiß durch die propagandistische Wirksamkeit eines Ferdinand Lassalle und später durch das Vorhandensein einer geistigen Tradition des Marxismus gefördert worden. In Frankreich fiel die Geburt des modernen Arbeiterprotests zusammen mit der Entwicklung der sozialistischen Theorien von Fourier, Blanqui, Blanc und vielen anderen. Umgekehrt mag das Nichtvorhandensein einer revolutionären Intelligenz in Großbritannien (höchstens mit Ausnahme des frühen 19. Jahrhunderts, als der Arbeiterprotest vielleicht in der Tat radikaler war) sehr wohl etwas mit dem Reformismus der britischen Arbeiterklasse zu tun gehabt haben.

Das Schicksal radikaler Ideologien hing jedoch keineswegs nur von den Überredungskünsten der Intellektuellen ab. Der Umstand, daß von Teilen der britischen Arbeiterklasse radikales Ideengut in den dreißiger und vierziger Jahren des 19. Jahrhunderts günstiger aufgenommen wurde als zu einem späteren Zeitpunkt, deutet darauf hin, daß die Vorstellungen der

Arbeiterschaft eher von den veränderten Verhältnissen – Wohlstand, größere Liberalität des Staates – als von ideologischer Mobilisierung bestimmt wurden. Als offizielle Theorie der deutschen Sozialdemokratie wurde der Marxismus in den achtziger Jahren eingeführt, als Kapitalkonzentration, Wirtschaftskrise und politische Repression herrschten – Verhältnisse also, für welche die neue Lehre eine Erklärung zu bieten schien. In Frankreich und Spanien waren es Arbeiter in besonderen Industriezweigen und von ganz bestimmter Herkunft, die von der Botschaft des Anarchosyndikalismus angetan waren. Kaum jemand wird also bestreiten, daß die Wirkung einer Theorie noch von vielen anderen Faktoren abhängig war als nur von den Fähigkeiten des einzelnen Agitators oder dem Vorhandensein einer „geistigen Tradition". Man kann den Mobilisierungseffekt einer importierten Ideologie sogar noch prinzipieller anzweifeln: es läßt sich nachweisen, daß die verschiedenen von der Arbeiterbewegung angeblich übernommenen Ideologien in Wirklichkeit nur von sehr begrenzter Bedeutung waren. Viele russische Arbeiter, die sich an den revolutionären Ereignissen des Jahres 1905 beteiligten, waren anscheinend unfähig, die Unterschiede zwischen Menschewisten und Bolschewisten zu erkennen. Beim Juliaufstand 1917 trugen einige Arbeiter, die an sich der menschewistischen Partei angehörten, Plakate mit bolschewistischen Parolen. Angesichts der Tatsache, daß viele Revolutionsführer ins Exil getrieben worden waren und die innenpolitische Repression ihnen den Zugang zum einfachen Fabrikarbeiter im zaristischen Rußland erschwerte, ist das auch kaum verwunderlich. Zu dem muß die soziale Kluft zwischen den bürgerlich-intellektuellen Führern des menschewistischen *und* des bolschewistischen Flügels der russischen Sozialdemokratie einerseits und der proletarischen Basis andererseits die Verständigungsschwierigkeiten noch zusätzlich vergrößert haben, was auch durch die Klagen verschiedener Parteiführer bestätigt wird. Martov beispielsweise äußerte sich irritiert über seine ersten Kontakte mit der Arbeiterklasse:

„In meinem Zirkel hielt ich zweimal einen Vortrag über Ziele und Methoden des Sozialismus, aber immer wieder drängte sich das wirkliche Leben herein ... Entweder brachten die Mitglieder des Zirkels selbst irgendeinen Vorfall zur Sprache, der sich in der Fabrik ereignet hatte ..., oder es kam jemand von einer anderen Werkstatt, und wir mußten unsere Zeit damit verbringen, die Zustände dort zu diskutieren."

Auf der anderen Seite scheinen russische Facharbeiter um die Jahrhundertwende grundsätzlich jeden Versuch einer Belehrung durch bürgerliche Intellektuelle übel aufgenommen zu haben. Ein Mitglied der Petersburger „Liga zum Kampf um die Befreiung der Arbeiterklasse" (1895) – einer Vorläuferorganisation der späteren Sozialdemokratischen Partei Rußlands – wandte sich heftig gegen jene, die in der sozialistischen Bewegung „nichts anderes sahen als ein Mittel für reuige Intellektuelle zur Beruhigung ihrer Gewissensnöte". Und Abram Gordon aus Vilno, der sich im Selbstunterricht zum Graveur gebildet hatte, warnte die Intellektuellen davor, Arbeiter wie ihn als „Kanonenfutter der Revolution" zu behandeln. Es ließe sich auch argumentieren, daß die Radikalisierung der russischen Arbeiter im Jahre 1917 zumindest anfangs kaum etwas mit der bolschewistischen Propaganda oder dem Eintreffen Lenins in St. Petersburg zu tun hatte. Es gab sozusagen einen eingebauten Mechanismus der Radikalisierung, der unabhängig von der revolutionären Führung war. Beispiele dafür sind, daß die Fabrikausschüsse bereits *vor* Lenins Ankunft in Rußland mit der politischen Zurückhaltung unzufrieden waren und die Erhebung von Juli 1917 geradezu trotz der Bolschewisten stattfand. Wie Lenin selbst zugeben mußte, die Massen waren bolschewistischer als die Bolschewisten selbst. Die wirksame Bekämpfung der materiellen Not in Rußland setzte 1917 vor allem die Beendigung des Krieges voraus. Dazu wiederum bedurfte es der Beseitigung des zaristischen Regimes und der Provisorischen Regierung unter Kerenskij. Daher die Radikalisierung der Arbeiter in Moskau und St. Petersburg. Das soll nicht heißen, daß die Aktivitäten der bolschewistischen Partei nicht für die faktische Machtergreifung im Jahre 1917 verantwortlich gewesen wären, sondern nur, daß die zweite Revolution direkt den unmittelbaren Bedürfnissen des russischen Proletariats entsprang und sich wahrscheinlich nicht auf bolschewistische Ideologie gründete.[89]

Genauso zweifelhaft ist die Rolle der offiziellen Ideologie für die Basisaktivitäten der Arbeiterklasse im Falle einer weiteren angeblichen Hochburg des Arbeiterradikalismus vor dem Ersten Weltkrieg, nämlich der anarchosyndikalistischen Bewegung in Frankreich. Wie schon im einleitenden Kapitel erwähnt, gab es einen CGT-Führer, der sich bei Gewerkschaftskongressen regelmäßig zum revolutionären Generalstreik bekannte, aber jede Kenntnis der radikalen Theoretiker weit von sich wies. Ein zusätzliches – und gewichtigeres Argument ist, daß die anarchosyndikalistischen Arbeiter in Frankreich, was die Verhaltensmuster ihrer industriellen Militanz und ihre Streikforderungen betrifft, sich nur unwesentlich von jenen Arbeitern unterschieden, die sich der anarchosyndikalistischen Theorie oder Organisation nicht verbunden fühlten.[90] Die geringe Bedeutung der Ideologie für das Verhalten gewöhnlicher Arbeiter und Arbeiterinnen geht ferner aus der Geschichte der deutschen Arbeiterbewegung hervor. So hat Hans-Josef Steinberg gezeigt, daß selbst die Führungsspitze der SPD in den drei Jahrzehnten vor dem Ersten Weltkrieg nur ein beschränktes Verständnis des Marxismus, selbst in seiner Kautskyschen Vulgarisierung, besaß, obwohl der Marxismus seit dem Erfurter Parteitag 1891 offizielle Parteiideologie war. Manche von ihnen vertraten eine eher evolutionäre Sicht der gesellschaftlichen Entwicklung, und erst recht die Parteibasis las – wenn überhaupt – lieber anderes als popularisierten Marx.[91] Untersuchungen zur Arbeiterbewegungskultur belegen ebenfalls ein relativ geringes Maß an Radikalismus.[92] Versuche, für die politischen Anfänge der deutschen Arbeiterbewegung in den sechziger Jahren des 19. Jahrhunderts klare ideologische Abgrenzungen zwischen der Partei Lassalles und den Eisenachern zu ziehen, haben sich als irreführend herausgestellt: Vielmehr gingen beide Parteien von bereits vorhandenen Arbeitervereinen mit ausgesprochen diffuser ideologischer Identität aus. Auch war keine der beiden Organisationen einzig und allein die Schöpfung begabter Theoretiker wie Lassalle.[93] Bei den späteren revolutionären Unruhen in Deutschland am Ende des Ersten Weltkriegs war die Zugehörigkeit zu einer bestimmten politischen Organisation mit einer angeblich fest umrissenen Ideologie noch keineswegs eine Garantie dafür, daß die Parteibasis der jeweiligen sozialistischen Fraktion die ideologischen Unterschiede zwischen den linken Gruppierungen bis in alle Einzelheiten begriff, wie ich an anderer Stelle ausführlicher zu zeigen versucht habe.[94] Es gab 1919 sogar Bergarbeiter im Ruhrgebiet, die gleichzeitig der KPD und einer anarchosyndikalistischen Organisation angehörten!

Dies alles bedeutet zunächst einmal, daß es keineswegs leicht ist, die konkrete ideologische Überzeugung einer beliebigen Gruppe von Arbeitern festzustellen, selbst wenn diese nachweislich eingeschriebene Mitglieder einer bestimmten politischen Organisation gewesen sind. Zweitens läßt es erkennen, daß der ideologische Einfluß durchaus nicht der ausschlaggebende Faktor in den Strukturen des politischen Radikalismus war – ein Punkt, der zusätzliches Gewicht durch die Tatsache erhält, daß viele Arbeiter, die sich am Ende des Ersten Weltkrieges an revolutionären Kämpfen in Moskau, St. Petersburg, Berlin, im Ruhrgebiet, in Mailand und Turin beteiligten, gerade solche waren, die vor 1914 *nicht* von Arbeiterorganisationen, deren Anführern oder deren Ideologien mobilisiert worden waren. Drittens schließlich ist in diesem Zusammenhang auf eine gewisse Unbeständigkeit im politischen Verhalten der Arbeiter zu verweisen: Manche konnten sehr schnell für Arbeitskämpfe und sogar für radikale politische Aktionen mobilisiert werden, verschwanden dann aber genauso schnell wieder aus den Reihen des Protests, wie etwa in Frankreich 1919/20 und 1936/38 sowie in Deutschland zwischen 1918 und 1923. Dies wiederum läßt vermuten, daß die Schicksale des Arbeiterradikalismus vielleicht eher aus spezifischen Wirtschaftskonjunkturen oder anderen konkreten historischen Erfahrungen, wie etwa dem Scheitern von Streiks und Erhebungen, zu erklären sind als aus einer den Arbeitern „von außen“ eingeimpften radikalen Ideologie.

Diese Feststellung darf nicht so verstanden werden, als seien Arbeiter überhaupt niemals „revolutionär“ oder „radikal“ gewesen. Im Gegenteil – ich werde im nächsten Kapitel zu zeigen versuchen, daß bestimmte Teile der europäischen Arbeiterklasse vor und nach der Katastrophe von 1914/18 revolutionären Zielen verpflichtet waren. Es soll auch nicht behauptet werden, daß Ideologie in dem allgemeineren Sinne eines Systems übernommener Ideen und Werte, im Gegensatz zu einer „importierten“ politischen Theorie, völlig bedeutungslos für die Verhaltensweisen bestimmter Gruppen von Arbeitern war. Dieser allgemeinere Ideologiebegriff spielt vor allem eine wesentliche Rolle bei der Erklärung von differierenden Mustern des Radikalismus und der Gewalttätigkeit, und zwar eine viel größere als die von Intellektuellen ersonnenen Theorien. Es kann ja kaum ein Zufall sein, daß sich Teile der spanischen Arbeiterschaft beispielsweise vom Sozialismus angesprochen fühlten und andere vom Anarchismus, was nicht nur von der jeweiligen Fabrikstruktur abhing, sondern auch von ihrer unterschiedlichen bäuerlichen Herkunft und von ihren Erwartungen. Gewalttätigkeit im Arbeitskonflikt und sogar die paramilitärischen Aktionen von Nationalsozialisten und Kommunisten in der Weimarer Zeit während der Wirtschaftskrise konnten auch eine grundsätzlich mehr zur Gewalt neigende Gesellschaft widerspiegeln, wie man dies am Beispiel Hamborns während der Revolution von 1918 und der Berliner Jugendbanden Anfang der dreißiger Jahre zu zeigen versucht hat.[95] Ebenso unverkennbar haben in der englischen Protestgeneration des frühen 19. Jahrhunderts handwerkliche Tugenden wie Unabhängigkeit, Selbstachtung und Würde eine Rolle gespielt.[96] Doch ist diese Art der „Ideologie" ganz offensichtlich nicht dasselbe wie ein theoretisches System, das von einer außenstehenden Intelligentsia in die Arbeiterklasse hineingetragen wird; ist nicht das, was Lenin meint, wenn er von dem „Bewußtsein von außen" spricht; vielmehr handelt es sich um ein System von Vorstellungen und Werten, das dem einzelnen Arbeiter durch unzählige sozialistische Agenturen, durch ihre Herkunft und ihre Umwelt am Arbeitsplatz und zu Hause aufgeprägt wird.

Lebensstandard und politischer Radikalismus. Es ist oft behauptet worden, daß Armut nicht nur Unzufriedenheit, sondern auch den Radikalismus der Arbeiter gebiert, und daß es umgekehrt einen klaren Zusammenhang zwischen proletarischem Wohlstand und reformistischer Politik der Arbeiter gibt. Die verhältnismäßig hohen Löhne, die die britischen Arbeiter in der zweiten Hälfte des 19. Jahrhunderts bezogen, hat man als eine mögliche Erklärung dafür angesehen, daß es dem revolutionären Sozialismus in Großbritannien nicht gelungen ist, die Massen zu gewinnen, denn die Neigung zu Gewalt und Aufruhr in gewissen Teilen der britischen Arbeiterschaft zu Beginn des Jahrhunderts schwanden, als die Reallöhne stiegen, zwischen 1850 und 1900 um etwa 84 Prozent. In Deutschland gab es seit den achtziger Jahren bis mindestens gegen Ende des 19. Jahrhunderts einen anhaltenden Anstieg des realen Lebensstandards der Arbeiterklasse, was ebenfalls als einer der Faktoren angesehen wurde, welche die revolutionäre Initiative in der SPD abschwächten.[97] Auf der anderen Seite mochten die verhältnismäßig niedrigen Löhne der russischen und der spanischen Arbeiter sehr wohl etwas mit deren radikaler Politik zu tun haben.

Es gibt noch einen weiteren und sehr viel komplizierteren Zusammenhang, der zwischen politischem Reformismus und Prosperität der Arbeiterklasse postuliert wird: die Theorie der „Arbeiter-Aristokratie". Lenin vertrat – im Anschluß an sehr viel frühere Bemerkungen von Engels über das politische Stillhalten der englischen Arbeiterklasse – den Standpunkt, daß gewisse Gruppen von Facharbeitern, d. h. eben jene, die vor dem Ersten Weltkrieg in der europäischen Arbeiterbewegung eine beherrschende Stellung innehatten, in unverhältnismäßiger Weise vom Aufschwung des Kapitalismus in Ländern wie Großbritannien profitierten, welche die billigen Arbeitskräfte in ihren Kolonien ausbeuten konnten. In gewisser Weise lebte eine kleine und wohlhabende Arbeiter-Elite auf dem Rücken ausgebeuteter kolonialer Arbeitskräfte und ließ sich von den Vergünstigungen, die das Empire bot, kaufen. Diese Theorie ist in der Folge mit nicht geringem Enthusiasmus aufgegriffen worden.[98] Sie behauptet nicht nur, daß die Facharbeiter dank ihres relativen Wohlstandes weniger an Revolutionsrhetorik und am Sturz des kapitalistischen Systems interessiert gewesen seien; sie besagt auch, daß dieser Wohlstand zu einer inneren Differenzierung der Arbeiterschaft geführt und damit der Bildung eines solidarischen Klassenbewußtseins der Arbeiter entgegengewirkt habe. Daher – so lautet das Argument – hatten die Gewerkschaften in Großbritannien, deren Mitglieder vor 1914 überwiegend aus der Facharbeiterschaft stammten, wenig Interesse an revolutionären Parolen. Auch den zunehmenden Reformismus der deutschen Vorkriegs-Sozialdemokratie hat man darauf zurückgeführt, daß in ihren Reihen eine ähnliche Arbeiter-Aristokratie dominierte – zumal in einem Lande, in dem beträchtliche Lohnunterschiede zwischen gelernter und ungelernter Arbeit fortbestanden. Umgekehrt hat man die verhältnismäßig geringen Lohnunterschiede zwischen verschiedenen Teilen der französischen Arbeiterklasse im 19. Jahrhundert als Erklärung dafür herangezogen, daß es dort zur Herausbildung eines revolutionären und solidarischen Bewußtseins gekommen ist.[99]

Der Zusammenhang zwischen Arbeitslohn und der Existenz bzw. Nicht-Existenz revolutionärer Stimmungen in der europäischen Arbeiterschaft wird bei der Diskussion der Verbürgerlichungsthesen noch ausführlicher erörtert werden;[100] doch seien schon jetzt einige Punkte hervorgehoben, die am Erklärungswert der „Arbeiter-Aristokratie"-Theorien zweifeln lassen. Erstens ist in Großbritannien die Aristokratie älter als der Reformismus. Wie Musson hervorhebt, hat es die Arbeiter-Aristokratie immer gegeben, und zwar auch während der Periode heftigster sozialer Konflikte in den ersten Jahren des 19. Jahrhunderts.[101] Auch besteht kein eindeutiger Zusammenhang zwischen Armut und Radikalismus einerseits und Wohlstand und Reformismus andererseits. Es trifft zwar zu, daß die Militanz der sozial absinkenden Heimarbeiter in Großbritannien und auf dem Festland in den dreißiger und vierziger Jahren des 19. Jahrhunderts vor dem Hintergrund entsetzlicher Lebensbedingungen zu sehen ist; doch die Armut der wirtschaftlich bedrängtesten Teile der Fabrikarbeiterschaft im ausgehenden 19. Jahrhundert brachte ein solches Ergebnis nicht zwingend mit sich. So klagten z. B. deutsche Textilarbeiterinnen über eine Unzahl von Mißständen, setzten dies aber – von einzelnen, bemerkenswerten Ausnahmen abgesehen – vor dem Ersten Weltkrieg in keinerlei industrielle oder politische Aktion von nennenswerter Bedeutung um. Umgekehrt bekannten sich in Deutschland und Frankreich vor 1914 gerade nicht die ungelernten und unterdrückten Arbeiter zum revolutionären Marxismus der SPD und dem Anarchosyndikalismus der CGT, sondern Teile eben dieser sogenannten „Arbeiter-Aristokratie". Beide Organisationen rekrutierten sich aus den gelernten und verhältnismäßig wohlhabenden Teilen der Arbeiterschaft. Ja, es war eben dieser Wohlstand, der ihnen nicht nur die Möglichkeit eröffnete, sich zu organisieren und politisch aktiv zu werden, sondern auch Erwartungen in ihnen weckte, deren Enttäuschung gewöhnlich das Signal zur Ablehnung der herrschenden Ordnung gab. Vor allem die Tatsache aber, daß vergleichbare Gruppen der Arbeiter-Aristokratie in Großbritannien und in Deutschland, trotz ihrer annähernd gleichen wirtschaftlichen Lage, sich zu unterschiedlichen politischen Perspektiven bekannten, läßt vermuten, daß der Zusammenhang zwischen Wohlstand und politischem Reformismus im günstigsten Falle problematisch ist. In Wirklichkeit war es denn auch nicht die unmittelbare materielle Notlage, die zusätzlich zur industriellen Militanz den politischen Radikalismus hervorbrachte. Vielmehr hing dieser davon ab, in welchem Umfange die Beseitigung wirtschaftlicher Mißstände durch jenen Vorgang möglich oder nicht möglich war, der heute scherzhaft als „freie Tarifverhandlungen" zwischen dem Unternehmer und seinen Beschäftigten bezeichnet wird.

Schwache Arbeitskampfposition und politische Aktion. Die wechselnden Schicksale des britischen Chartismus in den dreißiger und vierziger Jahren des 19. Jahrhunderts lassen erkennen, daß gerade solche Arbeiter, die zuvor erfolglos verschiedene Methoden des Arbeitskampfes erprobt hatten, sich der Politik zuwandten und von ihr die Beseitigung der von ihnen gerügten wirtschaftlichen Mißstände erhofften und daß sie dies in Zeiten der wirtschaftlichen Krise taten, in denen eine hohe Arbeitslosigkeit ihre Verhandlungsposition und damit ihr Kampfpotential drastisch geschwächt hatte. So hatte denn auch der Chartismus seinen stärksten Zulauf in Zeiten hoher Arbeitslosigkeit, die übrigens auch zur Politisierung mancher britischer Gewerkschaften beitrug. In einem gewissen Sinne spiegelten Aufruhr und andere Formen der direkten und oftmals gewalttätigen Aktion die Verzweiflung des Handwebers wider.[102] Auf der anderen Seite führten Hochkonjunktur und die stärkere Verhandlungsposition infolge eines knappen Arbeitsmarktes dazu, daß sich eine beachtliche Zahl von Arbeitern auf Formen des *wirtschaftlichen* Kampfes und der *wirtschaftlichen* Organisation (d. h. auf Streiks und Gewerkschaftszugehörigkeit) konzentrierte. In Deutschland waren in den sechziger und siebziger Jahren des 19. Jahrhunderts die verhältnismäßig erfolgreichen Arbeitskämpfe von Bauarbeitern und vor allem von Maschinenbauern in Berlin weniger als die Ohnmacht von Schneidern[103] dazu angetan, ein selbständiges *politisches* Handeln vorzubereiten.

Spätere Erfahrungen in Frankreich sprechen ebenfalls für einen Zusammenhang zwischen Schwäche der Arbeiter und direkter Aktion. Das Treiben von anarchosyndikalistischen Streikenden etwa, das nicht selten zu Gewalttätigkeiten und sogar zu industrieller Sabotage führte, läßt sich gerade aus der Schwäche der französischen Gewerkschaftsbewegung vor 1914 erklären: Um die Jahrhundertwende hatte das durchschnittliche *syndicat* nur eine sehr geringe Mitgliederzahl (oft nicht mehr als 200 Personen) und eine schwache Finanzstruktur – nicht nur wegen seiner Kleinheit, sondern auch, weil eine nicht unbeträchtliche Minderheit der Gewerkschafter ihren Beitrag nicht entrichtete. Unter solchen Umständen besaßen die Gewerkschaften kaum die Potenz, um die Unternehmer einfach durch Verweigerung der Arbeitsleistung ihrer Mitglieder in die Knie zu zwingen. Infolgedessen waren die französischen Arbeiter genötigt, zu direkteren, ja spektakulären Formen des Protests ihre Zuflucht zu nehmen. Diese Schwäche der französischen Gwerkschaften trägt aber auch zum Verständnis einer Erscheinung bei, die Shorter und Tilly in ihrer Streikanalyse hervorgehoben haben, nämlich daß Streikwellen in Frankreich immer wieder in Zeiten einer *politischen* Krise ihren Höhepunkt erreichten. Gerade weil der industrielle Effekt von Streiks wegen der zahlenmäßigen und finanziellen Schwäche der *syndicats* begrenzt war, richteten streikende Arbeiter in Frankreich ihr Augenmerk nicht einfach auf den Betrieb, sondern auf den Staat. Bis zu einem gewissen Grade wurden aus den Streiks Demonstrationen, die vor allem den Zweck hatten, die Regierung und die übrige Bevölkerung zu beeinflussen, damit sie sich hinter die Arbeiterklasse und ihren Kampf gegen ein kompromißloses *patronat* und für die Verbesserung der Löhne und Lebensbedingungen stellten.[104] Hiermit war vor allem dann zu rechnen, wenn politische Veränderungen eine wohlwollendere Einstellung der Regierung zu den Problemen der Arbeiterschaft erwarten ließen, wie etwa 1899 beim Eintritt Millerands in das französische Kabinett und 1936 bei der Wahl der Front Populaire, aber auch im Gefolge der deutschen Revolution von 1918, die eine sozialistische Regierung eingesetzt hatte. Alle diese Ereignisse führten unverkennbar dazu, daß die Erwartungen der Arbeiterklasse auf der wirtschaftlichen wie auf der politischen Ebene anstiegen.

Ein weiterer Faktor, der die Klagen der Arbeiter über industrielle Mißstände ins politische Fahrwasser lenken konnte, waren die Einstellungen und Strategien der Unternehmer gegen den Arbeiterprotest. Wo die Unternehmer eine gewisse Bereitschaft zeigten, die Gewerkschaften als legitime Vertreter der Arbeitnehmerinteressen anzuerkennen oder zumindest in irgendeiner Weise in offene Verhandlungen mit ihrer Arbeitnehmerschaft einzutreten (wie dies beispielsweise in der britischen Eisen- und Stahlindustrie der Fall war, wo seit den sechziger Jahren des 19. Jahrhunderts

Schiedsstellen tätig waren), gab es keinen zwingenden Grund, warum die Unzufriedenheit mit den Arbeitsbedingungen auf den politischen Bereich hätte übergreifen sollen. Ein Hauptgrund dafür, daß die britischen Arbeiter vor der Jahrhundertwende eine nicht-radikale Politik vertraten und sich nicht von den vorhandenen Parteien der Mittelschicht abwenden mochten, war die Unbefangenheit, mit der die Unternehmer zu kollektiven Lohnvereinbarungen mit den Vertretern ihrer Beschäftigten bereit waren. Nun soll der Liberalismus der britischen Unternehmer nicht überstrapaziert werden. Es gab viele, die sich weigerten, Gewerkschaften anzuerkennen, und nach 1900 wurde sogar so etwas wie eine Unternehmeroffensive gegen die britische Arbeiterbewegung in Gang gesetzt. Trotzdem bleibt der Gegensatz zur Situation auf der anderen Seite des Kanals schlagend: Nicht annähernd so viele französische wie englische Arbeiter kamen in den Genuß von Tarifverträgen, und die ablehnende Haltung des französischen *patronat* gegenüber solchen kollektiven Lohnverhandlungen mag einmal mehr erklären, warum die französische Arbeiterklasse die Flucht in die Politik antrat.[105]

Dieser letzte Punkt wirft nun freilich ein schwerwiegendes Definitionsproblem auf. Der Kampf um die Anerkennung von Gewerkschaften ist offenbar ein wirtschaftlicher Kampf insofern, als die Arbeiter eine wirksamere Vertretung ihrer Interessen wünschen, damit zumindest der Schutz und gelegentlich auch die Verbesserung ihres Lebensstandards gewährleistet ist. Doch ist die Frage der Anerkennung von Gewerkschaften *auch* eine politische Frage, und zwar insofern, als sie das Problem der Herrschaftsgewalt des Unternehmers in der Fabrik, der Kontrolle der innerbetrieblichen Situation aufwirft, d. h. das Problem der Macht, und sei es nur der Macht am Arbeitsplatz. Ein erheblicher Teil der gewerkschaftlichen Kämpfe des 19. und 20. Jahrhunderts drehte sich um eben diese Fragen; das gilt für Großbritannien ebenso wie für Kontinentaleuropa. Aber auch wenn wir dies für einen Augenblick akzeptieren, bleibt uns immer noch die Frage, warum die wirtschaftlichen Kämpfe der Arbeiterschaft zu gewissen Zeitpunkten an manchen Orten zu eher politischen Kämpfen auf nationaler Ebene geführt haben, zu Kämpfen um politische Macht und Kontrolle des Staatsapparats oder zumindest um eine nachhaltige und unabhängige Stimme innerhalb existierender politischer Institutionen.

Kommen wir auf den Zusammenhang zwischen „industrieller" Ohnmacht und politischer Aktion in der europäischen Arbeiterbewegung zurück, so könnte es auf den ersten Blick befremdlich erscheinen, von einer schwachen Arbeitskampfposition des deutschen Proletariats vor 1914 zu sprechen, wenn man an die massive Unterstützung denkt, die ihm durch die SPD, die größte sozialistische Partei Europas, und durch eindrucksvolle Gewerkschaften wie etwa den riesigen Deutschen Metallarbeiterverband (DMV) zuteil wurde. Es trifft ferner zu, daß die Gewerkschaftsbewegung im Wilhelminischen Deutschland am Vorabend des Ersten Weltkriegs ziemlich denselben Prozentsatz der gesamten Arbeiterschaft (annähernd 25 Prozent) mobilisiert hatte wie die Gewerkschaften im Edwardianischen Großbritannien. Doch lehnten die deutschen Unternehmer und insbesondere die Schwerindustriellen unabhängige Arbeiterorganisationen nahezu kompromißlos ab (dagegen waren viele bereit, abhängige Firmengewerkschaften, die sogenannten „gelben" Gewerkschaften, zuzulassen), bis sie im Laufe des Ersten Weltkriegs und vor allem im Kielwasser der Revolution von 1918 von der Regierung politisch unter Druck gesetzt wurden. Dies wird deutlich, wenn man die Angaben über die Zahl der Arbeiter vergleicht, für die 1914 in Großbritannien bzw. in Deutschland kollektive Lohnvereinbarungen ausgehandelt wurden. Von solchen Vereinbarungen profitierten in Großbritannien 1910 nicht weniger als 900 000 Bergleute, 500 000 Eisenbahner, 460 000 Textilarbeiter und 230 000 Metallarbeiter, während drei Jahre später in Deutschland die entsprechenden Zahlen sich auf lediglich 16 000 Textilarbeiter, 1 376 Metallarbeiter und kümmerliche 82 Bergleute beliefen! Der hohe Grad der Kapitalkonzentration auf dem zunehmend wichtiger werdenden Sektor der deutschen Schwerindustrie erlaubte es den Unternehmern außerdem, sehr wirkungsvolle schwarze Listen mit den Namen möglicher Unruhestifter aus den Reihen der Sozialdemokratie oder der freien (d. h. SPD-nahen), aber auch der christlichen Gewerkschaften zu führen. So vermochten Industriemagnaten wie Krupp in Essen und der saarländische Kohlebaron Stumm-Halberg, Arbeiter zu entlassen oder nicht einzustellen, die der SPD oder einer der freien Gewerkschaften angehörten, sozialdemokratische Schriften lasen, SPD-Versammlungen besuchten oder auch nur in Gaststätten verkehrten, die als Treffpunkte der Sozialdemokratie bekannt waren. Den auffälligen Unterschied im Umgang britischer und deutscher Industrieller mit Arbeitnehmern und Gewerkschaften hat man oft mit noch existierenden „vorindustriellen Einstellungen" auf seiten der deutschen Unternehmer in Zusammenhang bringen wollen. Das Überleben solcher Einstellungen wird dann als einer der Aspekte des deutschen „Sonderweges" angesehen.[106] Zweifellos ist richtig, daß manche deutschen Unternehmer, wie etwa Krupp oder Stumm, einen paternalistischen Herr-im-Hause-Standpunkt vertraten; doch gilt dies auch für viele britische Unternehmer.[107] Sie mochten zwar in Lohnfragen konziliant sein – in der Frage ihres Rechts auf die Unternehmensleitung („right to manage") waren sie erheblich intransigenter.[108] Die moderne amerikanische Industrie, deren Einstellungen kaum als „vorindustriell" zu bezeichnen sind, verhielt sich in bezug auf die Anerkennung von Gewerkschaften noch zurückhaltender.[109] Insofern bildeten deutsche Unternehmer vielleicht keine besondere Ausnahme. Außerdem kann man die Unterschiede im Verhalten britischer bzw. deutscher Unternehmer aus dem Zustand der jeweiligen Arbeitsmärkte und der relativen Stärke der beiden Tarifparteien erklären, ohne daß man mit angeblich noch vorhandenen „feudalen Wertvorstellungen" argumentieren muß. Daß es beispielsweise zu Tarifverhandlungen in der britischen Maschinenbauindustrie kam, war z. T. die Folge ihres geringen Konzentrationsgrades und des hieraus resultierenden Wettbewerbs der Unternehmer um die gut organisierten und hoch qualifizierten Facharbeiter. Auch im britischen Kohlenbergbau gab es eine große Zahl verhältnismäßig kleiner Unternehmen: 1912 beschäftigten nur 101 von 1784 Unternehmen (von Zechen gar nicht zu reden) mehr als 2000 Leute. Die niedrigeren Abbaukosten und die höheren Gewinnsätze mögen es ihnen ebenfalls erleichtert haben, zu Vereinbarungen mit ihren Arbeitskräften zu kommen. Der Unterschied in der organischen Zusammensetzung des Kapitals – der Umstand, daß die industrielle Expansion in Großbritannien Ende des 19. und Anfang des 20. Jahrhunderts mehr auf dem Einsatz von Arbeitskräften als von Kapital beruhte – machte die britische Industrie ebenfalls anfälliger gegen Streiks von Schlüsselgruppen der Facharbeiter; denselben Effekt dürfte auch die Tatsache gehabt haben, daß viele Arbeitnehmer in einer langen Tradition gewerkschaftlicher Organisation standen, die weit vor die Einführung moderner Technologie zurückreichte. Wo britische Unternehmen die ausländische oder auch eine beträchtliche inländische Konkurrenz fürchten mußten und zu erwarten stand, daß sie durch langwierige Arbeitskonflikte Märkte verlieren oder sonstigen unverhältnismäßig hohen Schaden erleiden würden, gab es zusätzliche Anreize, Schwierigkeiten aus dem Wege zu gehen. Anders in Deutschland, wo die Produzenten bis zu einem gewissen Grade durch hohe Importzölle und Kartellbildungen geschützt waren oder die schiere Beherrschung des Weltmarktes wie im Falle synthetischer Farbstoffe durch eine kleine Zahl deutscher Industriegiganten bedeutete, daß sie einen Arbeitskonflikt *verhältnismäßig* bequem durchhalten konnten. Bezeichnenderweise ließen Tarifverhandlungen sehr viel länger in solchen Regionen der britischen Kohleindustrie auf sich warten, wo es entweder keine Gewerkschaften gab, wie in Derbyshire und Leicestershire, oder wo die Industrie von Großunternehmen beherrscht wurde, wie in Lancashire und Cheshire.[110] Daß deutsche Unternehmer sich ein so selbstherrliches Verhalten erlauben konnten, lag also nicht an etwa noch vorhandenen „vorindustriellen" Einstellungen bei ihnen oder ihren Arbeitnehmern, sondern war vielmehr eine Funktion der neuen Industriestruktur und des Unternehmermonopols auf dem Arbeitsmarkt; dazu kam, daß die rapide Urbanisierung in den industriellen Kernlanden des Kaiserreichs die Bereitstellung von unternehmenseigenen Wohnungen erforderte. Damit war der Arbeitnehmer zusätzlich an seinen Chef gebunden; denn eine Beteiligung an Arbeitskämpfen hätte mit ziemlicher Sicherheit die Kündigung nach sich gezogen. So wurde der Protest zu einem riskanten Geschäft für eine Arbeiterklasse, die ohnehin unter den Wechselfällen der Konjunktur und einer immer wiederkehrenden Arbeitslosigkeit zu leiden hatte. Wer dennoch in eine Gewerkschaft eintrat oder sich an Streikaktivitäten beteiligte, sah sich im Jahrzehnt vor dem Ersten Weltkrieg einem immer mächtigeren Bündnis von Unternehmern gegenüber, die nicht zögerten, das Mittel der Aussperrung einzusetzen, um Streiks zu zerschlagen. Mit einem Wort, die Erfolgschancen eines Arbeitskampfes gingen faktisch zurück, und mehr und mehr Streiks endeten mit einer Niederlage.[111] Die einzigen Instrumente einer wirksamen Vertretung der wirtschaftlichen Arbeiterinteressen waren unter diesen Umständen die halbdemokratischen Einrichtungen des Wilhelminischen Reiches und insbesondere jene Partei, die ausdrücklich für das Industrieproletariat einstand: die SPD. Eine der Ursachen dafür, daß in diesem Zeitraum in Deutschland mehr Arbeiter sozialistisch wählten als in irgendeinem anderen europäischen Land, ist also wenigstens teilweise in der schwachen Position der Arbeiterschaft in wirtschaftlichen Konflikten gegenüber der Stärke des kapitalistischen Gegners zu suchen. Dieser Zusammenhang wurde von einem deutschen Arbeiter klar erkannt, der das (wie er meinte) „Glück" hatte, einige Zeit in Großbritannien zu verbringen und der schrieb:

„Gewerkschaft und Politik hält man in diesem Lande [Großbritannien] streng auseinander. Es würde auch den arbeitenden Klassen selbst zum Nachteil gereichen, sich in Dingen der Politik von den Mittelschichten zu trennen, da deren Einstellung zum Arbeiter wohlwollend gewesen ist."[112]

Dieser Kontrast im Verhältnis der Tarifpartner in Großbritannien bzw. in Deutschland bedarf jedoch einer gewissen Einschränkung, einer Einschränkung, die einmal mehr deutlich macht, daß Unternehmereinstellungen gegenüber der Arbeiterschaft in erster Linie vom Zustand des Arbeitsmarktes abhängig waren. Nicht alle Sektoren der deutschen Industrie standen dem Abschluß von Tarifvereinbarungen ablehnend gegenüber. Bestanden im Jahre 1905 1585 Tarifverträge, die für 46 272 Unternehmen bzw. 481 910 Arbeiter galten, so waren es 1913 bereits 10 885 Verträge, die für 143 088 Firmen und 1 400 000 Beschäftigte galten. Allerdings war der Prozentsatz der von solchen Verträgen erfaßten Arbeiter von Industrie zu Industrie außerordentlich verschieden: Tarifverträge gab es vor allem im Baugewerbe, in der Holzverarbeitung und im Druckereigewerbe, d. h. in Branchen mit gut organisierten und hochqualifizierten Facharbeitern, in denen die Betriebe verhältnismäßig klein und das Ausmaß der Kartellbildung gering waren. So betrafen zwei Drittel aller Tarifverträge, die 1913 abgeschlossen wurden, Firmen mit weniger als 20 Beschäftigten. In der stark konzentrierten und zu Kartellen zusammengeschlossenen Kohle-, Eisen- und Stahlindustrie gab es dagegen keine Tarifverträge.[113]

Ein letzter Beweis für die Theorie, daß die politische Aktion der Arbeiter die Folge ihrer industriellen Schwäche sein kann, stammt aus der Erfahrung der britischen Arbeiterbewegung in den rund zehn Jahren vor dem Ausbruch des Ersten Weltkriegs. Eine Reihe für sie ungünstiger Entscheidungen der Gerichte und vor allem des Oberhauses sowie die zunehmend repressive, gewerkschaftsfeindliche Taktik der Unternehmer veranlaßte verschiedene Gewerkschaften (so z. B. die Gewerkschaft der Bergarbeiter, die sich zuvor aus der Kampagne für eine eigene Vertretung der Arbeiter im Parlament herausgehalten hatte), sich politischer Aktivität zuzuwenden, um auf eine Beseitigung ihrer Tätigkeitsbeschränkung hinzuwirken. So war das Entstehen einer selbständigen Politik der Arbeiterschaft in Großbritannien die Folge einer Schwächung ihrer industriellen Potenz; d. h. die Ursprünge der britischen Arbeiterpartei (Labour Party) waren in erster Linie defensiver Natur.[114] Diese für die britische Arbeiterklasse heilsame Erfahrung bringt uns zu einem weiteren Punkt. Es war nicht zuletzt die Einmischung des Staates, die den Weg zur Politisierung des wirtschaftlichen Arbeiterprotests bereitete.

Staat und politischer Radikalismus. Auf vielerlei Weise zwangen die Maßnahmen verschiedener europäischer Regierungen die Arbeiter zum politischen wie zum wirtschaftlichen Protest. Vor allem die Niederwerfung von Streiks durch bewaffnete Polizeikräfte oder Militär konnte einen verhältnismäßig friedlichen Arbeitskampf, der begrenzte Zwecke verfolgte, in eine umfassende, gewalttätige Konfrontation mit dem Staat verwandeln; eine solche Erfahrung mußte natürlich die Vorstellungen der Arbeiterklasse von der Rolle des Staates bei der Aufrechterhaltung des wirtschaftlichen wie des politischen Status quo vertiefen. Das klassische Beispiel ist wohl der „Blutige Sonntag" von 1905 im zaristischen Rußland. An diesem Tag (es war der 5./22. Januar) zog in St. Petersburg eine Gruppe von Arbeitern, die der „Vereinigung der russischen Fabrikarbeiter Petersburgs" angehörten, einer Organisation, die von dem orthodoxen und dem Zaren loyal ergebenen Priester Gapon geführt wurde, mit einer Bittschrift zum Winterpalais und forderte die Beseitigung bestimmter unmittelbar wirtschaftlicher Mißstände. Der Erfolg war, daß ihnen Regierungstruppen mit der Waffe in der Hand entgegentraten. Unmittelbar darauf entstanden die ersten Barrikaden. Jetzt forderten die Streikenden auch politische Veränderungen, nicht nur eine Verbesserung ihres Lebensstandards. Kurzum, es kam zu einer echten Revolution, bei der es, wie Rosa Luxemburg so nachdrücklich gezeigt hat, nicht mehr möglich war, zwischen wirtschaftlich und politisch motivierten Streiks zu unterscheiden.[115] Ja, es ist praktisch unmöglich, eine solche Unterscheidung in autoritären Staaten überhaupt zu treffen. Unter repressiven Regimen, die Streiks und Arbeiterorganisationen verboten, in dem sie Gesetze gegen die Versammlungs- und Vereinigungsfreiheit erließen, führte schon der schlichte Wunsch der Arbeiter, ihre unmittelbaren materiellen Interessen zu schützen, notwendig zur politischen Aktion. Denn solche Gesetze verhinderten sogar jede rein wirtschaftliche Aktion und Organisation, aber dennoch waren es Gesetze, die nicht von Einzelinteressen in der bürgerlichen Gesellschaft, sondern vom Staat selbst, von den Regierungen ausgegangen waren und nur von ihnen geändert werden konnten. So war es in einem gewissen Umfang gerade der Repressionsapparat mehrerer britischer Regierungen des frühen 19. Jahrhunderts („Combination Acts", Unterwanderung durch Spitzel und *agents provocateurs*, Deportation von Gewerkschaftern, wie beispielsweise in dem berüchtigten Fall der „Tolpuddle Martyrs", Einsatz von Truppen zur Zerschlagung friedlicher Demonstrationen, wie etwa beim „Massaker von Peterloo"), der in bestimmten Fällen die friedliche Bekundung des Unmuts über wirtschaftliche Zustände zu einer gewalttätigen Erhebung werden ließ und in anderen Fällen die Protestierenden dazu trieb, eine Veränderung des politischen Systems zu fordern. (Als „Combination Acts" bezeichnet man das aus den Jahren 1799 und 1800 stammende, vom Parlament beschlossene Verbot von „Gewerkschaften", Vereinen und politischen Assoziationen. Die Combination Acts wurden 1824 aufgehoben, jedoch 1825 teilweise wieder eingeführt. – Die „Tolpuddle Martyrs" waren sechs Landarbeiter aus dem Dorf Tolpuddle, Dorset, die eine Art Gewerkschaft gegründet hatten, um sich vor Lohnkürzungen zu schützen. Sie wurden 1834 zu sieben Jahren Zwangsarbeit in Australien verurteilt, nach anhaltenden öffentlichen Protesten aber 1836 begnadigt. – „Peterloo": Am 16. August 1819 versammelten sich auf dem St. Peter's Field in Manchester rund 50 bis 60 000 Menschen, um für die Aufhebung der Corn Laws zu demonstrieren und eine Bittschrift zu überreichen. Bei der von den Behörden angeordneten Auflösung der Versammlung durch berittene Miliz (die sog. Yeomanry) gab es elf Tote und etwa 600 Verletzte. Die Wortbildung „Peterloo" erinnert ironisch an die Schlacht bei Waterloo (1815). – A. d. Ü.) Wie E. P. Thompson hierzu bemerkt: „Letztendlich hatte der politische Kontext einen ebenso großen Einfluß wie die Dampfmaschine auf die Herausbildung des Bewußtseins und der Institutionen der Arbeiterklasse."[116] Andererseits ist einer der Gründe dafür, daß die meisten Vertreter der britischen Arbeiterschaft in der zweiten Hälfte des 19. Jahrhunderts eine relativ reformistische Position einnahmen, in einer verhältnismäßig freien politischen Atmosphäre zu suchen und in einer Situation, in der das Stimmrecht allmählich erweitert wurde, wenn auch längst nicht auf sämtliche Arbeiter, in der der Staat sich verhältnismäßig selten in industrielle Konflikte einschaltete und in der die schlimmsten repressiven Gesetze vom Anfang des Jahrhunderts aufgehoben worden waren.

Bevor wir jedoch nun betrachten, in welcher Weise das Handeln der Regierungen den Arbeiterprotest auf dem Kontinent geprägt hat, müssen wir an dem Bild, wie wir es oben gezeichnet haben, noch einige Retuschen vornehmen. Erstens einmal ist das Handeln der politischen Führung natürlich niemals völlig von anderen Variablen losgelöst. So kann die Übernahme einer radikalen Ideologie durch gewisse Arbeiterführer Repressionen von seiten eines Staates provozieren, der bis dahin nicht unbedingt illiberal gewesen sein muß. Und zweitens: sobald eine Situation entstanden war, in der Arbeiterorganisationen sich in der Tat eine bestimmte ideologische Orientierung in politischen Fragen zugelegt hatten, entwickelte diese natürlich auch eine gewisse Eigendynamik. Wenn einmal – aus welchen Gründen auch immer – eine bestimmte Politik eingeschlagen war, konnte diese von nun an die Formen der Arbeiteraktivität bestimmen und war nicht mehr nur eine Reaktion auf äußere Zwänge. Dies war beispielsweise in der deutschen Sozialdemokratie vor 1914 der Fall: bis zu einem gewissen Grade ergaben sich die Passivität der SPD, ihr Verzicht auf jeden ernsthaften Versuch, die Landbevölkerung des Kaiserreichs zu mobilisieren, und ihre Abneigung gegen den bürgerlichen Liberalismus folgerichtig aus der besonderen Form von Marxismus, für die sie eintrat. Es ist auch richtig, daß manche Arbeiter zu eigenen politischen Schlußfolgerungen gelangten, nachdem sie mit revolutionärer Literatur bekannt geworden waren, wie etwa bestimmte Teile der Pariser Handwerkerschaft während der Julimonarchie. Ferner ist nicht zu bezweifeln, daß Forderungen der gelernten Arbeiter nach eigener politischer Repräsentation nicht ausschließlich von dem Wunsch diktiert waren, ihre wirtschaftlichen Interessen vertreten zu sehen, sondern auch im Sinne der Selbstachtung und des moralischen Anspruchs auf gleiche Behandlung erhoben wurden. Schließlich hingen die spezifischen Maßnahmen, welche die Regierungen in der Arbeiterfrage ergriffen, auch von der Natur der jeweiligen Regierung selbst ab, von der Art ihres Zustandekommens, ihrer sozialen Zusammensetzung und ihren geschichtlichen Traditionen. So erklärt sich beispielsweise die erheblich liberalere Reaktion der süddeutschen Staaten auf den Sozialismus, verglichen mit jenen im autokratischen Preußen.

Nach allen diesen Einschränkungen scheint mir aber doch, daß der entscheidende Faktor, der über die von den verschiedenen nationalen Arbeiterbewegungen gewählte Form der *politischen* Aktion bestimmte, die jeweilige Rolle des Staates und der gesellschaftlichen Gruppen war, die dieser Staat zu vertreten beanspruchte. Denn auf der Ebene der *wirtschaftlichen* Aktion gab es in den verschiedenen Ländern unverkennbare Übereinstimmungen zwischen ähnlichen Berufsgruppen. Ferner bleibt festzuhalten, daß gewisse Arten des staatlichen Eingreifens in Arbeitskonflikte in der Tat einen zunächst nur wirtschaftlichen Protest zu einer politischen Aktion werden ließen.

Zum Teil kann man das radikalere Gesicht, das die Politik der Arbeiterklasse auf dem europäischen Kontinent zeigte, ohne allzugroße Mühe mit der repressiveren Natur der dortigen politischen Regime in Zusammenhang bringen. In Frankreich wurde das Gesetz gegen die Vereinigungsfreiheit der Arbeiter (*loi le Chapelier*) schon 1791 von der Konstituante verabschiedet. Von da an bis zur Revolution von 1848 verhinderte es – mit Ergänzungen in den dreißiger Jahren des 19. Jahrhunderts, durch die es nur noch repressiver wurde – höchst wirkungsvoll jeden friedlichen Protest auf Seiten der französischen Arbeiter, die sich entweder offen auflehnten, wie etwa 1831 und 1834 in Lyon und 1832 und 1834 in Paris, oder in revolutionäre Geheimgesellschaften abwanderten, wie beispielsweise in Auguste

Blanquis Société des Saisons.[117] Auf den Juniaufstand 1848 erfolgte die brutale Antwort durch die bürgerlichen Truppen Cavaignacs, einige der Streiks der sechziger Jahre endeten nicht selten mit Blutvergießen, wie z. B. 1869 im Kohlerevier an der Loire, und bei der Zerschlagung der Pariser Commune zwei Jahre später wurden mehr als 20 000 Kommunarden niedergemetzelt.[118] Noch nach der Jahrhundertwende gab es in Frankreich republikanische Regierungen, von denen einige sich ursprünglich sogar durch ihre Radikalität empfohlen hatten, die nicht zögerten, gegen streikende Arbeiter Militär einzusetzen, so beim Streik der Bergleute 1906, beim Streik der Hafenarbeiter und der Arbeiter in der Elektroindustrie 1907 und beim Poststreik 1907 und 1909. Streikende Post- und Eisenbahnarbeiter, die sich 1910 an größeren Arbeitskämpfen beteiligt hatten, verloren häufig ihren Arbeitsplatz; mitunter wurden streikende Arbeiter sogar zum Militär eingezogen. Vor diesem Hintergrund ist es kaum verwunderlich, daß sich sowohl der politisch als auch der gewerkschaftlich orientierte Flügel der französischen Arbeiterbewegung vor dem Ersten Weltkrieg jedenfalls theoretisch für revolutionäre Ideologien stark machten, für Marxismus oder Anarchosyndikalismus.

Nach dieser Chronik staatlicher Repression als Erklärung für den Radikalismus der französischen Arbeiterklasse könnte man freilich mit Recht einwenden, daß es irreführend sei, die französische Arbeiterklasse vor 1914 in ihrer Gesamtheit als „revolutionär" oder „radikal" einzustufen. Peter Stearns hat gezeigt, daß revolutionäres Gedankengut selbst für solche Arbeiter nur von geringer Bedeutung war, die in anarchosyndikalistische Gewerkschaften eintraten, während die vereinigte sozialistische Partei Frankreichs, die SFIO, die schließlich 1905 entstand, eine unheilige Allianz von marxistischen und nichtmarxistischen Elementen, ideologisch Engagierten und Unengagierten, Reformisten und Revolutionären war. Wenn es darauf ankam, wenn die Dritte Republik bedroht war von äußeren Feinden, wie 1914, oder von inneren Feinden, wie in den neunziger Jahren des 19. Jahrhunderts durch die Affäre Dreyfus oder in den dreißiger Jahren unseres Jahrhunderts durch die Faschisten, eilte auch die französische Arbeiterklasse ihr zu Hilfe. Das ist freilich kaum verwunderlich; denn obgleich die französische Arbeiterklasse eine viel stärkere staatliche Repression erlebt hat als beispielsweise die englische, war diese Repression doch alles andere als total. Selbst im Zweiten Kaiserreich (1852-1870) kam es vor, daß der Staat in Gestalt des örtlichen Präfekten auf seiten der Arbeiterschaft in Arbeitskonflikte eingriff, so etwa im Elsaß, wo das *patronat* anti-napoleonisch eingestellt war. Konnte schon die reformwillige Autokratie Louis Napoléons nicht einfach als Werkzeug kapitalistischer Interessen hingestellt werden, wie selbst Marx zugeben mußte, so galt dies umsomehr von der Dritten Republik (1871-1940). Nach anfänglicher Unterdrückung von linken Initiativen im Gefolge der Pariser Commune legalisierte die neue Republik 1884 Gewerkschaften und den Streik. Das allgemeine Wahlrecht für Männer und die parlamentarische Souveränität trugen offenbar dazu bei, den Staat gegenüber den Forderungen der aufkommenden Arbeiterklasse wohlwollender zu stimmen, als er es in der ersten Hälfte des 19. Jahrhunderts gewesen war, als der grundbesitzende Adel und dann die *grande bourgeoisie* das Heft in der Hand hielten. Die Verbindung von Stimmrecht und parlamentarischer Souveränität ermöglichte es der Organisation der französischen Arbeiterklasse, eine bedeutsame Rolle im politischen Leben zu spielen. Im Jahre 1914 zählte die SFIO nicht allein 91 000 Mitglieder, sondern sie gewann auch anderthalb Millionen Stimmen bei den Wahlen zur Chambre des Députés, in der sie stark vertreten war. Mit einem Wort, eine der möglichen Erklärungen für die Ambivalenz der Politik der französischen Arbeiterschaft im 19. und frühen 20. Jahrhundert ist in dem komplexen Wesen und Verhalten des französischen Staates zu suchen.[119]

Das Auftreten einer sozialistischen Massenbewegung in Deutschland, die dem Wilhelminischen Staat entfremdet gegenüberstand und scheinbar dem revolutionären Marxismus als ihrer offiziellen Ideologie huldigte, hing offenbar ebenfalls mit der Handlungsweise des Staates zusammen. In den fünfziger und sechziger Jahren des 19. Jahrhunderts wurden in Deutschland sämtliche Formen der Arbeiterorganisation von den Behörden mißtrauisch betrachtet und vielfach auch unterdrückt. Eine herrschende agrarische Elite, entsetzt über die revolutionäre Erhebung von 1848, hatte für die Bestrebungen der Arbeiterklasse weder Verständnis noch gar Sympathie. Das halbautokratische Kaiserreich (1871-1918) setzte diese repressive Tradition fort. Das Sozialistengesetz, das von 1878 bis 1890 in Geltung war und dazu führte, daß sozialistische Organisationen verboten wurden und viele Arbeiterführer ins Gefängnis oder ins Exil wanderten, trug das Seine dazu bei, die sozialdemokratische Bewegung vom Staatssozialismus eines Lassalle und Dühring abzubringen und dem Marxismus Karl Kautskys in die Arme zu treiben. Er verkündete, daß der Staat ein Werkzeug der Klassenherrschaft sei und daß die Probleme der kapitalistischen Gesellschaft nur durch seine gewaltsame Vernichtung bewältigt werden könnten. Selbst nach dem Auslaufen des Sozialistengesetzes im Jahre 1890 hörte der Staat nicht auf, die Vertreter der deutschen Arbeiterklasse zu behindern und zu verfolgen. Verschiedene Formen der antisozialistischen Zensur bestanden weiter, die Redakteure von SPD-Zeitungen wurden häufig wegen „Majestätsbeleidigung“ zu Gefängnisstrafen verurteilt, Sozialdemokraten wurden vom Staatsdienst ausgeschlossen – eine Regelung, die nicht nur für Verwaltungsbeamte galt, sondern auch für Postboten und Eisenbahner –, und, was vielleicht am bedeutsamsten war, kein einziger Sozialist hatte jemals ein Regierungsamt inne, ungeachtet der Tatsache, daß die SPD zur stärksten Partei heranwuchs. Dies alles lag nicht allein an der reaktionären Gesinnung der herrschenden Elite in Deutschland. Es war möglich, weil Deutschland bis zur Revolution von 1918 kein parlamentarischer Staat war. Natürlich gab es den Reichstag, der auf der Grundlage des allgemeinen

Wahlrechts für Männer zustande kam; aber das Parlament genoß keine wirkliche Souveränität. Entscheidungen wurden vom Kaiser und seiner Umgebung gefällt. Der Reichskanzler und seine Minister waren nicht dem Reichstag verantwortlich, sondern dem Kaiser, der allein das Recht hatte, sie zu ernennen bzw. zu entlassen. Das bedeutete, daß die SPD trotz eines massiven Wahlerfolges von 4,5 Millionen Stimmen bei den Reichstagswahlen von 1912 der politischen Macht keinen Schritt näher kam. Das Verfassungssystem des kaiserlichen Deutschlands bedeutete, daß der Sozialismus auf dem Wege über die Wahlurnen allein nicht an die Macht kommen konnte. Und genau dies war u. a. der Grund dafür, daß die revisionistischen Theorien Eduard Bernsteins und seiner Anhänger, die für eine schrittweise Annäherung an den Sozialismus eintraten, immer wieder auf SPD-Parteitagen verworfen wurden. Auch hier bezog also der Radikalismus der Arbeiterschaft, ihr Eintreten für einen völligen Umsturz der bestehenden gesellschaftlichen und politischen Ordnung, einen Teil seiner Energie aus den Aktivitäten eines repressiven Staatsapparates.[120]

Aber auch hier haben wir es wieder mit der vielschichtigen Realität eines politischen Stils zu tun, der nicht eindeutig revolutionär war. Niemand wird behaupten wollen, daß die deutsche Arbeiterklasse vor dem Ersten Weltkrieg sich einhellig für den völligen Umsturz der bestehenden wirtschaftlichen, sozialen und politischen Verhältnisse engagiert hätte. In den Reihen der freien Gewerkschaften, in den Staaten Süddeutschlands, ja sogar in der obersten Parteispitze der SPD konnte man unschwer Reformisten entdecken.[121] Daß die deutsche Arbeiterschaft darauf verzichtete, einen maximalistischen revolutionären Standpunkt einzunehmen – anders als etwa die russischen Bolschewisten –, bedarf offensichtlich der Erklärung; und diese Erklärung liegt, wie im Falle Frankreichs, wenigstens zum Teil darin, daß der deutsche Staat niemals so absolut repressiv war wie sein zaristisches Pendant. Die Regierungen in Deutschland, die sich inmitten eines massiven Industrie- und Bevölkerungswachstums behaupten mußten, machten denn auch gewisse Zugeständnisse an bürgerliche Ideale, nicht nur auf dem Gebiet der Wirtschaftspolitik, sondern auch in bezug auf politische Rechte (allgemeines Wahlrecht, bürgerliche Freiheitsrechte). Seit 1890 war die deutsche Sozialdemokratie wieder als Organisation zugelassen und konnte einen beachtlichen Parteiapparat aufbauen, der ihr einen gewissen Halt in der bestehenden Gesellschaft gab. Der Parteienwettbewerb an den Wahlurnen führte ebenfalls zu einer Aufweichung der offiziellen revolutionären SPD-Ideologie, besonders in Teilen Süddeutschlands, wo die Partei einige Anstrengungen unternehmen mußte, eine größtenteils nichtproletarische Wählerschaft für sich zu gewinnen. So scheint es in der Tat eine Entsprechung zwischen den unterschiedlichen Graden staatlicher Repression und unterschiedlichen Schattierungen des Radikalismus der Arbeiterklasse zu geben: Das autokratische Rußland brachte eine eindeutig revolutionäre Bewegung hervor, das liberale England erlebte eine stark reformistische Ausrichtung der Arbeiterschaft und das halb-autokratische Deutschland ließ eine Arbeiterklasse entstehen, die weder einhellig revolutionär noch eindeutig reformistisch war. Dieser Zusammenhang ist in Deutschland sogar auf lokaler Ebene nachweisbar: in den süddeutschen Staaten, die stärkere liberale Traditionen besaßen, in denen es (bei den Landtagswahlen) das direkte, allgemeine Wahlrecht für Männer gab und man sich verhältnismäßig gelassen mit der Existenz einer organisierten Arbeiterschaft abfand, war die SPD überwiegend reformistisch eingestellt. In Staaten wie Sachsen und Preußen dagegen, in denen das Versammlungs- und Vereinigungsrecht eng ausgelegt wurde und das Wahlrecht kompliziert und ungleich war, vertrat die deutsche Sozialdemokratie eine entschieden radikalere Richtung.[122]

Der Zusammenhang zwischen dem Radikalismus der Arbeiterklasse und der politischen Gewalt von oben ist ferner nachweisbar in Italien, wo das allgemeine Wahlrecht für Männer erst 1912 eingeführt und noch Ende des 19. Jahrhunderts gegen streikende Arbeiter regelmäßig bewaffnete Kräfte eingesetzt wurden; aber auch in Spanien, wo die Brutalität der Guardia Civil in der Arbeiterklasse eine Mentalität erzeugte, die selbst den Tod nicht scheute, mit den allerprimitivsten Waffen gegen Maschinengewehre anrannte und im Verlauf eines blutigen Bürgerkrieges in Barcelona und Zaragoza die wohl tiefstgreifende Umwälzung der gesellschaftlichen Verhältnisse herbeiführte, die es dort je gegeben hatte.[123] Noch deutlicher ist das russische Beispiel: Unumschränkte Autokratie und unbarmherzige Repression verwandelten die Klagen der Arbeiterklasse in die politischen Revolutionen von 1905 und 1917.[124]

Die politische Repression war zwar das wichtigste direkte Mittel des Staates, um gegen Struktur und Ziele des Arbeiterprotests vorzugehen; aber sie war nicht das einzige. Eine politische Krise konnte in Verbindung mit einem Wechsel in der Regierung – etwa, als der Sozialist Millerand 1899 in das französische Kabinett eintrat, oder als nach dem Ersten Weltkrieg die Sozialdemokraten in Deutschland an die Macht kamen, oder als die Volksfront in Frankreich 1936 die Regierung übernahm – dazu beitragen, die Erwartungen der Arbeiter zu steigern, und zu massiven Warnstreiks führen. Auf der anderen Seite konnte auch die Wirtschaftspolitik der europäischen Staaten den Effekt haben, Teile der Arbeiterklasse zu radikalisieren. Die hohen Schutzzölle auf landwirtschaftliche Erzeugnisse, die in Deutschland seit Ende der siebziger Jahre des 19. Jahrhunderts in Kraft waren und den herrschenden grundbesitzenden Schichten das wirtschaftliche Überleben ermöglichten, waren dem Lebensstandard der Industriearbeiter zweifellos abträglich und machten die Klasseninteressen des Staates unübersehbar. Eine ähnliche Wirkung hatte der wirtschaftspolitische Kurs englischer Regierungen zu Beginn des 19. Jahrhunderts. Die Abschaffung verschiedener paternalistischer Gesetze beraubte die Arbeiter des Schutzes, den sie in Zeiten akuter wirtschaftlicher Not herkömmlich vom Staat zu erwarten hatten; und der Umstand, daß es ausgerechnet das *reformierte* Parlament war, das 1834 das verhaßte „New Poor Law" einführte, überzeugte manche Arbeiter von der Notwendigkeit weiterer politischer Veränderung – nicht anders als die „Corn Laws", die die Brotpreise künstlich hochhielten.[125] (Das „New Poor Amendment Law" war ein Armengesetz, das auf den Ideen Benthams basierte, die Lage der Armen jedoch nicht besserte. – Bei den „Corn Laws" handelt es sich um gesetzliche Bestimmungen, welche seit dem 14. Jahrhundert die Ausfuhr und später auch die Einfuhr von Getreide regeln. Besonders unbeliebt war das Corn Law von 1815, welches die Einfuhr ausländischen Weizens verbot, bis der einheimische Preis für Weizen bei 80 s. pro quarter lag. Damit wurde der Brotpreis in einer Zeit schlechter Ernten in die Höhe getrieben, was die Not der Armen noch verschlimmerte. 1846 wurden die Corn Laws aufgehoben. – A. d. Ü.)

Ein weiterer Weg, der von der wirtschaftlichen zur politischen Unzufriedenheit führte und ebenfalls von den Aktivitäten des Staates ausging, war die Anklage gegen den Krieg. Der Krieg gegen Frankreich zu Beginn des 19. Jahrhunderts veranlaßte die englischen Regierungen zu Steuererhöhungen, und der Widerstand gegen diese Steuern speiste sich sowohl aus wirtschaftlicher als auch aus politischer Unzufriedenheit. In Rußland war im Februar 1917 die Beendigung des Krieges Voraussetzung für eine Erhöhung der Löhne und eine Verbesserung der Lebensbedingungen; dies wiederum bedingte die Beseitigung zunächst der zaristischen Autokratie und sodann, einige Monate später, die der Regierung Kerenskij. Umgekehrt mag die relative Verbesserung der Situation der Arbeiterklasse als Ergebnis einer gesetzlichen Sozialversicherung, wie sie etwa in Großbritannien eingeführt wurde, die Stärke von reformistischen Tendenzen erklären, während das Fehlen einer solchen gesetzlichen Regelung in Frankreich, verbunden mit der offensichtlich korrupten bürgerlichen Politik in der Dritten Republik, den Widerwillen mancher französischer Arbeiter gegen ihren Staat gefördert haben mag. Allerdings ist das oft gehörte Argument, die Bismarcksche Sozialgesetzgebung habe dazu beigetragen, die deutsche Arbeiterklasse ins Kaiserreich zu integrieren, ebenfalls problematisch. Das vorhandene Tatsachenmaterial läßt eher darauf schließen, daß die Arbeiter von solchen Reformen unbeeindruckt blieben, die ihnen nur dürftigen Ausgleich boten und die in ihrem Leben, was die Rentenversicherung anging, zu spät wirksam wurden.[126]

Auf so vielfältige Weise – durch wirtschaftspolitische Maßnahmen und durch Kriege, die dem Lebensstandard der Arbeiterklasse Schaden zufügten, vor allem aber durch direktes und gewalttätiges Eingreifen in Arbeitskonflikte – konnte also der Staat eine Radikalisierung des Arbeiterprotests bewirken. Freilich spiegelte sich in den Handlungen des Staates häufig nur die Einstellung der oberen Klassen gegenüber einem unbequemen Proletariat wider; und diesen Einstellungen müssen wir uns nunmehr zuwenden.

Die Einstellung anderer Klassen und die Politik der Arbeiterklasse. Wir haben bereits gesehen, daß die Einstellungen von Unternehmern gegen eine gewerkschaftliche Organisation und andere Aktivitäten der Arbeiterschaft dazu angetan waren, manche Arbeiter zur politischen Aktion förmlich zu zwingen. Auf einer viel allgemeineren Ebene trugen aber auch die Einstellungen anderer gesellschaftlicher Gruppen dazu bei, das Klassenbewußtsein der Arbeiter zu formen. In Staaten, in denen vorindustrielle Eliten noch immer eine führende politische Rolle spielten, wie etwa im zaristischen Rußland und – mit bestimmten Einschränkungen – im kaiserlichen Deutschland, ist es vielleicht nicht verwunderlich, daß man gegenüber der Arbeiterschaft eine verständnislose und offen repressive Einstellung hatte. Die aufstrebende Arbeiterbewegung stellte eine Bedrohung der bestehenden Herrschaft dar. Sie war weder den unmittelbaren wirtschaftlichen noch den indirekten ideologischen Kontrollen zugänglich, die in der ländlichen Gesellschaft üblich waren, während ihre säkularen und demokratischen Werte (vom sozialistischen Angriff gegen das Privateigentum gar nicht zu reden) allem widersprachen, was den traditionsverhafteten Konservativen heilig war. Problematischer und vielleicht auch folgenreicher, was die Überführung der Politik der Arbeiterklasse in unabhängige und manchmal radikale Kanäle betrifft, war jedoch die Einstellung der immer zahlreicher und mächtiger werdenden Mittelschicht in den Staaten Europas.

Die Industrielle Revolution, die expandierenden Aufgabenbereiche des modernen Staates und die professionelle Betreuung und Verwaltung des Staatsbürgers brachten es mit sich, daß sich im 19. Jahrhundert eine bürgerliche Mittelschicht in beispiellosem Maßstab herausbildete. Für viele Leute mochte es selbstverständlich erscheinen, daß diese neue gesellschaftliche Gruppe, deren Stärke im Besitz von Fertigkeiten und Kapital, nicht im Besitz von Grund und Boden oder Titeln lag, eine Gefahr für die alte aristokratische Ordnung und Machtstruktur darstellen würde; und genau dies geschah in der ersten Hälfte des 19. Jahrhunderts in den Staaten Westeuropas. Die französischen Revolutionen von 1789, 1830 und 1848 spiegelten diese bürgerliche Forderung nach politischer Vertretung und nach Chancengleichheit wider, ebenso der Reform Act von 1832 in Großbritannien, mit dem in gewisser Weise die Industrielobby anerkannt werden sollte. Sogar in Deutschland, vor allem im Rheinland und im Süden, versuchte ein städtischer Mittelschichts-Liberalismus in den dreißiger und vierziger Jahren des 19. Jahrhunderts, Veränderungen der politischen Struktur zu erreichen, und unternahm es schließlich in der Revolution von 1848, diese politischen Veränderungen durchzusetzen. Bei einigen dieser Vorstöße zur Erweiterung der bürgerlichen Rechte konnte die Mittelschicht mit gewissen Teilen der Facharbeiterschaft rechnen. Die Opfer der Barrikadenkämpfe von 1848 in Berlin und Paris entstammten denn auch aus diesen Gruppen.

Dieses antiaristokratische Bündnis hatte in den meisten europäischen

Staaten keinen langen Bestand. In den sechziger Jahren des 19. Jahrhunderts unternahm in Deutschland die Mittelschicht neuerlich den Versuch, durch liberale Genossenschaften, Bildungsvereine u. dgl. politische Anhänger zu gewinnen; doch diese Versuche zeitigten paradoxe Resultate. Die meisten der Handwerker und gelernten Arbeiter, die in diese liberalen Organisationen eintraten, taten dies aus Gründen, die kaum als revolutionär gelten konnten. Ausschlaggebend waren ihr Statusdenken, ihr Unabhängigkeitsgefühl sowie der Wunsch, geachtet und von gesellschaftlich höhergestellten Gruppen anerkannt zu werden. Sobald sie jedoch einmal in diesen Vereinigungen Mitglied waren, gerieten diese Werte in Konflikt mit den Einstellungen der Mittelschicht. Die bürgerlichen Liberalen wehrten sich dagegen, die Gleichberechtigung des Arbeiters bis in ihre Clubs dringen zu lassen, und pflegten ihn nur selten an der Führung solcher Organisationen zu beteiligen. In seinem Wunsch nach Anerkennung und Ansehen enttäuscht, wandte er sich einer unabhängigen, mitunter auch radikalen Politik zu. So war denn auch das Entstehen einer selbständigen Arbeiterorganisation in Deutschland in den sechziger Jahren des 19. Jahrhunderts die Folge derartiger Konflikte in Organisationen, die ursprünglich von Liberalen der Mittelschicht gegründet worden waren.[127] Als die deutsche Industriearbeiterklasse im Zuge der rapiden Industrialisierung in der zweiten Jahrhunderthälfte enorm expandierte, und zwar zu einer Zeit, da es bereits das allgemeine Wahlrecht für Männer bei den Reichstagswahlen gab, trieb das Bürgertum immer mehr nach rechts ab, besonders nachdem deutlich wurde, daß der alte Stil liberaler Politik, der sich auf kleine Cliquen örtlicher Notabeln gestützt hatte, zur Kontrolle oder Manipulation einer immer selbstbewußter werdenden Massenwählerschaft nicht mehr geeignet war. Angesichts der massiven Expansion einer politischen Partei, die sich zum revolutionären Marxismus bekannte, entwickelte das deutsche Bürgertum eine regelrechte Neurose in bezug auf die „rote Gefahr". Zugleich wurden Teile der industriellen Mittelschicht vom kaiserlichen Staat gekauft: durch die nationale Einigung, durch wirtschaftspolitische Zugeständnisse und durch die Verleihung von Titeln. So entstand jenes „feudalisierte" Bürgertum, das Heinrich Mann in seinem Roman *Der Untertan* so glänzend karikiert. Zunehmend kam es zu einer Kooperation von Teilen der industriellen Elite mit der traditionell herrschenden Klasse der Junker – eine Kooperation, die 1913 in der Gründung des „Kartells der schaffenden Stände" gipfelte.[128] Nun ist zuzugeben, daß dieses Modell eines feudalisierten Bürgertums nicht so verbreitet war, wie manche Historiker sich das vorgestellt haben.[129] Nicht alle Industriellen hatten gemeinsame Interessen am wirtschaftspolitischen Protektionismus, und einige waren über die Zusammenarbeit mit den Junkern ausgesprochen unglücklich. Ferner gab es häufig Spannungen zwischen den Interessen der Industriellen und der Grundbesitzer über eine Vielzahl von Fragen, insbesondere über die Besteuerung. Wie aber selbst der entschiedenste Gegner des Feudalisierungsargumentes zugeben wird,[130] war keine dieser Trennungslinien tief genug, um in Vergessenheit geraten zu lassen, was praktisch alle Teile des deutschen Adels und des deutschen Bürgertums als ihr bedeutsamstes Ziel einte: den Kampf gegen den Sozialismus. So war es in gewisser Hinsicht die Abwendung eines beachtlichen Teils der deutschen Mittelschicht von liberalen Wertvorstellungen (eine Abwendung, die übrigens bis zu einem bestimmten Ausmaß auch der Mittelstand der Bauern, selbständigen Handwerker u. dgl. vollzog), was in der zweiten Hälfte des 19. Jahrhunderts die Arbeiterklasse in die Isolation und zu einer eigenständigen Politik zwang. Aber auch hier ist noch keineswegs klar, daß eine solche ideologische Ausrichtung auf seiten der deutschen Mittelschicht irgendeine „Besonderheit" darstellt. So beginnt man selbst in neueren Arbeiten über Großbritannien von einer unvollendeten „bürgerlichen Revolution" zu sprechen; noch grundsätzlicher kann man fragen, ob Großbritannien wirklich immer als Vergleichsfall und Maßstab geeignet ist; und schließlich ist der Anti-Sozialismus ebenso sehr „bürgerlich", wie er „feudal" ist.[131]

In Frankreich ereignete sich genau das gleiche, freilich in einem weit geringeren Umfang; denn beträchtliche Teile des Bürgertums blieben der liberalen Politik der Dritten Republik treu, und einige schlossen sich sogar der sozialistischen Bewegung an. Gleichwohl fühlten die französischen Arbeiter sich mehr und mehr verraten, und dieser „Verrat" brachte sie endlich dazu, die Notwendigkeit einer eigenen, unabhängigen Partei der Arbeit zu erkennen. Wie Victor Prost, ein Uhrmacher aus Dijon und einer der populärsten Sprecher beim ersten Nationalkongreß der französischen Arbeiterorganisationen im Oktober 1876, erklärte: „Bürger, unsere Bourgeoisie wandelt nicht mehr auf der Bahn des Fortschritts. Sie ist an ihrem Platz versteinert wie Lots Weib . . . sie hat alle Bindungen an das Volk verloren, die sie einmal besessen hat."[132]

Demgegenüber bemühte die englische Mittelschicht sich nach der Jahrhundertmitte regelmäßig um Zulauf aus den Reihen der Arbeiterklasse und legte jedenfalls niemals jene neurotische Furcht vor Unterschichtbewegungen an den Tag, die bei kontinentaleuropäischen Mittelklassen zu beobachten war. Gewiß ist die Vorstellung einer durch und durch liberalen englischen Mittelschicht irreführend. Teile dieser Schicht rückten auch im späteren 19. Jahrhundert nach rechts; aber dieser Rechtsruck war doch nicht im entferntesten mit dem in Deutschland zu vergleichen und vollzog sich außerdem im Rahmen demokratischer Politik und parlamentarischer Souveränität. (Wie wir bereits gesehen haben, ist dieser Unterschied schon den Zeitgenossen nicht entgangen.[133]) Ferner wurde das französische Bürgertum seinen demokratischen Werten niemals in demselben Umfang untreu wie das Bürgertum jenseits des Rheins; es gab sogar Intellektuelle, die sich in der SFIO engagierten. Infolgedessen war die französische Arbeiterbewegung niemals so isoliert wie die deutsche. Es ist keineswegs einfach, das unterschiedliche Verhalten des europäischen Bürgertums zu erklären. Bis zu einem gewissen Grad entspricht dieser Unterschied dem Ausmaß der Radikalisierung der jeweiligen einheimischen Arbeiterorganisationen. Es ist kaum verwunderlich, daß deutsche Liberale besorgter über eine Arbeiterpolitik waren, die mit dem revolutionären Marxismus liebäugelte, als es die britischen Liberalen über eine reformistische Arbeiterklasse waren. Doch damit ist das Problem nur umformuliert; denn wir haben bereits gesehen, daß der Radikalismus der Arbeiterklasse zumindest teilweise selbst eine Konsequenz der bürgerlichen Antipathie gegen die Sache der Arbeiter war. In einem gewissen Sinne befinden wir uns in einem *circulus vitiosus*, in welchem die Einstellungen der Mittelschicht zur Radikalisierung der Arbeiterschaft führen, während der Radikalismus der Arbeiterschaft die Mittelschicht weiter nach rechts treibt. Woher rühren also die Unterschiede in der ursprünglichen Reaktion auf den Protest der Arbeiterschaft? Die Antwort hängt vielleicht zum Teil mit dem Vorhandensein bzw. Nichtvorhandensein des allgemeinen Wahlrechts zu einem Zeitpunkt zusammen, an dem die Industrialisierung sich noch in einem verhältnismäßig frühen Stadium befindet. Paradoxerweise hatte das britische Bürgertum am wenigsten von einer entfremdeten Arbeiterklasse zu befürchten, da einem großen Teil dieser Klasse das Wahlrecht bis nach dem Ersten Weltkrieg vorenthalten blieb. In Frankreich und auch in Deutschland dagegen mußte die liberale Mittelschicht sich seit 1871 im Zeichen des allgemeinen Wahlrechts für Männer bei Wahlen gegen die Vertreter der Arbeiterklasse behaupten. Es bestand die reale Gefahr – eine Gefahr, deren man sich in Deutschland zunehmend bewußt wurde –, daß die Demokratie zum Triumph nichtbürgerlicher politischer Gruppen führen könnte.

Eine weitere Erklärung für unterschiedliche Einstellungen der Mittelschicht gegenüber der Arbeiterschaft mag zu tun haben sowohl mit gesellschaftlichen Einstellungen, die *vor* der Industrialisierung bestanden, als auch mit der Geschwindigkeit, mit der dieser Prozeß die gesellschaftlichen Verhältnisse verwandelte. In Großbritannien gab es bereits vor der Industriellen Revolution, die in der Mitte des 18. Jahrhunderts begann, eine *verhältnismäßig* große Mittelschicht mit unabhängigen Wertvorstellungen. Der relativ langwierige Prozeß der Industrialisierung, der sich ungefähr weitere einhundert Jahre hinzog, gab dann der Mittelschicht die Chance und die Zeit, eine sich nur langsam herausbildende Arbeiterklasse in die herrschende politische Kultur einzubinden. In Deutschland dagegen hat vor der Industriellen Revolution eine starke oder zahlreiche Mittelschicht nicht bestanden. Bis zu einem gewissen Grad entstanden das deutsche Bürgertum und das deutsche Industrieproletariat gleichzeitig und fanden gleichzeitig ihr Selbstbewußtsein. Mehr noch, dieser Prozeß vollzog sich in außerordentlicher Geschwindigkeit; in der zweiten Hälfte des 19. Jahrhunderts verwandelte sich Deutschland, das bis dahin eine agrarische Gesellschaft gewesen war, in einen urbanisierten Industriegiganten. Die Folge war, daß die deutsche Mittelschicht mit ihrem noch verhältnismäßig jungen und schwach ausgebildeten Gefühl einer eigenen Identität gezwungen war, von Anfang an einen potentiellen Gegner im Auge zu behalten. Sie war eingezwängt zwischen der Gefahr eines Aufruhrs von unten, wie er sie 1848 in Angst und Schrecken versetzt hatte, sowie der noch größeren Gefahr des Sozialismus auf der einen Seite und einer selbstbewußten, adligen Führungsklasse auf der anderen. Begreiflicherweise entschied sie sich für den Kompromiß mit dieser Klasse. In ähnlicher Weise mag die Tatsache, daß die französische Arbeiterklasse sozial niemals so isoliert worden ist wie die deutsche und daß das französische Bürgertum Spuren von Liberalismus bewahrte, auch damit zusammenhängen, daß das Bürgertum bereits *vor* der Industrialisierung (die tatsächlich erst während der Julimonarchie einsetzte und noch 1914 keineswegs abgeschlossen war) existiert hatte und eigene Wertvorstellungen besaß. Frankreich blieb bis zur Zwischenkriegszeit eine vorwiegend agrarische Gesellschaft. So gewährte auch hier die verhältnismäßig langsame Herausbildung eines Industrieproletariats der Mittelschicht eine Atempause, die ihr im kaiserlichen Deutschland fehlte. Andererseits gab es in Frankreich eine stärkere bürgerliche Neurose als in Großbritannien in bezug auf den linken Flügel der Arbeiterklasse. Das hing nicht nur mit der Existenz des allgemeinen Wahlrechts zusammen, sondern auch mit der Erfahrung früherer blutiger Konflikte wie etwa in den Junitagen von 1848 oder während der Pariser Commune 1871. Die kollektive Erinnerung an vergangene Kämpfe prägte gewissermaßen nicht nur das Bewußtsein der Arbeiterklasse, sondern auch das der Mittelschicht.

Auf einer anderen Ebene ist der Standpunkt vertreten worden, daß die Existenz revolutionärer Einstellungen und deren letztlicher Erfolg in Rußland eine Menge damit zu tun hatte, daß eine liberale russische Mittelschicht kaum vorhanden war, was wiederum auf die eigentümliche Abhängigkeit der russischen Industrialisierung einerseits vom Staat und andererseits von ausländischem Kapital zurückging. So argumentierte auch Trotzki, der deshalb überzeugt war, daß die russische Gesellschaft, ohne eine kapitalistische Zwischenphase zu durchlaufen, direkt in den Sozialismus überführt werden könne.[134]

In diesem Abschnitt unseres Buches sollten die vielfältigen Bedingungen geklärt werden, unter denen der Arbeiterprotest in politische Bahnen (im Gegensatz zu rein wirtschaftlichen Bahnen) gelenkt wurde, wobei wir von der unmittelbaren Wirkung politischer Literatur und von den Aktivitäten einzelner Politiker ganz abgesehen haben, deren Rolle freilich oft ebenso stark übertrieben worden ist wie die Rolle der materiellen Not. Weit wichtiger war die Behandlung der Arbeiterschaft durch den Staat und die Unternehmer sowie die Sympathie, mit der andere soziale Gruppen deren Bestrebungen begleiteten. In hohem Maße blieb der Arbeiterprotest dort auf den rein wirtschaftlichen Bereich beschränkt, wo er seine Forderungen durch den Einsatz wirtschaftlicher Machtmittel (Streik, gewerkschaftliche Organisation) verwirklichen konnte. Das Fehlen solcher Machtmittel oder deren Vereitelung durch Gesetze oder durch die Unnachgiebigkeit der Unternehmer führte jedoch zu einer Veränderung der Einstellung und einer Verlagerung des Konflikts auf einen anderen Schauplatz.

Wir haben also bisher gesehen, daß im Kielwasser der Industriellen Revolution manche Gruppen von Arbeitern zum Mittel des Streiks griffen und wirtschaftliche Organisationen gründeten. Andere beteiligten sich aus einer Vielzahl von Gründen an höchst unterschiedlichen politischen Aktionen. Daher müssen wir im einzelnen untersuchen, welche Arten von Arbeitern sich an diesen unterschiedlichen Formen des Arbeiterprotests beteiligten.

Die soziale Struktur des Arbeiterprotests

In den ersten Tagen der Industriellen Revolution wurde der organisierte Protest fast ausnahmslos von Facharbeitern getragen. Nur selten kamen sie aus großen Fabriken. Manchmal waren es Handwerker, die in kleinen Betrieben tätig waren. Manchmal handelte es sich um eine neuere Art des gelernten Arbeiters, der in modernen Fabriken oder Industrien beschäftigt war. Allerdings dürfte es irreführend sein, den Unterschied zwischen diesen beiden Gruppen allzusehr hervorzuheben, wie etwa die Erfahrung aus der italienischen Arbeiterorganisation im dritten Viertel des 19. Jahrhunderts lehrt: Anstatt mit ihren ungelernten Kollegen aus der Fabrik zusammenzugehen, schlossen sich die gelernten Industriearbeiter lieber denselben sozialen und politischen Organisationen an wie die örtlichen Handwerker.[135] In der Tat rekrutierten Handwerker und gelernte Facharbeiter sich denn auch häufig aus Gruppen mit derselben Ausbildung und denselben Erwartungen. In Großbritannien zogen Gruppen von gelernten Arbeitern in die Fabriken und organisierten sich, bevor es zur Einführung einer neuen Technologie kam.[136] In Deutschland war es ein Teil jener Handwerker, die in den fünfziger und sechziger Jahren des 19. Jahrhunderts einen Arbeitsplatz in der Fabrik fanden und mehr oder weniger dieselbe Arbeit taten wie zuvor, welche die Beseitigung von Mißständen häufig auf herkömmliche Weise forderten – indem sie beispielsweise einfach darum baten, eine andere Aufgabe zugewiesen zu bekommen, von der sie sich mehr Befriedigung versprachen – und sich vor allem gegen jeden Versuch der Unternehmer zur Wehr setzten, eine neue Disziplin und einen neuen Arbeitsablauf einzuführen.[137]

Daß gelernte Arbeiter bei der Bildung stabiler wirtschaftlicher und politischer Organisationen das Übergewicht hatten, ist unbestreitbar. In Großbritannien waren die zahlreichen „friendly societies", die im späten 18. und frühen 19. Jahrhundert entstanden, die Domäne von qualifizierten Handwerkern, die zugleich die tragende Säule eines stabilen chartistischen Engagements bildeten – anders als bei in Not geratenen Heimarbeitern, unterlag ihre Zugehörigkeit zu chartistischen Gruppierungen keinen konjunkturbedingten Schwankungen. Die ersten Gruppen, die in Großbritannien in der Anfangszeit der Industriellen Revolution Ansätze einer gewerkschaftlichen Organisation entwickelten, waren Schneider, Wollkämmer, Schiffszimmerleute, Schuster und Angehörige ähnlicher Gewerbe. Die sogenannten „New Model Unions" der britischen Arbeiterklasse in den fünfziger und sechziger Jahren des 19. Jahrhunderts rekrutierten sich ebenfalls überwiegend aus den gelernten Teilen der Arbeiterschaft, wie etwa den Maschinenbauern. Auch in der Eisen- und Stahlindustrie waren es die gutbezahlten Facharbeiter, die sich in den sechziger Jahren als erste gewerkschaftlich organisierten.[138]

Nicht anders war das Bild in Kontinentaleuropa. In Frankreich gründeten Drechsler, Möbelschreiner, Schneider, Maurer, Hutmacher und Schuster in den dreißiger und vierziger Jahren des 19. Jahrhunderts Hilfsvereine und Gewerkschaften, so wie sie es auch in den nächsten beiden Jahrzehnten im Zweiten Kaiserreich taten. In Marseille gab es während der Julimonarchie (1830–1848) in den handwerklichen Gewerben fast ausnahmslos gewisse Formen der Arbeiterorganisation. Dagegen finden sich keine Anhaltspunkte für vergleichbare Organisationen in den mehr „proletarischen" Gewerben. Im Departement Allier in Zentralfrankreich setzte sich eine sozialistische Organisation zuerst in kleinen Bergbaudörfern durch, nicht in den größeren Bergbauzentren. Die meisten französischen Gewerkschafter der siebziger Jahre des 19. Jahrhunderts waren ebenfalls gelernte Arbeiter; Anarchisten fanden stärksten Zulauf bei Pariser Handwerkern, und der *Parti Ouvrier*, die in den achtziger Jahren des 19. Jahrhunderts entstand, setzte sich im wesentlichen aus gelernten städtischen Arbeitern zusammen.[139] In Deutschland waren es im Verlauf der Revolution von 1848 gelernte Buchdrucker, Zigarrenarbeiter und Maschinenbauer, die sich organisierten, ebenso wie später in den sechziger Jahren des 19. Jahrhunderts, als Maurer, Schuhmacher, Schneider, Zimmerleute und ähnliche hinzukamen. In Ludwigshafen blieb bis nach der Jahrhundertwende die organisierte Arbeiterbewegung auf die gelernten Teile der Arbeiterschaft beschränkt; und dasselbe galt für die sozialistische Bewegung. In Hamburg waren 1868 in Lassalles Allgemeinem Deutschen Arbeiterverein jeweils sieben von neun Mitgliedern Zigarrenarbeiter, Schuster, Tischler oder Schneider. Es gibt weiter Anhaltspunkte dafür, daß wandernde Handwerksburschen zur Verbreitung der sozialistischen Lehre in Baden beitrugen, und daß ein ähnlich informelles Kommunikationsnetz zwischen gelernten Handwerkern die sozialdemokratische Bewegung in der Zeit ihrer Verfolgung in den siebziger und achtziger Jahren des 19. Jahrhunderts am Leben erhielt.[140] In Österreich waren es Schriftsetzer, Uhrmacher und gewisse andere gelernte Berufe, denen es 1867 gelang, erfolgreiche Gewerbevereine zu etablieren,[141] während die sozialistische Partei Spaniens ihre erste Unterstützung aus Kreisen der Buchdrucker in Madrid bekam.[142] In

Italien war, wie Procacci nachgewiesen hat, die Existenz einer Handwerkerkultur, die vor das Fabrikzeitalter zurückreichte, entscheidend für die Herausbildung der Organisation und des Bewußtseins der Arbeiterklasse. Handwerker waren das Rückgrat der Arbeiteraktivitäten in Mailand und Turin in den siebziger Jahren des 19. Jahrhunderts. Gelernte Arbeiter der Druck-, Metall- und Bekleidungsindustrie waren führend an der Gründung des *Partito Operaio Italiano* (POI), einer Verläuferin der PSI, beteiligt. So rekrutierte sich die italienische sozialistische Bewegung bis zum großen Industrieaufschwung Italiens zu Beginn des 20. Jahrhunderts aus städtischen Handwerkern in Kleinbetrieben, häufig in kleinen Industriestädten.[143] Ähnlich waren es in Rußland gelernte Arbeiter, wie beispielsweise Schneider und Schlosser, die in den sechziger und siebziger Jahren des 19. Jahrhunderts Hilfsvereine, Bildungsvereine, aber auch anspruchsvollere Organisationen ins Leben riefen wie etwa die Südrussische Arbeiterunion, die 1873 in Odessa gegründet wurde, und die Nationalunion der russischen Arbeiter, die fünf Jahre später in St. Petersburg entstand.[144]

Für manche Handwerker und Facharbeiter ging es dabei um nicht weniger als den verzweifelten Versuch, ihre beruflichen Fertigkeiten gegenüber der Maschine zu behaupten und ihren Status und ihre Sonderstellung gegenüber ihren weniger qualifizierten und weniger glücklichen Kollegen zu wahren. Wie wir gesehen haben, waren die Aufnahmeregelungen solcher Vereinigungen häufig sehr restriktiv. Die Verzweifelten und die sozialen Absteiger fanden nur selten Eingang zu Organisationen, die sich erfolgreich auf Dauer zu behaupten verstanden. Diese Ausgeschlossenen bedienten sich anderer Mittel, wie noch zu zeigen sein wird. Der Erfolg der gelernten Arbeiter in organisatorischer Hinsicht war eine Frucht der Stärke, nicht der Schwäche. Das gilt vor allem für Branchen, die noch nicht mit der technischen Modernisierung in Berührung gekommen waren, z. B. die Metallindustrie bis zu den neunziger Jahren des 19. Jahrhunderts, aber auch für neue, expandierende Industrien mit gelernter Arbeiterschaft, wie den Maschinenbau. Die Organisation dieser Gruppen war eher eine Folge von Lohnerhöhungen als von Lohnkürzungen und daher in Zeiten des wirtschaftlichen Aufschwungs besonders markant. Hier waren Arbeiter, die Zeit dazu hatten, sich gewerkschaftlich und politisch zu betätigen, weil die Zahl ihrer Arbeitsstunden *verhältnismäßig* gering war, und deren relativ hohen Löhne es ihnen erlaubten, Beiträge zu den Gewerkschafts- oder Hilfsvereinskassen zu zahlen. So verlangte beispielsweise die British Amalgamated Society of Engineers einen hohen Mitgliedsbeitrag, war aber auch in einer hinreichend starken finanziellen Position, um im Winter 1859/60 nicht weniger als 3000 Pfund an streikende Maurer zu zahlen.[145] Gelernte Handwerker waren ebenfalls in einer verhältnismäßig starken Verhandlungsposition gegenüber ihren Arbeitgebern, da sie ihre Fertigkeiten in die Waagschale zu werfen hatten. Stabiles Wohnverhalten scheint die Organisationschancen ebenfalls verbessert zu haben. Es sorgte für ein informelles

Kommunikationsnetz außerhalb und innerhalb der Fabrik und trug zur Herausbildung eines solidarischen Bewußtseins bei. So fanden Streiks während der französischen Julimonarchie eher in den älteren Manufakturzentren als in den neuen Großstädten oder Industrien statt; der Protest kam aus Gruppen, die in ihre Nachbarschaft gut integriert waren.[146]

Schließlich besaßen diese verhältnismäßig gut bezahlten und gelernten Teile der Arbeiterklasse eine Kultur, die sie in gewisser Hinsicht auf Organisation und Aktion vorbereitete, was für manche der Ärmsten und der ungelernten Fabrikarbeiter nicht zutraf. Denn es war nicht nur ihre starke Position auf dem Markt, die sie zum Protest befähigte. Erstens erwarteten Handwerker und Facharbeiter einen guten Lohn, regelmäßige Beschäftigung und anständige Behandlung. Diese überkommenen Erwartungen waren es, die sie so empfindlich gegenüber einer Veränderung ihrer Lebensumstände machten. Aber abgesehen von solchen materiellen Überlegungen besaßen sie auch ein Gefühl für ihren eigenen Wert, für ihre Würde, ihre Unabhängigkeit und ihren Status, ein Gefühl, das nicht allein auf die alten Zunftprivilegien zurückging, sondern durch die Einrichtung des Lehrlingswesens verstärkt wurde. Denn in der Lehrzeit bei einem Meister ging es nicht einfach nur um die Weitergabe von technischen Fertigkeiten, sondern auch um die Einübung von Wertvorstellungen in bezug auf Status und Tradition des Handwerks, um den Stolz nicht bloß auf das eigene Können, sondern auf den persönlichen Wert. Der Verlust der Unabhängigkeit oder die fehlende „anständige“ Behandlung durch die neuen Arbeitgeber stellte also einen direkten Affront gegen eben diese Werte dar und sorgte unfehlbar für Widerstand. Die gelernten Handwerker besaßen in vielen Gewerben auch Organisationstraditionen, die auf die Zeit der Zünfte zurückgingen. Der organisatorische Mittelpunkt ihres Lebens waren altehrwürdige Vereine, die ihrem Gewerbe eigentümlich waren, und gemeinschaftliches Handeln war ihnen eine Selbstverständlichkeit. So ist es vielleicht nicht überraschend, daß in Deutschland Arbeiterorganisationen weniger in den rasch wachsenden neuen Industriezentren des Ruhrgebiets entstanden als in Städten mit starker Zunfttradition wie Berlin und Leipzig.

Viele der genannten Punkte gelten nun auch für eine Gruppe von Arbeitern, die zu ganz anderen Formen des Handelns griffen, nämlich zur direkten Aktion, zur Gewalttätigkeit, manchmal auch zum Mittel der Politik: für die sozial absteigenden Handwerker und Heimarbeiter. Diese Gruppe mußte im Verlauf der Industriellen Revolution einen drastischen Rückgang ihres Lebensstandards hinnehmen, und zwar, wie wir gesehen haben, durch ein Zusammenwirken von fallenden Löhnen und regelmäßiger Arbeitslosigkeit. Auf die vielfältigen Ursachen ihrer Misere ist bereits hingewiesen worden. In einigen Fällen war es die Konkurrenz mechanisierter Fabriken im In- oder Ausland, die das Problem hervorrief, obgleich dieser Faktor oft überschätzt worden ist. Die Mechanisierung erleichterte auch die Ausbeutung der billigen Arbeitskraft von Frauen, Kindern und Ungelernten. In anderen Fällen ging die Notlage zurück auf das drastische Überangebot an Heimarbeitern sowohl in der britischen als auch in der kontinentalen Textilindustrie, auf den zunehmenden Einfluß von Kaufleuten und Fabrikanten, auf die Konkurrenz von Ausbeutungsbetrieben („sweat-shops") mit ihrer Konfektionsware, auf saisonal bedingte oder zyklische Arbeitslosigkeit und eine Unmenge damit zusammenhängender Gegebenheiten. Wenn die Reaktion des Handwerkers und des Heimarbeiters auf eine solche Notlage so viel entschiedener ausfiel als etwa beim ungelernten Textilarbeiter in der Fabrik, so deshalb, weil diese Leute oft im Geiste handwerklicher Werte, mit der Vorstellung von Unabhängigkeit und der Erwartung einer gewissen finanziellen Sicherheit und sozialen Mobilität aufgewachsen waren. Handweber in Großbritannien sprachen denn auch vom vergangenen „goldenen Zeitalter", das keineswegs weit zurücklag; denn ihre Industrie hatte innerhalb eines sehr kurzen Zeitraums ein spektakuläres Wachstum und einen nicht minder dramatischen Niedergang erlebt.[147] Daher rekrutierte der Luddismus sich aus den Reihen der Strumpfwirker, Handweber u. dgl. Daher rührten die gewaltsame Auflehnung und andere Formen der direkten Aktion bei den Chartisten von solchen Arbeitergruppen her, deren Engagement für die Sache des Chartismus unsteter war und mehr von den Schwankungen der Wirtschaft abhing als das der verhältnismäßig ungefährdeten Handwerker in London und Birmingham. In Frankreich kamen viele Barrikadenkämpfer der Junitage 1848 aus Gewerben, in denen es ein hohes Maß an Arbeitslosigkeit und innerer Reorganisationen gab. Das Gleiche gilt für die Berliner Aufstände desselben Jahres. Der französische Anarchosyndikalismus gewann seine Anhänger aus Kreisen der darniederliegenden Textilindustrien in Roubaix, Reims, Roanne und Lyon. Die führenden Sozialdemokraten der sechziger Jahre des 19. Jahrhunderts in Baden waren abgesunkene Handwerker. Die SPD in Halle rekrutierte sich ebenfalls überwiegend aus wirtschaftlich gefährdeten Handwerkern, und August Bebel, der charismatische Führer der deutschen Sozialdemokratie von der Mitte der sechziger Jahre des 19. Jahrhunderts bis zu seinem Tode 1913, gelangte 1867 nicht mit den Stimmen des großen Industriezentrums Chemnitz, des „deutschen Manchester", in das Parlament des Norddeutschen Bundes, sondern durch die der bedrängten Heimweber von Glaichau-Meerane.[148] Der Abstieg solcher Gruppen und die Unberechenbarkeit ihres Verhaltens waren eine Folge der Industrialisierung. Allerdings war der Prozeß lang und schmerzlich, und im Verlauf der weiteren industriellen Entwicklung traten auch neue gelernte Gruppen auf, die ihrerseits später von der Dequalifikation bedroht waren.

In dieser frühen Periode vor der Entstehung einer wirklich umfassenden Arbeiterorganisation, zu der es in Großbritannien nach 1890 und in Frankreich, Deutschland und anderswo noch später kam, war das ungelernte Fabrikproletariat der großen Firmen in den Reihen der Organisierten zumeist stark unterrepräsentiert. Erst nach den achtziger Jahren des 19. Jahrhunderts machte die marxistische Partei Jules Guesdes Fortschritte bei den Textilarbeitern in den nordfranzösischen Fabriken; und man hat die These vertreten, daß zwar die Pariser Handwerkerschaft imstande war, spontane Formen der Organisation und Ideologie zu entwickeln, daß die Mobilisierung der ungelernten Fabrikarbeiter jedoch des äußeren Druckes bedurfte.[149] In Deutschland blieben die Gewerkschaften und die Sozialdemokratie bis nach der Jahrhundertwende von den gelernten Arbeitern dominiert,[150] während englische Ansätze zur Bildung starker nationaler Gewerkschaften der ungelernten Arbeiter zunächst fehlschlugen und erst mit dem „New unionism" der späten achtziger Jahre des 19. Jahrhunderts wirkliche Erfolge verzeichneten.[151]

Es gibt mehrere Faktoren, die erklären können, warum in den Reihen des organisierten Protests das ungelernte Fabrikproletariat, die Handarbeiter der verschiedenen Industrien, die Textilarbeiterinnen und ähnliche Gruppen – Gruppen ohne handwerkliche Qualifikationen oder Ausbildung – fehlten. Erstens hatten die Ungelernten definitionsgemäß bei Konflikten mit ihren Arbeitgebern keine Verhandlungstrümpfe in der Hand. Sie waren leicht zu ersetzen, ihre Positionen im Arbeitskampf daher schwach. So konnte der Streik oder der Beitritt zu einer Gewerkschaft ein außerordentlich riskantes Unterfangen sein, besonders in Zeiten der wirtschaftlichen Krise und beträchtlicher Arbeitslosigkeit. Dies ist einer der Gründe dafür, warum die Bergarbeiter in den Dörfern des Departements Allier sich früher als ihre Kollegen in den großen urbanen Zentren organisierten. Der enge Kontakt zum Landleben und die Möglichkeit, auf landwirtschaftliche Ressourcen zurückgreifen zu können, machten sie gegen Einschüchterungsversuche der Unternehmer eher immun. Die deutschen Arbeiter in den mächtigen Eisen- und Stahlbetrieben des Ruhrgebiets, die manchmal in firmeneigenen Werkswohnungen lebten und es oft mit gutorganisierten und repressiven Unternehmern zu tun hatten, die auf dem lokalen Arbeitsmarkt eine Monopolstellung innehatten, vermochten sich vor dem Ersten Weltkrieg nicht in nennenswertem Umfang zu organisieren. Als sie es endlich taten, geschah dies oft in sogenannten „gelben" Gewerkschaften, die in manchen Teilen des Ruhrgebiets ihre sozialistisch orientierten Konkurrenten von den freien Gewerkschaften überflügelten.[152] Es war jedoch nicht allein das Fehlen einer günstigen Position auf dem Markt, das viele von der Beteiligung an Streiks und gewerkschaftlichen Aktivitäten abhielt. Hier waren noch andere, subtilere Mechanismen im Spiel. Die Bereitstellung von Renten- und Versicherungsmöglichkeiten durch Industriemagnaten wie Krupp und Stumm trug ebenfalls dazu bei, so manchen Arbeiter an seinen Arbeitgeber zu binden, ebenso das System des „Einsperrens" („locking-in"), durch das dem Arbeitnehmer eine stetige Verbesserung seiner Position und seines Arbeitsentgeltes garantiert wurde, solange er in derselben Fabrik blieb und nicht unangenehm auffiel.[153] Umgekehrt wirkte die rapide Fluktuation der Arbeiterschaft von einer Firma in die andere einer gewerkschaftlichen Organisation entgegen. Die Arbeiter waren einfach nicht lange genug am selben Platz, um solide Beziehungen zur restlichen Belegschaft zu entwickeln.[154] Eine starke Fluktuation mag auch darauf hindeuten, daß in den Augen einzelner Arbeiter ihre Aufstiegsaussichten weniger vom kollektiven Handeln und mehr von ihrer persönlichen Initiative abhingen.

Es spricht auch vieles dafür, daß die Entwurzelung, die Wanderung von ländlichen Gebieten in die neuen Industriezentren, auch wenn sie eine entfremdende Erfahrung für den einzelnen sein mochte, kollektive Aktionen gegen das Kapital nicht begünstigte. So waren die deutschen Gewerkschaften und sozialistischen Organisationen in den rapide expandierenden Industriezentren des Ruhrgebiets schwach, in kleineren Städten aber viel stärker;[155] dasselbe scheint für Frankreich gegolten zu haben.[156]

Das Fehlen eines gut eingespielten Kommunikationsnetzes – Folge der Entwurzelung und des Umzugs in eine fremde urbane Umwelt – verhinderte die Solidarität der Arbeiter: es scheint eine zeitliche Kluft zwischen der Ankunft in der neuen industriellen Ordnung und der Anpassung an sie bestanden zu haben. Ja, ein gut Teil der jüngeren Forschung in West- und in Ostdeutschland legt die Vermutung nahe, daß die Herausbildung eines „erblichen Proletariats" notwendig ist, um Herkunfts- und Einstellungsunterschiede auszugleichen und ein solidarisches Klassenbewußtsein entstehen zu lassen.[157] Nun ließe sich einwenden, daß diese These durch die russische Erfahrung widerlegt wird, wonach neu zugezogene Bauern oft die Basis einer zunehmenden wirtschaftlichen und politischen Militanz in den großen Fabriken Moskaus und St. Petersburgs gewesen seien.[158] Jüngere Untersuchungen legen jedoch den Schluß nahe, daß diese neuen Industriearbeiter zur kollektiven Aktion gegen ihre Arbeitgeber gerade deshalb imstande waren, weil ihre Existenz zu einem großen Teil noch auf dem Lande verwurzelt war, das ihnen das Kommunikationsgeflecht bot, mit dessen Hilfe sie ihre solidarischen Aktionen entfalteten.[159] Auch hier war es also nicht die Entwurzelung als solche, die den wirtschaftlichen Protest auslöste.

Das relative Stillhalten der ungelernten Arbeiterschaft erklärt sich ferner daraus, daß sie weder über eine Zukunftsperspektive noch über eine Tradition des Widerstands gegen Herrschaft und wirtschaftliche Ausbeutung verfügten. Gruppen, die aus kargen ländlichen Gegenden kamen, hegten manchmal recht geringe Erwartungen und zeigten häufig eine traditionelle Ergebung in ihr widriges Schicksal, um so mehr, als selbst die entsetzlichen Zustände in den ersten deutschen Fabriken nachweislich nicht schlimmer waren als das Los des ostelbischen Landarbeiters oder des Heimarbeiters und seiner Familie. Ähnlich in Frankreich, wo die Löhne in den Städten während des größten Teils des 19. Jahrhunderts mehr oder weniger doppelt so hoch waren wie auf dem Lande. Vor allem aber bedeuteten niedrige Löhne und ein langer und anstrengender Arbeitstag ganz schlicht und einfach, daß die meisten der ungelernten Arbeiter weder die Zeit noch die Energie noch auch das Geld hatten, sich an wirtschaftlichen und politischen Organisationen zu beteiligen. In einem gewissen Sinne waren es bereits verbesserte Lebens- und Arbeitsbedingungen, verbunden mit der Anpassung an die neue Wirtschaftsordnung und erhöhten Erwartungen, was diese geschundenen Gruppen letztlich befähigte, sich uneingeschränkt an den Aktivitäten der europäischen Arbeiterbewegung zu beteiligen.

Es gab noch viele andere, vielleicht weniger greifbare Faktoren, die einer eigenständigen Bewegung der Arbeiter und ihrer Beteiligung an Gewerkschaften und Parteien entgegenwirkten. Einer dieser Faktoren war das Alter. Wie wir noch sehen werden, war der Radikalismus in der Arbeiterklasse am Ende des Ersten Weltkrieges in erster Linie eine Sache jüngerer Arbeiter. Dafür gab es in jener konkreten historischen Situation spezifische Gründe; doch in dem Phänomen selbst spiegelten sich allgemeinere Realitäten der Arbeiterexistenz wider. Zunehmendes Alter bedeutete in den meisten manuellen Berufen steigende soziale Unsicherheit und sinkende Löhne.[160] Eine allgemeine Unsicherheit, die durch die notwendige Sorge des Arbeiters für Frau und Kinder und seine lokale Verwurzelung noch verstärkt wurden, ließ ältere Arbeiter begreiflicherweise vorsichtiger agieren als ihre jüngeren und unverheirateten Kollegen. Auch religiöse Einstellungen hatten eine tiefgreifende, keineswegs überholte Auswirkung auf die wirtschaftlichen und politischen Aktivitäten der Arbeiterschaft vor dem Ersten Weltkrieg. In Deutschland blieben konfessionelle Bindungen ein bestimmender Faktor. Die ersten „Hochburgen“ einer in der Entstehung begriffenen Arbeiterbewegung befanden sich in den sechziger Jahren des 19. Jahrhunderts in den protestantischen Gebieten an der Nordsee, in Berlin und Sachsen, während katholische Arbeiter ihre eigenen, katholischen Gewerkschaften gründeten und politisch bis 1918 im wesentlichen der konfessionell gebundenen Zentrumspartei treu blieben. Ausnahmen von dieser Regel fanden sich noch am ehesten in Industriegebieten, in denen beide große Konfessionen vertreten waren, wie etwa in Dortmund, in München, dessen kulturelle und politische Traditionen sich von denen des übrigen Deutschlands deutlich unterschieden, und in Elsaß-Lothringen, wo die SPD die einzige Partei war, die der Friedensregelung von 1871 nicht vorbehaltlos zugestimmt hatte. In rein katholischen Industriegebieten wie etwa dem Saarland mit seinen großen Hüttenwerken und metallverarbeitenden Betrieben vermochte die SPD gegen die fest im Sattel sitzende Zentrumspartei wenig auszurichten, selbst nicht beim Industrieproletariat.[161] Es ist seit langem bekannt, daß in Frankreich die Linke in Gebieten mit ausgeprägtem religiösen Leben an der Wahlurne schlecht abschnitt und umgekehrt,[162] während sich in Italien Anti-Klerikalismus und Arbeiterradikalismus tendenziell überlagerten, ebenso in Spanien.[163] Das erklärt sich teilweise aus dem Reichtum der katholischen Kirche und aus ihren Verbindungen zur politischen Rechten, aber auch einfach aus der Tatsache, daß die rapide Verstädterung und der Wandel der Wohngewohnheiten manche Arbeiterviertel um ihre Kirchen gebracht hatten. Doch die Fähigkeit der Konfessionen, ihre Gläubigen gegen die Lehre des atheistischen, materialistischen Sozialismus zu immunisieren, hing nicht allein von der noch verbliebenen Glaubensstärke ab. Sie ergab sich auch aus der Einbindung des Arbeiters in ein zusammenhängendes Netz von konfessionellen Vereinen und frommer Kultur, an dem nicht nur die Kanzel mitwirkte, sondern auch Gesangsvereine, irdische (und himmlische) Versicherungen, Bildungsvereine, Gewerkschaften, Parteien.

Die konfessionelle Loyalität des Gläubigen hielt nicht nur einen beträchtlichen Teil der europäischen Arbeiterklasse von sozialistischer Politik und gewissen Arten gewerkschaftlicher Organisation fern; sie konnte auch zur Spaltung der Arbeiterschaft in ihrem Kampf gegen den Unternehmer führen. Es gab Gelegenheiten, bei denen katholische und Laien-Gewerkschaften bei den Streiks von Ruhrbergleuten gemeinsame Sache machten, wie etwa 1905. Aber es gab auch andere, wie etwa 1912, bei denen die Zwietracht der getrennten Organisationen den Widerstand der Arbeiterklasse zum Scheitern verurteilte. Ein weiterer Konflikt, der sich in ähnlicher Weise auswirkte, war der zwischen verschiedenen ethnischen Gruppen. In England begegneten viele Arbeiter ihren irischen Kollegen mit unverhohlener Feindseligkeit, die sich mitunter in Gewalttaten Luft machte.[164] Ähnlich war es im deutschen Kaiserreich, wo polnische und deutsche Arbeiter im Ruhrgebiet fast nie denselben Organisationen angehörten und oft eine abgrundtiefe gegenseitige Feindschaft erkennen ließen, die zuweilen sogar zu Schlägereien führte und ein weiterer Grund dafür war, daß sich die Bildung starker und geeinter Arbeiterorganisationen als unmöglich erwies.[165]

Die Wohnsituation war ebenfalls ein Faktor, der kollektive Aktionen fördern oder hemmen konnte. Die Glasarbeiter von Carmaux schlossen sich in den achtziger Jahren des 19. Jahrhunderts den Reihen des Protests nicht nur an, als neue Technologien ihre Lage in der Fabrik veränderten, sondern auch, als sie in engere räumliche Berührung mit Bergleuten kamen, die bereits radikale Traditionen mitbrachten.[166] In der expandierenden Bergarbeiterstadt Bochum verstärkte die aus dem räumlichen Kontakt erwachsende Solidarität der Bergleute das Klassenbewußtsein, welches wiederum bei Metallarbeitern, die in sozial gemischten Gebieten lebten, gefehlt zu haben scheint.[167] Umgekehrt erwiesen sich katholische Arbeiter, die in deutschen Städten Tür an Tür mit ihren nicht-katholischen Nachbarn zusammenlebten, als aufgeschlossener für den Wahlappell der Sozialdemokratie als diejenigen ihrer Glaubensbrüder, die in konfessionell homogenen Gemeinschaften lebten.

Bei manchen Arbeitern ist ihr Fehlen in den Reihen des Protests auf die staatliche Gesetzgebung zurückzuführen. So war Staatsbediensteten in Preußen die Mitgliedschaft in den freien Gewerkschaften oder in der SPD ausdrücklich untersagt. Zuweilen mögen auch mangelnde Erwartungen der entscheidende Faktor gewesen sein, besonders was die weiblichen Arbeiter betraf. Zwar beteiligten sich auch Frauen an unterschiedlichen Arten des Arbeiterprotests, wie bei dem berühmten Streik der Zündholzarbeiter in Großbritannien, wo die Gewerkschaften vor dem Ersten Weltkrieg gewisse Erfolge bei der Mobilisierung der Frauen zu verzeichnen begannen.[168] Ähnlich in Deutschland, wo Chemnitz einen eindrucksvollen Streik von Textilarbeiterinnen erlebte und manche Frauen sich der SPD anschlossen.[169] Doch handelte es sich dabei oft um die Frauen von Arbeiteraristokraten, die nicht selbst berufstätig waren.[170] Insgesamt jedoch blieb die Zahl der Frauen, die sich vor dem Ersten Weltkrieg am europäischen Arbeiterprotest beteiligten, unverhältnismäßig niedrig. Die beste Erklärung liegt vielleicht darin, daß weibliche Arbeiter in vieler Hinsicht der Archetyp des ungelernten Arbeiters waren. Sie wurden außergewöhnlich schlecht bezahlt, hatten einen überaus langen Arbeitstag in der Fabrik und sollten dann noch ihren traditionellen hausfraulichen Pflichten in Heim und Familie nachkommen. Zu Hause und am Arbeitsplatz unterdrückt, von allen Männern mit Ausnahme der aufgeklärtesten als sozial minderwertig angesehen, zu Gehorsam und einem niedrigen Erwartungshorizont erzogen, nahmen Frauen begreiflicherweise nur in den seltensten Fällen an einem Arbeiterprotest großen Stils teil. Wenn es ihnen dennoch gelang, relativ starke Gewerkschaften zu gründen, dann arbeiteten sie bezeichnenderweise selbst in eher gelernten Berufen und verfügten über gewisse Verhandlungstrümpfe.[171]

Nun soll nicht der Eindruck erweckt werden, als seien die ungelernten Arbeiter mit ihrem elenden Los zufrieden gewesen. Im Gegenteil: Daß sie für gewöhnlich auf Aktionen verzichteten, mag einfach die Folge einer sehr genauen Einschätzung ihrer aussichtslosen Lage gewesen sein. Übrigens beteiligten sie sich vor 1890 durchaus an gewissen Formen eines sporadischen und mitunter gewalttätigen Protests. Um nur einige Beispiele zu nennen: In den dreißiger und vierziger Jahren des 19. Jahrhunderts lieferten sich Streckenarbeiter der britischen Eisenbahn und insbesondere ungelernte irische Arbeiter regelrechte Schlachten miteinander und mit den Unternehmern.[172] Zwischen 1845 und 1848 kam es zu Unruhen ungelernter Eisenbahnarbeiter im Rheinland und in Westfalen.[173] In Frankreich nahmen einige ungelernte Arbeiter an den Barrikadenkämpfen im Juni 1848 teil, doch waren sie nicht die typischen Aufrührer, wie überhaupt die Nationalwerkstätten dazu beigetragen hatten, sie in einer ganz außergewöhnlichen Weise zu konzentrieren und zu politisieren.[174] Französische Textilarbeiter und Bergleute, die freilich nur sehr bedingt unter die Rubrik der ungelernten Arbeiter fallen, beteiligten sich 1869 ebenfalls an gewalttätigen Streiks, doch ihre Teilnahme an organisierteren Formen des Protests erfolgte im allgemeinen erst später.[175]

Wenn also Entwurzelung, mangelnde Verhandlungsstärke usw. auch einem organisierten, kontinuierlichen Protest entgegenstehen, so scheinen sie bei bestimmten Anlässen doch eine kurzlebige, spontane Reaktion bewirken zu können. So war an der großen französischen Gewerkschaftsorganisation, der Confédération Générale du Travail (CGT), mit dem Eintritt neuer Mitglieder nach 1900 zwar eine markante Veränderung ihres politischen Stils und eine gewisse Radikalisierung zu beobachten, doch setzte genauso rasch ein Prozeß der Entmobilisierung ein.[176] In Deutschland hat man die Militanz der Ruhrbergleute und die Zunahme anarchosyndikalistischer Tendenzen unmittelbar vor dem Ersten Weltkrieg ebenfalls auf den Zustrom von ländlichen ungelernten Arbeitern zurückführen wollen, ebenso den Radikalismus der Chemiearbeiter in den Leuna-Werken in Halle zwischen 1919 und 1923.[177] In Rußland dürften es viel eher die Bolschewisten als die Menschewisten gewesen sein, die sich aus Arbeitern bäuerlicher Herkunft rekrutierten, und die Zunahme von direkten Aktionen in Moskau und St. Petersburg zwischen 1911 und 1914 ist ebenfalls auf den Zustrom von bäuerlichen Arbeitern in die Großbetriebe der Textil- und metallverarbeitenden Industrie zurückgeführt worden.[178]

In diesem Zusammenhang dürfte der agrarische Kontext, aus dem sich die neue Fabrikarbeiterschaft rekrutierte, von beträchtlicher Bedeutung sein. Wo es sich um ehemalige Landarbeiter handelte, die an eiserne Disziplin gewöhnt waren und kaum Traditionen des Protests kannten, wie dies bei jenen Industriearbeitern im Ruhrgebiet und in Schlesien der Fall war, die von ostelbischen Gütern kamen, waren gewalttätige Reaktionen gegen das Leben in der Fabrik weniger verbreitet als etwa in Rußland, wo es starke Traditionen eines bäuerlichen Kollektivismus und Radikalismus – nach der Jahrhundertwende – gab. Während in Rußland gelernte Arbeiter in den sechziger und siebziger Jahren des 19. Jahrhunderts Hilfsvereine, Bildungsvereine und Gewerkschaften gründeten, äußerte sich die Unzufriedenheit der Ungelernten mit dem Fabriksystem in Arbeitsverweigerung, Alkoholismus und Gewalttätigkeit. In Spanien neigte das Fabrikproletariat, das sich in der Schwerindustrie der nördlichen baskischen Provinzen konzentrierte und einem hierarchischen Hintergrund mit stark konservativen und klerikalen Einflüssen ohne ländliche Militanz entstammte, zu einer stark zentralisierten und disziplinierten sozialistischen Bewegung. Die verhältnismäßig rückständige Textilindustrie Kataloniens erzeugte dagegen eine gewalttätige und unkontrollierbare Arbeiterschaft, und zwar zumindest teilweise deswegen, weil die Ursprünge dieser Arbeitskräfte in Katalonien lagen, wo ein ländliches Proletariat mit enormen wirtschaftlichen Problemen zu kämpfen hatte und über eine starke Tradition des gewalttätigen, fast chiliastischen Protests verfügte. Auch die Natur der Sozialistischen Partei Spaniens änderte sich Anfang der dreißiger Jahre des 20. Jahrhunderts in dramatischer Weise, als ein gewalttätiges ländliches Proletariat aus den Latifundien Estremaduras und Teilen Andalusiens in die Partei strömte; sie wurde seither viel radikaler und einer zentralisierten

Kontrolle weit weniger zugänglich.[179] So hingen unterschiedliche Herkunft und unterschiedliches Qualifikationsniveau der Arbeiterklasse mit unterschiedlichen Formen ihres Protests zusammen.

Doch ob es sich um gelernte oder ungelernte Arbeiter handelte, der organisierte Protest berührte vor 1890 immer nur eine kleine Minderheit der europäischen Arbeiterschaft. Enttäuscht bemerkte Julius Vahlteich, der Gründer einer unabhängigen Arbeiterorganisation in Leipzig, in den sechziger Jahren des 19. Jahrhunderts:

„Bei näherem Zusehen stellen wir fest, daß die große Masse der Arbeiter für jeden ernsten, aufgeklärten, neuen und wissenschaftlichen Gedanken erstorben ist . . . sie haben nicht das geringste Interesse an Politik, an ihrem eigenen Wohlergehen oder an der Lage und den Rechten der Arbeiterklasse. Sie leben in den Tag hinein – für sie heißt es nur: Arbeiten, Essen, Trinken und Schlafen."[180]

Es dauerte seine Zeit, bis diese Situation sich änderte.

In diesem Kapitel sind vielleicht allzuviele Dinge auf einmal versucht worden. Das Hauptziel ist jedoch gewesen, das Entstehen des modernen Arbeiterprotests herauszuarbeiten, der sich durch Streiks, gewerkschaftliche Organisation und die Bildung von Arbeiterparteien auszeichnet. Es ist deutlich geworden, daß diese Form des Protests nicht die zwangsläufige und unvermittelte Konsequenz der Industriellen Revolution und ganz gewiß nicht eine direkte Reaktion auf unerträgliche Armut oder Entfremdungs- und Verunsicherungsgefühle angesichts der neuen Ordnung gewesen ist. Nur ganz bestimmte Gruppen von Arbeitern reagierten auf die Industrielle Revolution, indem sie protestierten. Ganz überwiegend waren es solche, die über ausgeprägte Wertvorstellungen und Erwartungen in bezug auf ihre eigene Rolle in der Welt verfügten. Diese gelernten Arbeiter entwickelten unterschiedliche Reaktionsweisen. Einige davon können als Widerstand gegen die neue industrielle Ordnung oder zumindest gegen die damaligen Formen ihrer privatwirtschaftlichen Organisation aufgefaßt werden. Die konkrete Gestalt aber, die dieser Widerstand annahm, hing von der Haltung der Unternehmer und der herrschenden Klassen ebenso ab wie von der Situation des Arbeiters in der Fabrik. Bis in die letzten Jahrzehnte des 19. Jahrhunderts wurde daher der Schauplatz des Arbeiterprotests eher von den Gegnern der Arbeiterklasse bestimmt als von dieser selbst. Es war zudem ein Schauplatz, der vor 1890 von verhältnismäßig wenigen Arbeitern betreten wurde. Danach änderten sich die Dinge in dramatischer Weise.

3. Die Entfaltung der Arbeiterorganisationen 1890–1914

Einführung

In der Zeit von 1890 bis zum Ausbruch des Ersten Weltkriegs erreichten die Arbeitskämpfe eine beispiellose Größenordnung, während der Gewerkschaftsbewegung immer breitere Teile der Industriearbeiterschaft zuströmten. Die sozialistischen Parteien in Frankreich und Deutschland gewannen nationale, ja sogar internationale politische Bedeutung, wobei die SPD in jeder Hinsicht die erste Massenpartei der Geschichte wurde. Zur selben Zeit begann ein erheblicher Teil der britischen Arbeiterklasse, die Notwendigkeit einer unabhängigen Arbeiterpartei einzusehen. Für viele Zeitgenossen war dies eine Periode, in welcher der Klassenkonflikt, der Konflikt zwischen Kapital und Arbeit, immer deutlicher und immer erbitterter wurde. In Großbritannien mußte die Gewerkschaftsbewegung nach der Jahrhundertwende eine Reihe schwerer Niederlagen von seiten der Gerichte und des Oberhauses einstecken. In Frankreich hatte die Regierung Notstandspläne in der Schublade, die die Verhaftung von Arbeiterführern im Kriegsfalle vorsahen. Noch 1912 sprachen sich Teile des politischen Establishments in Deutschland für die gewaltsame Unterdrückung der sozialdemokratischen Bewegung aus. Noch spektakulärer waren die blutigen Zwischenfälle in den Industriestädten Spaniens im Jahre 1909; fünf Jahre später wurden in Teilen Italiens wieder Barrikaden gebaut. Rußland erlebte 1905 sogar eine Revolution, freilich eine vergebliche. Und dennoch offenbarte die Arbeiterklasse der meisten europäischen Nationen im August 1914 ihren Patriotismus. Die Kriegserklärung trieb die Menschen in einem Begeisterungstaumel auf die Straßen – in London und in Paris, in Berlin, in Wien und in St. Petersburg. Mit der alleinigen Ausnahme der serbischen und der russischen Partei ging die offizielle Politik der verschiedenen sozialistischen Bewegungen dahin, die Kriegsanstrengungen ihrer jeweiligen Regierung zu unterstützen. In den Augen mancher Zeitgenossen und vieler späterer Historiker hatte die Arbeiterbewegung ihre revolutionäre Seele für ein reformistisches Linsengericht verkauft. Etwas Merkwürdiges war in den Reihen der europäischen Arbeiterklasse vor sich gegangen: Ihre revolutionären Bestrebungen hatten sich in Luft aufgelöst.[1]

Organisiertes Wachstum

Zwischen 1890 und 1914 gewannen die Arbeiterorganisationen einen zahlenmäßigen Zulauf aus der europäischen Arbeiterklasse und ein Maß an stabiler nationaler Organisation, wie sie es bis dahin nicht gekannt hatten. Gewiß gab es Länder wie Spanien und Italien, in denen die enorme Expansion am Vorabend des Ersten Weltkrieges erst in Ansätzen erkennbar war; doch in Großbritannien, Frankreich und Deutschland waren die Dinge schon viel weiter.

Politische Organisation

In praktisch allen europäischen Ländern waren sozialistische Parteien entweder bereits etabliert oder setzten ihre Entwicklung in den beiden Jahrzehnten vor dem Ausbruch des Krieges fort. In einigen wenigen Fällen hatten die Parteien der Arbeiterklasse sogar schon reale politische Bedeutung erlangt. 1914 war die österreichische Sozialdemokratie (SPÖ) zur zweitgrößten politischen Gruppierung innerhalb Österreich-Ungarns aufgestiegen. In Frankreich, wo sich aus mehreren bereits vorhandenen Organisationen schließlich eine vereinigte sozialistische Partei gebildet hatte, gelang es der SFIO, sich in zunehmendem Maße die Unterstützung des Industrieproletariats zu sichern: 1905 zählte sie 35 000 Mitglieder, neun Jahre später 91 000; zu diesem Zeitpunkt gebot sie über rund anderthalb Millionen Stimmen bei den Wahlen zur Deputiertenkammer, in der sie nun ein Faktor von nicht unerheblicher Bedeutung war. Noch spektakulärer war das Wachstum der deutschen Sozialdemokratie (SPD), die nach 1890 wieder als Organisation bestehen konnte und bei den Reichstagswahlen immer stärker wurde: Sie wurde schließlich zur größten Partei im Wilhelminischen Deutschland und sicherte sich 1912 vier Millionen Stimmen und 110 Sitze im Reichstag. In manchen Großstädten, wie etwa Leipzig, hatte die SPD zu diesem Zeitpunkt sogar einen Stimmenanteil von über fünfzig Prozent. In der Tat wählten in Deutschland mehr Fabrikarbeiter sozialistisch als in irgendeinem anderen Land der Erde. Dieser Zunahme in der Wählergunst entsprach eine nicht minder spektakuläre Expansion des Mitgliederstandes. Im Jahre 1906 hatte die SPD rund 400 000 beitragzahlende Mitglieder, im Jahre 1910 waren es 720 000, am Vorabend des Ersten Weltkrieges mehr als eine Million!

Bei alledem darf nicht übersehen werden, daß die sozialistische Partei in Deutschland und – weniger ausgeprägt – auch in Frankreich für ihre Anhänger weit mehr bedeutete als eine Organisation, die nur in Wahlzeiten den Kontakt zu ihnen suchte, wie dies für viele ältere liberale Parteien des Kontinents gegolten hatte. Die SPD entwickelte einen stabilen institutionellen Rahmen mit ganztägig beschäftigten Mitarbeitern und gebot über ein großes Presseimperium, in dem über 70 Zeitungen erschienen. Sie gründete

Gesangvereine, Turner- und Radfahrerklubs, sie schuf eine eigene Genossenschaftsbewegung und eigene Versicherungssysteme. Vielleicht mit Ausnahme der römisch-katholischen Kirche war die SPD die einzige Institution im deutschen Kaiserreich, die ihre Mitglieder buchstäblich von der Wiege bis zur Bahre betreute. So war der Sozialismus sowohl in Frankreich als auch in Deutschland vor dem Ersten Weltkrieg weit mehr als nur ein politisches Credo; er wurde zum Kern einer klassenspezifischen Subkultur, deren Kristallisationspunkt oft das Wirtshaus oder die Kneipe war.[2]

Auch in Italien begann die sozialistische Partei ihren eigentlichen Aufschwung in den neunziger Jahren des 19. Jahrhunderts, und zwar im Norden des Landes, indem sie die verschiedenen Vereinigungen der Arbeiteraristokratie, die es dort bereits gab, wie etwa die Hilfsvereine, absorbierte. Sie gewann eine solide Basis zunächst in der Textilindustrie und danach bei den Metall- und Autoarbeitern im Dreieck Turin-Genua-Mailand, wo sie großen Anklang bei den Wählern fand. Im Gegensatz zur deutschen Sozialdemokratie gelang es der PSI, auch starke Gewerkschaften unter den landlosen Arbeitern und Teilpächtern im Norden des Landes aufzubauen, die durch ein System von Arbeitsnachweisstellen erheblichen Einfluß auf die lokale ländliche Wirtschaft und insbesondere auf die Vermittlung von Arbeitskräften zu nehmen vermochten. Auf der lokalen Ebene gelang es der Sozialistischen Partei Italiens schon vor 1914, einige Rathäuser zu erobern.[3]

Das Wachstum der spanischen sozialistischen Partei (PSOE), die 1871 von Lafargue gegründet worden war, vollzog sich langsamer und schmerzhafter. Ihre ersten Anhänger waren Buchdrucker aus Madrid, die auch die Basis der Gewerkschaftsorganisation UGT bildeten, an deren Gründung die Partei 17 Jahre später beteiligt war. Später gewann die Partei eine breitere Anhängerschaft unter den Arbeitern der Eisen- und Stahlindustrien Bilbaos und den radikalen Bergarbeitern in den Bergen Asturiens in Nordspanien, doch ihre eigentliche Expansion erfolgte erst nach 1910 und blieb auch dann zahlenmäßig weniger eindrucksvoll als bei der anarchistischen Konkurrenzbewegung CNT.[4] In Rußland übernahm die sozialdemokratische Partei in den neunziger Jahren des 19. Jahrhunderts ihr revolutionäres Gewand von den Populisten, zumindest in den städtischen Zentren Moskau und St. Petersburg, zu einer Zeit also, als das industrielle Wachstum, die Erfolglosigkeit von terroristischen Anschlägen und die wiederholte Weigerung der Bauernschaft, das Zarentum zu stürzen, ein neues Verständnis von Revolution und revolutionärer Taktik nahelegten. 1903 zerbrach die Partei in die einander bekämpfenden Flügel der Menschewisten und Bolschewisten, spielte aber bei der Revolution von 1905 noch eine bedeutsame Rolle. Die Bolschewisten konnten auch zwischen 1911 und 1914, als zahlreiche Bauern in die Großbetriebe der Textil- und metallverarbeitenden Industrie drängten, einen enormen Mitgliederzuwachs in den russischen Industriezentren verzeichnen.[5]

In Großbritannien allerdings scheint der Sozialismus vor dem Ersten Weltkrieg nur einen winzigen Prozentsatz der Industriearbeiterschaft interessiert zu haben. Die meisten Arbeiter wählten nach wie vor liberal und in einem geringeren, aber noch immer bedeutsamen Umfang auch konservativ. Und obgleich in den achtziger Jahren des 19. Jahrhunderts verschiedene sozialistische Parteien gegründet wurden, etwa Hyndmans Social Democratic Federation (SDF), blieben sie alle klein und ohne wirkliche politische Bedeutung. Aber mochte der Sozialismus auch nur wenige Engländer interessieren, der Ruf nach einer *selbständigen* Arbeiterpolitik wurde immer dringender. 1892 gab es drei unabhängige Labour-Abgeordnete im englischen Unterhaus. Sechs Jahre später kam der eigentliche Durchbruch, nämlich die Entscheidung des Trades Union Congress (TUC), die Wahl von unabhängigen Arbeitervertretern ins Parlament zu unterstützen. Im folgenden Jahr wurde das Labour Representation Committee gegründet; und wenn es auch nicht sogleich die Unterstützung sämtlicher Gewerkschaftsmitglieder erhielt – die Bergleute beispielsweise entschlossen sich dazu erst 1906 –, gab es doch 1908 bereits 45 Labour-Abgeordnete im Unterhaus.[6]

Die sozialistischen Parteien waren von Land zu Land und sogar von Region zu Region außerordentlich verschieden. In manchen Ländern, so in Großbritannien, Italien und Deutschland, gab es enge Kontakte zwischen den Arbeiterparteien und den großen Gewerkschaftsorganisationen, während in Frankreich und Spanien die sozialistischen Parteien sich in Konkurrenz zu Gewerkschaftsbewegungen befanden, die der Lehre des revolutionären Anarchosyndikalismus anhingen.[7] In manchen Ländern vereinigte eine einzige sozialistische Partei sowohl revolutionäre als auch reformistische Elemente in sich: dies kann man von Österreich, Frankreich, Deutschland, Italien und Spanien sagen.[8] Auf der anderen Seite spaltete sich die russische sozialdemokratische Partei auf Betreiben Lenins bereits 1903, und auch dieser Bruch spiegelte gewissermaßen die Spaltung in Revolutionäre und Reformisten wider.[9] Eine ähnliche Spaltung, die sich allerdings an etwas anderen Streitfragen entzündet hatte, vollzog sich vor dem Ersten Weltkrieg auch in der holländischen sozialistischen Bewegung.[10] In einigen Ländern richtete sich die Politik der Arbeiterklasse in erster Linie auf die Verteidigung ihrer unmittelbaren wirtschaftlichen Interessen innerhalb der herrschenden gesellschaftlichen und politischen Ordnung und hatte für sozialistische Rhetorik wenig Zeit; dies war vor allem in Großbritannien der Fall. In anderen Ländern spielte diese Rhetorik eine beträchtliche Rolle, insbesondere in Deutschland und Rußland. Doch verweist dies nur auf weitere Probleme und Unterschiede. Denn selbst in sozialistischen Parteien, die einer revolutionären Ideologie anhingen, konnten die Tagesaktivitäten in zunehmendem Maße von Wahlüberlegungen beherrscht werden, so im Falle der SPD und der SFIO.[11] Für die Bolschewisten wiederum traf dies offensichtlich nicht zu.

Die auslösenden Faktoren der politischen Mobilisierung überhaupt und der Radikalisierung im besonderen sind auf einer allgemeinen Ebene bereits diskutiert worden.[12] Sie bleiben in diesem Zeitraum weitgehend unverändert. Die unterschiedslose, gewaltsame Repression in Spanien führte gelegentlich zu Auflehnungen der Arbeiterklasse, so in der „tragischen Woche" von 1909.[13] Daß in Italien den Arbeitern bis 1912 das Stimmrecht vorenthalten blieb und häufig Militär gegen sie eingesetzt wurde, erzeugte bei der Bevölkerung der Romagna, Anconas und der nordwestlichen Toskana eine „besondere revolutionäre Sensibilität".[14] Der etwas gelasseneren Politik der Regierung Giolitti gelang es dagegen, den reformistischen Flügel des italienischen Sozialismus, der sich auf Arbeiter in Industrien mit starken handwerklichen Traditionen stützte, wie den Buchdruck und z. T. die Bauindustrie, bis zu einem gewissen Grade in die herrschende politische Ordnung einzubinden.[15] Deutschland und Österreich nahmen eine Zwischenstellung ein zwischen dem liberalen England mit seiner reformistischen Arbeiterbewegung und dem autokratischen Rußland mit seiner revolutionären Opposition.

Auch hier war die Zuflucht zur politischen Aktion nicht selten eine Funktion schwacher Arbeitskampfpositionen. In Großbritannien entschlossen sich die Gewerkschaften zur Unterstützung unabhängiger Labour-Kandidaten, und zwar als Reaktion auf eine Unternehmeroffensive, die auch vor dem Einsatz von Streikbrechern und vor Aussperrungen nicht zurückgeschreckt war, vor allem aber auf eine Reihe von Entscheidungen der Gerichte und des Oberhauses, welche die Gewerkschaftsrechte einschränkten und einige Organisationen zu beträchtlichen Schadensersatzleistungen als Folge von Arbeitskämpfen verpflichteten. In diesem Zusammenhang ist auch die These interessant, daß die Wendung zur selbständigen Politik von jenen Teilen der britischen Arbeiterschaft ausgegangen sei, die von einer zweiten Welle der technischen Modernisierung ins Abseits gedrängt wurden, während sich die sozial ungefährdeten und gut organisierten Arbeiter weiter von den älteren Parteien gut vertreten fühlten.[16] Ähnlich in Frankreich: Gerade die bis dahin unorganisierten und wirtschaftlich bedrückten Textilarbeiter des Nordens waren es, die sich der Sozialistischen Partei Jules Guesdes zuwandten.[17] In Deutschland müssen die massiven Wahlerfolge der SPD vor dem Hintergrund der Tatsache gesehen werden, daß nur eine Minderheit von Gewerkschaftsmitgliedern bereit war, der Partei auch wirklich beizutreten. Dies wiederum mag darauf hindeuten, daß ein starkes Arbeitskampfpotential des politischen Rückhalts nicht bedurfte und daß die großen Stimmengewinne der SPD u. a. den unorganisierten Arbeitern in der Schwerindustrie zu danken waren, die ein politisches Ventil für ihre Klagen und Beschwerden suchten, da hier die überlegene Arbeitgebermacht einen wirkungsvollen gewerkschaftlichen Zusammenschluß und Streikaktivitäten verhinderte.[18] Allerdings kann eine solche Erklärung natürlich insofern keine allgemeine Gültigkeit beanspruchen, als die meisten aktiven Sozialdemokraten in Deutschland zugleich gelernte Arbeiter waren.

Wenden wir uns nunmehr der sozialen Zusammensetzung dieser Parteien zu, so wird in der Tat das Übergewicht des gelernten Arbeiters aus traditionellen Gewerben deutlich. In Frankreich setzten die meisten sozialistischen Gruppen sich vorwiegend aus Gelernten in der Bauindustrie und der Metall-, Holz- und Lederindustrie zusammen.[19] In Italien stützte die PSI sich bis zum Ersten Weltkrieg vor allem auf kleine Handwerker aus dem Textil- und Metallgewerbe[20]. Ein erdrückendes Beweismaterial aus Deutschland ergibt dasselbe Bild. Die Mitglieder der SPD stammten zum überwiegenden Teil aus der Arbeiterklasse (in einzelnen Ortsgruppen waren es zwischen 77,4 und 94 Prozent). Hier waren es vor allem die Gelernten, die in kleinen oder mittleren Betrieben, oft in Kleinstädten, tätig waren. 1904 setzten sich die Mitglieder des Ortsvereins Leipzig folgendermaßen zusammen: 138 Mitglieder aus der unteren Mittelschicht, 200 ungelernte Arbeiter und mehr als 1300 gelernte Buchbinder, Buchdrucker, Schlosser, Maler, Maurer u. dgl. In Baden überwogen Metallarbeiter, Holzarbeiter und Buchdrucker, im SPD-Ortsverein Hamburg zu Beginn des 20. Jahrhunderts Maurer, Buchdrucker und Holzarbeiter.[21] Auch in Spanien bildeten zunächst die Buchdrucker das Rückgrat der PSOE.[22] Die Sozialdemokratische Partei in Rußland begann als eine Bewegung von gelernten Arbeitern, doch traten nach der Spaltung von 1903 einige interessante Unterschiede in der sozialen Zusammensetzung der bolschewistischen und menschewistischen Fraktion zu Tage. Während die Menschewisten sich eher aus gelernten Arbeitern städtischer Herkunft zusammensetzten, hatten die Bolschewisten mehr Erfolg bei den weniger qualifizierten Arbeitern in größeren Fabriken und von ländlicher Herkunft. Die Bolschewisten waren es auch, denen die rapide Expansion der Arbeiterschaft ländlicher Herkunft in den großen Fabriken Moskaus und St. Petersburgs zwischen 1911 und 1914 zugute kam.[23]

Die sozialistischen Parteien in Frankreich und in Italien unterschieden sich in diesem Zeitraum von ihren „Schwesterparteien" im übrigen Europa durch den Erfolg, den sie bei der Werbung von Mitgliedern und Wählern aus ländlichen Gebieten hatten. Für Italien ist das nicht allzu schwer zu erklären. Die Bewohner des flachen Landes, die sich in Gegenden wie der Emilia für die sozialistische Propaganda als aufgeschlossen erwiesen, waren landlose Arbeiter und bis zu einem gewissen Grad Teilpächter, die dem Agrarkapitalismus unterlagen. Sie profitierten unmittelbar von den Arbeitsnachweisstellen, durch welche die PSI einen beträchtlichen Einfluß auf die Einstellung und Entlassung ländlicher Arbeitskräfte auszuüben vermochte. Diese ländliche Mobilisierung wurde ferner durch die Nähe des wichtigsten italienischen Industriereviers zu jenen Gebieten begünstigt, in denen der Agrarkapitalismus ein landloses Proletariat erzeugte; und sie wurde verstärkt durch die kulturellen Kontakte, die aufgrund der lokalen

Migration zwischen dem nördlichen Industrierevier und seinem agrarischen Umland bestanden.

Etwas anders war die Situation in Frankreich. Verständlich ist ein gewisser agrarischer Radikalismus bei den verarmten und proletarisierten Holzfällern in den Départements Cher und Nièvre, auch bei ländlichen Tagelöhnern, die in den neunziger Jahren des 19. Jahrhunderts mitunter für höhere Löhne streikten. Eine beträchtliche Unterstützung für die aufkeimende sozialistische Bewegung im Midi kam jedoch nicht von landlosen Arbeitern, sondern von grundbesitzenden Bauern. Diese rätselhafte Erscheinung hat eine Vielzahl von Erklärungen provoziert. Eine der gängigsten unterstellt eine radikale „Tradition" der südfranzösischen Bauern, die auf die Tage der großen Französischen Revolution zurückgehe.[24] Es gab dort aber nicht nur damals Bauernaufstände, sondern auch noch später, 1849 und 1851. Und selbst wenn diese Erklärung zuträfe, bliebe noch immer die Frage, wie diese »Tradition« überhaupt zustande gekommen ist und wodurch sie sich am Leben zu erhalten vermochte. Es gibt aber auch gute Gründe, an der Relevanz einer solchen Tradition für die Erklärung einer sozialistischen Orientierung der Bauern zu zweifeln; denn wie Tony Judt in einer erschöpfenden Untersuchung gezeigt hat, waren die Bauern, die Anfang des 19. Jahrhunderts im Département Var sozialistisch wählten, nicht dieselben, die zuvor die Sache der radikalen Republikaner unterstützt hatten.[25] Wir werden also andere Erklärungen finden müssen.

Einer der in Frage kommenden Faktoren ist die Religion. Manche Bauern des Languedoc waren protestantische Ketzer (gewesen), die unter einer grausamen Verfolgung durch die staatlichen Behörden gelitten hatten. Aber dieses Argument dürfte für die antiklerikale Politik der Dritten Republik nach der Jahrhundertwende kaum gelten, ganz abgesehen davon, daß weite Teile des Südens, in denen der bäuerliche Radikalismus grassierte, gar nicht protestantisch waren. Hier könnte der Antiklerikalismus eine Rolle gespielt haben: Gebiete mit geringer Religiosität waren zugleich Gebiete, die normalerweise eine starke linke Wählerschaft zu verzeichnen hatten, wie etwa in den Départements Var und Hérault. Von größerer Bedeutung ist wohl, daß die Bauern im Midi in einer ganz anderen sozialen Welt und häuslichen Umgebung lebten als ihre konservativeren Standesgenossen beispielsweise in der Bretagne. Die Bauern der Départements Var und Hérault lebten nicht in isolierten Weilern, fern jedes städtischen Einflusses, sondern in verhältnismäßig großen Dörfern in (für ländliche Verhältnisse) dicht besiedelten Gebieten mit einem relativ funktionsfähigen Kommunikationsnetz. Daher kamen sie mit städtischen Ideen regelmäßig in Berührung – anders als der isolierte Bauer von Finisterre – und lebten auch in einer Gemeinschaft, in der es noch ausreichend ländliche Handwerker, wie etwa Hufschmiede und Küfer, gab. Ferner pflegte das mediterrane Bauerntum ein kollektives Gemeinschaftsleben, dessen Mittelpunkt das örtliche Wirtshaus oder das Café war, und besaß in bezug auf lokale Angelegenheiten demokratische Traditionen einer kollektiven Willensbildung. Hier hatten der Priester und der örtliche Edelmann niemals dieselbe Macht und denselben Einfluß wie in anderen Teilen Frankreichs.

Der vermutlich bedeutsamste Einzelfaktor bei der Bestimmung des politischen Verhaltens der sozialistischen Bauernschaft war jedoch deren materielle Situation; denn die meisten von ihnen waren *vignerons*. Diese Winzer waren seit den Tagen der Eisenbahn, d. h. seit etwa den sechziger Jahren des 19. Jahrhunderts, den Schwankungen des nationalen und auch des internationalen Markts ausgesetzt. Sie produzierten nicht für sich selbst, sondern für einen größeren Markt. Infolgedessen hatte der *vigneron* unter der landwirtschaftlichen Krise der siebziger und achtziger Jahre des 19. Jahrhunderts (sowie den von der Reblaus angerichteten Schäden) zu leiden, aber auch unter der Überproduktion minderwertiger Weine danach. Unter diesen Umständen fühlte der Winzer sich in zunehmendem Maße von den Zwischenhändlern, die ihm die Trauben oder den Wein abkauften, ausgebeutet und erhielt so einen sehr praktischen Einblick in den Klassenkonflikt, der dem isolierten und selbstgenügsamen Landmann des Nordwestens versagt blieb. Die Bauern des Midi verlangten daher nach Schutz, nach dem Eingreifen des Staates, der sie vor den Wechselfällen des Marktes und der Ausbeutung durch habgierige Händler schützen sollte. Das war sozusagen ihre Vorstellung von Sozialismus: Widerstand gegen die ungezügelte Herrschaft der Marktkräfte. So demonstrierten sie 1903, 1904 und 1907 in größerem Stil für staatliche Hilfe und staatlichen Schutz gegen billige ausländische Weine und begannen etwa zur selben Zeit, sozialistisch zu wählen.[26]

Der enorme Aufschwung in der politischen Organisation der Arbeiterklasse darf nicht übersehen lassen, daß vor dem Ersten Weltkrieg noch immer keineswegs alle männlichen Fabrikarbeiter sozialistisch wählten, auch nicht in Deutschland, und daß noch beträchtlich viel weniger Arbeiter sich die Mühe machten, Parteimitglied zu werden. Wir haben gesehen, daß fast überall bis zum Ausbruch des Krieges die ungelernten Arbeiter den Reihen des organisierten Protests fernblieben. In Deutschland wurden sie erst während der revolutionären Erschütterungen der Nachkriegszeit aktiv. In Frankreich betraten diese Arbeiter erst zur Zeit der Front Populaire in nennenswertem Ausmaß die politische Szene. Und in Italien war es die rapide Expansion der Schwerindustrie während des Krieges und der unmittelbaren Nachkriegszeit, die die neue Fabrikarbeiterklasse in einem radikalen Sinne politisierte.[27]

So blieb für die Beteiligung des Arbeiters an der politischen Organisation der Arbeiterklasse im wesentlichen seine Qualifikation bestimmend, auch wenn die sozialistischen Parteien an den Wahlurnen eine stärkere Resonanz bei den Ungelernten gefunden haben mögen: Die Stimmabgabe bei einer geheimen Wahl war weniger riskant und forderte kaum jene Opfer, die mit einer Parteizugehörigkeit verbunden waren. Auch ethnische Faktoren behinderten nach wie vor den Aufbau von starken Arbeiterorganisationen. In Österreich-Ungarn bestand die SPÖ fast ausschließlich aus Deutschen im ethnischen Sinne, während die Polen in Deutschland die Avancen der SPD zurückwiesen und ihre eigenen Organisationen aufbauten. Auch konfessionelle Bande wirkten sich nach wie vor negativ auf die Ziele der Sozialisten aus. So konnte die SPD zwar nach 1903 in katholischen Industriegebieten etwas an Boden gut machen. In diesem Jahr erreichte sie in Dortmund fast 43 Prozent der Stimmen und verbuchte auch gewisse Erfolge in Köln, Krefeld und Essen, also in Städten mit beträchtlichem katholischen Bevölkerungsanteil. 1907 gewann sie bei den Wahlen zum Reichstag sieben Sitze in Stimmkreisen mit überwiegend katholischer Industriebevölkerung; 1912 waren es sogar 12 von 28 solcher Reichstagssitze. Gleichwohl schnitt die SPD in konfessionell gemischten Städten wie Dortmund weit besser ab als in rein katholischen Industriegebieten wie etwa dem Saarland. Noch 1912 stimmten denn auch 60 Prozent aller katholischen Männer für die Zentrumspartei, und gewisse Wahlerfolge, die die SPD in diesem Jahr errang, wurden teilweise durch Stimmverluste an das Zentrum wieder wettgemacht.[28] Am Vorabend des Ersten Weltkriegs sah sich also die politische Organisation der Arbeiterklasse in mehreren europäischen Ländern noch immer im Zustand der Zersplitterung; und es war ihr noch immer nicht gelungen, die ungelernte und die weibliche Arbeiterschaft in nennenswertem Umfang zu mobilisieren.

Gewerkschaftliche Organisation

War das Wachstum der Arbeiterparteien zwischen 1890 und 1914 eindrucksvoll, so war das der Gewerkschaften frappierend. 1914 war die Zahl der Mitglieder in britischen Gewerkschaften auf imponierende 4 145 000 geklettert. In Deutschland zählten im selben Jahr die sozialistisch orientierten Freien Gewerkschaften rund 2,6 Millionen Mitglieder; und was Frankreich betraf, so lagen die Zahlen zwar beträchtlich niedriger, stellten aber nichtsdestoweniger einen bedeutenden Fortschritt dar: Noch 1890 gehörten kaum 250 000 Arbeiter den *syndicats* an, während es 1912 rund 1 Million französischer Gewerkschaftsmitglieder gab. Die Zahlen für den österreichischen Teil der Doppelmonarchie, der späteren Republik, waren weit eindrucksvoller: In einem Lande von kaum mehr als 6 Millionen Einwohnern betrug die Zahl der Gewerkschaftsmitglieder gegen Ende 1913 nicht weniger als 415 195 Arbeiter.[29] In Spanien und Italien allerdings mußte ein gewerkschaftliches Wachstum dieser Größenordnung erst noch erreicht werden.

Es war nicht nur eine Periode quantitativen Gewerkschaftswachstums in ganz Europa. Es war zugleich eine Zeit, in der zum ersten Male in Frankreich und Deutschland wirkungsvolle *nationale* Verbände gegründet wurden, ein Prozeß, der allerdings in Großbritannien bereits vier Jahrzehnte vorher mit der Gründung der New Model Unions begonnen hatte. In Frankreich setzte diese Entwicklung zwischen 1892 und 1902 ein: Die CGT, ein Zentralverband von handwerklich orientierten *syndicats*, wurde 1895 gegründet und fusionierte sieben Jahre später mit dem Zentralverband der *bourses du travail*; dies waren ursprünglich von der Regierung finanzierte Arbeitsvermittlungsstellen, die sich zu Dachorganisationen der gewerkschaftlichen Betätigung auf lokaler Ebene entwickelt hatten und finanziell abgesicherter waren als die *syndicats*. In Deutschland ermöglichte das Auslaufen des Sozialistengesetzes 1890 die unter der Obhut der SPD vor sich gehende Gründung starker und zentralisierter nationaler Gewerkschaften unter der Leitung der sogenannten »Generalkommission der Gewerkschaften Deutschlands«. Die Mehrheit dieser Gewerkschaften war handwerklich orientiert, wie wir noch sehen werden; doch einige, wie im Falle des Bau-, Holz- und Metallgewerbes, waren echte Industriegewerkschaften, die sämtliche Arbeiter einer bestimmten Industrie unabhängig von dem Grad ihrer Qualifikation erfaßten oder zumindest zu erfassen suchten. In dem Bestreben, die Mitgliederzahl zu erhöhen, konzipierte Karl Legien, der Vorsitzende der Generalkommission, die gewerkschaftliche Position der politischen Neutralität. Darin lag kein formaler Bruch mit der deutschen Sozialdemokratie; im Gegenteil, die Verbindungen der freien Gewerkschaften zur SPD blieben bis zur Zerschlagung einer organisierten Arbeiterbewegung durch die Nationalsozialisten im Jahre 1933 von höchster Bedeutung. Was das Konzept der politischen Neutralität jedoch anzeigte, war die Absicht dieser neuen Gewerkschaften, Mitglieder aus sämtlichen politischen Lagern zu gewinnen: ein Indiz von vielen, daß Gewerkschaftsführer wie Legien ihre Aufgabe nicht darin sahen, die sozialistische Revolution zu predigen, sondern darin, die unmittelbaren Interessen der Arbeiterklasse innerhalb der herrschenden wirtschaftlichen und gesellschaftlichen Ordnung zu schützen.

Es ist nicht uninteressant und sollte später von einiger Bedeutung sein, daß die Zentralisierung und Entpolitisierung der Gewerkschaftsbewegung in Deutschland anfangs auf beträchtlichen Widerstand traf. Lokale Gewerkschaften, die während der zwangsläufig dezentralisierten Kämpfe in der Zeit der Sozialistenverfolgung der siebziger und achtziger Jahre des 19. Jahrhunderts entstanden und besonders stark in der Metall- und der Bauindustrie Berlins und Teilen des Rheinlandes vertreten waren, hatten sich unter den Schikanen der Behörden radikalisiert. Infolgedessen leisteten sie erbitterten Widerstand gegen die Zentralisierungsbestrebungen von Legien und der Generalkommission sowie gegen die Doktrin der politischen Neutralität der Gewerkschaften. Mit beachtlichem Scharfblick erkannten diese „Lokalisten“, daß die Schaffung einer hauptamtlichen Bürokratie von Gewerkschaftsfunktionären zum politischen Konservativismus führen und der Entstehung einer Kluft zwischen den Funktionären und dem einfachen Arbeiter Vorschub leisten mußte. Sie gingen sogar so weit, den Abschluß von Lohnvereinbarungen mit Unternehmern als „Kollaboration mit dem Klassenfeind" anzuprangern, und schlossen 1896 die Druckergewerkschaft aus diesem Grunde aus. Zu diesem Zeitpunkt war bereits klar, daß die lokalen Gewerkschaften den Kampf mit der allmächtigen Generalkommission verloren hatten; doch sie erhielten sich bis zum Ersten Weltkrieg am Leben und erlebten sogar 1913 eine Art von Renaissance, wie wir noch sehen werden.[30]

Wie nach früheren Bemerkungen über die politischen Entwicklungen in Frankreich und Italien zu erwarten war, gelang es den französischen und italienischen Arbeiterbewegungen, sich auch auf dem flachen Lande eine beachtliche Anhängerschaft zu sichern. Nach 1900 kam es unter den Winzern und den verarmten Holzfällern Südfrankreichs zur Bildung verschiedener landwirtschaftlicher *syndicats*, während es den Arbeiterführern in Italien gelang, unter Tagelöhnern und Teilpächtern im Norden des Landes ein Netz von starken ländlichen Gewerkschaften aufzubauen.[31]

Das Anwachsen der Gewerkschaftsbewegung war also in vieler Hinsicht erstaunlich; ermöglicht wurde es dadurch, daß neue Gruppen von Arbeitern, einschließlich der Ungelernten, den Nutzen einer gewerkschaftlichen Organisation einzusehen begannen. In Großbritannien drängte 1889, nach dem großen Streik der Hafenarbeiter, eine wahre Flut ungelernter Arbeiter in die Reihen der Gewerkschaften: Hafenarbeiter natürlich, aber auch Arbeiter der Gaswerke, im öffentlichen Dienst Beschäftigte, Eisenbahner, Straßenbahner, Hilfskräfte der Konfektionsindustrie usw.[32] Mit der weiter oben erörterten Verzögerung begannen sich auch in Frankreich die Arbeiter des Bergbaus und der verarbeitenden Industrie in nennenswertem Umfang zu organisieren, und zwar zwischen 1884, dem Jahr, in dem Gewerkschaften offiziell zugelassen wurden, und 1914. Besonders nach der Jahrhundertwende schenkten Arbeiter aus größeren Betrieben ihr Vertrauen der CGT. Den Bergleuten und Textilarbeitern schlossen sich Hafen- und Eisenbahnarbeiter, vor allem aber die Metaller an. Selbst die früher konservativen Lokomotivführer beteiligten sich 1910 am Generalstreik.[33] In Deutschland hatten sich dem Metallarbeiterverband (DMV) bis 1913 nicht weniger als 556 939 Mitglieder angeschlossen. Die Zahlen für die übrigen großen Gewerkschaften lauteten 1913 wie folgt: 229 785 Transportarbeiter (in erster Linie Hafenarbeiter), 326 631 Bauarbeiter, 141 484 Textilarbeiter, 104 113 Bergleute, 195 441 Holzarbeiter (dazu weitere 62 069 Zimmerer) und 210 569 Mitglieder im Fabrikarbeiterverband.[34]

Die Erfolge der Gewerkschaften bei der Mobilisierung der Arbeiterschaft werden jedoch häufig übertrieben. In Großbritannien wurde 1889/90 die rapide Mitgliederwerbung unter den ungelernten Arbeitern schon unter dem Eindruck der nächsten wirtschaftlichen Depression wieder zunichte. In Frankreich zählte noch 1905 das durchschnittliche *syndicat* nicht mehr als 170 Mitglieder, von denen es ein erheblicher Anteil nicht für nötig befand, seine Mitgliedsbeiträge zu entrichten. So waren die jährlichen

Einkünfte des französischen Buchdrucker-Zentralverbandes 1910 zehnmal höher als die aller Gewerkschaften in der CGT zusammengenommen! Bis zum Ausbruch des Ersten Weltkriegs waren weniger als 10 Prozent der französischen Arbeiter Mitglied einer wirtschaftlichen oder politischen Organisation. In Italien hatte der nationale Gewerkschaftsverband, CGL, am Vorabend des Weltkriegs weniger als eine Viertelmillion Mitglieder. Und die ungleich größere Gewerkschaftsbewegung in Deutschland hatte es bis zum selben Zeitpunkt nicht verstanden, die überwältigende Mehrheit der geringer qualifizierten Arbeiter in der Schwerindustrie für sich zu gewinnen.[35] Erst im Laufe des Weltkriegs und in den Jahren unmittelbar danach trat eine ungeheure Zahl der bis dahin unorganisierten Arbeiter in diesen drei Ländern den Reihen des Arbeiterprotests bei – erstmals und mit sehr radikalen Konsequenzen.[36] Auch in Spanien erlebte die anarchosyndikalistische CNT, die 1914 nicht mehr als 15 000 Mitglieder vorzuweisen hatte, in den folgenden sechs Jahren eine rapide Expansion.[37]

Die Gewerkschaften blieben aber vor 1914 nicht nur in ihrer zahlenmäßigen Stärke begrenzt; sie bewarten auch viele ihrer traditionellen Eigenarten. Die große Mehrheit der Gewerkschaften in England, Frankreich, Österreich, Deutschland, Italien und Spanien blieb handwerklich orientiert und verfolgte nach wie vor eine stark restriktive Mitgliederpolitik. Selbst in Großbritannien vermochte der „new unionism" in den achtziger und neunziger Jahren des 19. Jahrhunderts nur etwa 13 Prozent der gesamten gewerkschaftlichen Mitgliederschaft zu mobilisieren, und manche der neuen Organisationen verdankten ihren Erfolg auch bloß der Tatsache, daß sie die Mitgliederwerbung auf ganz bestimmte Berufsgruppen beschränkten. Sie verfolgten denn auch fast ebenso partikulare Interessen wie die alten *craft unions* (Handwerker-Gewerkschaften).[38]

Ferner ist zu bedenken, daß zahlreiche Gewerkschaftsorganisationen, die in den drei Jahrzehnten vor Ausbruch des Ersten Weltkrieges in Europa existierten, keineswegs links-politisch orientiert waren, wie immer man dies definieren will. Dies gilt vor allem für Großbritannien, wo, wie wir gesehen haben, das gewerkschaftliche Engagement für die im Entstehen begriffene Labour Party in erster Linie defensiver Natur war. In Rußland gab es vor der Revolution von 1905 als legale Organisationen nur die sogenannten „Polizeigewerkschaften" Zubatovs – einen Versuch des zaristischen Staates, die Klagen der Arbeiter in loyalistische Bahnen zu lenken – und jene Gewerkschaften, die sich um den orthodoxen Priester Gapon scharten und ebenfalls – zumindest anfangs – dem Zaren loyal ergeben waren. In Österreich gab es eine mächtige, antisozialistisch eingestellte katholische Gewerkschaftsorganisation, ebenso in Deutschland: Hier hatten die christlichen Gewerkschaften bis 1914 nicht weniger als 343 000 Mitglieder geworben. Zur selben Zeit konnte die liberale Gewerkschaftsbewegung in Deutschland noch immer mehr als 100 000 Mitglieder vorweisen, doch hatten die „gelben" Gewerkschaften (Werkvereine) die Belegschaft der

Großbetriebe in der Schwerindustrie noch energischer im Griff: ihre Mitgliederzahl ging in einzelnen Fällen sogar über die der SPD-nahen freien Gewerkschaften hinaus. Im Kaiserreich gab es noch viele andere anti(nicht)-sozialistische Arbeitnehmerorganisationen, so etwa einen stark reformistischen Bäckerverband und vor allem als größte Gewerkschaft der Angestellten den Deutschnationalen Handlungsgehilfenverband, dessen Ideologie nicht nur antisozialistisch, sondern auch nationalistisch, imperialistisch und offen rassistisch war.[39] Allerdings könnte die Ablehnung von Streikaktionen durch den DNHV auch bezweifeln lassen, ob es zulässig ist, diesen seltsamen Verein als „Gewerkschaft" zu bezeichnen.

Dieser letztgenannte Punkt wirft die bedeutsame Frage nach dem im späten 19. Jahrhundert immer größer werdenden Anteil der nicht körperlich Arbeitenden auf. In Frankreich gewann die Lehrergewerkschaft eine gewisse Bedeutung, ebenso die National Union of Clerks und die Railway Clerks' Union in Großbritannien. Doch vor dem Ersten Weltkrieg waren solche Angestellten in den Reihen des Arbeiterprotests stark unterrepräsentiert, ihre Gewerkschaften waren klein und ihre Streiks verhältnismäßig isoliert. In Mitteleuropa ging die Mobilisierung der Angestellten denn auch häufig unter den Auspizien der politischen Reaktion vor sich. Der Angestellte erfreute sich eines engeren Kontakts zumindest zur mittleren Führungsebene seines Betriebs, einer gesicherteren beruflichen Stellung und eines innerbetrieblichen Senioritätsprinzips, das ihm gewisse Einkommensverbesserungen im Laufe der Jahre sowie Pensionsansprüche garantierte, die dem durchschnittlichen Arbeiter nur selten gewährt wurden. So sah der Angestellte seine Aufstiegschancen oft unter dem Leitgedanken des individuellen, nicht des kollektiven Handelns und hatte häufig ausgeprägte Statusängste, die ihn gegen das Industrieproletariat abgrenzten. Solche Unterschiede im Bewußtsein der Arbeiterklasse wurden nur selten überwunden, vielmehr durch die bewußt unterschiedliche Behandlung von Angestellten und Arbeitern durch den Unternehmer eher verstärkt.[40]

Doch nicht alle Gewerkschaften verhielten sich politisch konservativ oder abstinent. Wie wir bereits gesehen haben, bestanden vor 1914 in Italien und in Deutschland enge Kontakte zwischen Gewerkschaftsorganisation und sozialistischer Politik. In anderen Ländern, vor allem in Spanien und in Frankreich, lehnten es die großen Gewerkschaftsverbände ab, ihre Aktivitäten ausschließlich auf die Verfolgung unmittelbarer materieller Interessen zu beschränken, und setzten sich für die revolutionäre Lehre des Anarchosyndikalismus ein. Ähnliche Tendenzen finden sich auch bei Berliner Bauarbeitern und Ruhrbergleuten. Grob ausgedrückt, verurteilten diese Syndikalisten die politische Betätigung im allgemeinen und die Beteiligung an parlamentarischen Wahlen im besonderen als unvermeidlich bürgerlich und korrupt. Sie verachteten jede Kooperation mit Angehörigen der Mittelschicht und waren unerschütterlich davon überzeugt, daß die Befreiung des Proletariats einzig und allein das Werk der Arbeiter selbst sein konnte – ein Werk, das seine Wurzeln in der Fabrik und der Gewerkschaft haben mußte, nicht in irgendeiner Partei. Für Anarchosyndikalisten war die Gewerkschaft, das *syndicat*, nicht nur das Organ des Kampfes gegen den Kapitalismus, sondern auch die Saat, aus der die Gesellschaft der Zukunft hervorgehen würde – befreit vom privaten Besitz der Produktionsmittel und von der erdrückenden Kontrolle durch einen zentralen Staatsapparat. Diese chiliastische Verwandlung der Gesellschaft würde durch einen revolutionären Generalstreik herbeigeführt werden.[41] Die französische CGT legte sich vor dem Ersten Weltkrieg auf diese revolutionäre Doktrin fest, und die katalonische Arbeiterklasse ließ sich zumindest in ihren Tagesaktivitäten von der chiliastischen Ablehnung jedes Reformismus leiten. Warum?

Sowohl im Falle Spaniens als auch im Falle Frankreichs haben ideologische Faktoren zweifellos eine gewisse Bedeutung. In Spanien hatte Fanelli den unzufriedenen Arbeitern die anarchistische Botschaft gebracht, bevor sozialistische Agitatoren auf den Plan treten konnten, während Frankreich eine starke anarchistische Tradition besaß, die bis auf die Schriften Proudhons zurückging. Es ist sogar behauptet worden, daß die meisten Varianten des französischen Sozialismus, die überhaupt Anklang bei der Arbeiterklasse fanden, bis zum Auftreten des Guesdeschen Marxismus in den achtziger Jahren des 19. Jahrhunderts genossenschaftlichen Grundsätzen folgten.[42] Doch vermag die ideologische Erklärung allein nicht zu überzeugen. Und zwar erstens deshalb nicht, weil der Anarchismus zwar einzelne europäische Arbeiterbewegungen erfaßte, in der Folge aber vor dem Sozialismus wieder zurückwich: Dies war in Italien der Fall, wo der Anarchismus Ende der sechziger und in den siebziger Jahren des 19. Jahrhunderts zwar in einigen Städten Fuß faßte, vor allem bei den Hafenarbeitern und Schauerleuten Anconas, Genuas, La Spezias und Livornos sowie bei den Handwerkern in den kleinen Industriestädten der Romagna und in Teilen der Toskana, danach jedoch dem organisierten Sozialismus Platz machte.[43] Noch wichtiger war, daß der Anarchosyndikalismus, wie die französischen und spanischen Beispiele verdeutlichen, für unterschiedliche Gruppen von Arbeitern von unterschiedlicher Attraktivität war. Bildete das Fabrikproletariat des nordöstlichen Frankreichs das Rückgrat der Guesdisten, so waren die stärksten Bastionen des französischen Anarchismus die in kleinen Produktionseinheiten arbeitenden Pariser Handwerker und, wenngleich in geringerem Ausmaß, das darniederliegende, uralte Textilgewerbe in Roubaix, Roanne, Reims und Lyon.[44] In Spanien waren es Arbeiter aus der alteingesessenen, ebenfalls darniederliegenden kleinen Textilindustrie in Städten wie Barcelona oder Zaragoza, nicht aber aus der größeren Schwerindustrie in Bilbao, die die Basis der anarchosyndikalistischen CNT bildeten. Offenbar sprach die Vision einer dezentralisierten Zukunft vor allem jene Arbeiter an, die selbst ihr wirtschaftliches Auskommen in kleinen, überschaubaren Produktionseinheiten suchten und nicht in riesigen modernen Fabriken. Es gibt aber noch weitere Gründe für das positive Echo, das der Anarchosyndikalismus in Katalonien fand. Die nationalen, historischen und sprachlichen Unterschiede, welche Katalonen und Kastilier voneinander trennten, machten die Katalonen in höchstem Maße mißtrauisch gegen jede Art von spanischem Staatszentralismus, sei es in der Gegenwart oder in der Zukunft. Vielleicht noch bedeutsamer war das Milieu, aus dem die katalonische Arbeiterklasse stammte: Viele kamen aus ländlichen Verhältnissen in Andalusien, einer Gegend also, die selbst eine lange Tradition des gewalttätigen sozialen Konflikts und der anarchistischen Bindung hatte.[45] Und schließlich hatte die zahlenmäßige Stärke der anarchosyndikalistischen Anhängerschaft sowohl in Spanien als auch in Frankreich zweifellos eine Menge mit der Art der in beiden Ländern betriebenen Politik zu tun. Nicht nur hatten die politischen Vertreter des französischen Bürgertums die Bestrebungen der Arbeiterklasse bei mehr als einer Gelegenheit verraten, wie wir bereits gesehen haben;[46] die Politik der Dritten Republik war auch von Korruption geprägt und stolperte von einem Finanzskandal in den anderen. Die Chambre des Députés schien in der Tat den Sorgen der Arbeiter weit entrückt und mehr damit beschäftigt zu sein, die Taschen ihrer bürgerlichen Notabeln zu füllen.[47] Ähnlich war es in Spanien, wo es trotz eines demokratischen Wahlrechts nicht gelang, die politische Macht der *caciques* zu brechen, die mit Hilfe der Regierung in ländlichen Gebieten die Verteilung von lokalen Patronage- und Steuerprivilegien und damit die Wahlergebnisse kontrollierten. Natürlich löste dieses System der Manipulation zunehmend Verbitterung und Empörung aus. Es machte die angeblich »freien« Wahlen zu einer Farce.[48]

So war die Gewerkschaftsbewegung, was ihren Umfang und ihre ideologische Identität betraf, von Land zu Land und von Region zu Region außerordentlich verschieden. Doch sollten wir auch hier mit einem Wort der Warnung schließen, der Warnung nämlich, ideologische Etiketts allzu ernst zu nehmen. Wie wir gesehen haben, unterschieden sich die französischen Anarchosyndikalisten in ihrem Verhalten nicht sehr von ihren nichtanarchistischen Kollegen.[49] Waren ländlicher und städtischer Anarchismus in Spanien nachweislich höchst verschiedene Dinge[50], so wurde die „sozialistische" PSOE nach dem enormen Zustrom von Arbeitern aus Estremadura zu Beginn der dreißiger Jahre unseres Jahrhunderts dem anarchistischen Vetter bemerkenswert ähnlich.[51] Auch die gewalttätigen Ausbrüche asturischer Bergarbeiter zu Beginn des Jahrhunderts vertrugen sich nicht ohne weiteres mit der Gesamtperspektive der sozialistischen Partei Spaniens.[52] Auch in den kleinen Manufakturstädten Italiens kehrten Anarchisten in der Zeit unmittelbar vor dem Ersten Weltkrieg gern als Propheten der gewalttätigen Auflehnung wieder, obwohl der organisierte Sozialismus doch angeblich fest im Sattel saß.[53]

Doch wie immer es mit der Ideologie der Gewerkschaften vor 1914 auch bestellt gewesen sein mag, in ihrer sozialen Struktur blieben sie in erster

Linie die Domäne der gelernten Arbeiter. Und ebenso blieb es dabei, daß solche Organisationen nicht sämtliche Formen des Arbeitskampfs kontrollieren konnten, so auch im Falle von Streiks.

Streiks

Was den zeitgenössischen Beobachtern des Arbeiterprotests in den drei Jahrzehnten vor dem Ersten Weltkrieg am meisten aufgefallen sein dürfte, war die massive Zunahme von Zahl und Mächtigkeit der Streiks. Immer mehr Arbeiter versuchten, durch industrielle Aktionen ihren Lebensstandard zu verteidigen oder zu verbessern. In den meisten Fällen ging es den Streikenden vor allem um die Erhaltung des Erreichten. Aber bei manchen gelernten und gut organisierten Gruppen, wie etwa Buchdruckern und Maschinenbauern, wurden auch Klagen über nervöse Erschöpfungen als Folge neuer Produktionstechniken laut, und es kam zu offensiven Forderungen, etwa nach Beteiligung der Arbeiter an den durch die Produktivitätssteigerung erzielten höheren Unternehmergewinnen. Probleme der Anerkennung der Gewerkschaft, brutale Behandlung der Arbeiter durch unbesonnene Vorarbeiter und andere Fragen, die mit den Arbeitspraktiken und der Herrschaftsstruktur im Betrieb zusammenhingen, tauchten von Zeit zu Zeit ebenfalls auf.[54] Was immer auch der Grund war, es kann keinem Zweifel unterliegen, daß die Arbeitskonflikte nach der Jahrhundertwende ein bis dahin beispielloses Ausmaß erreichten. Großbritannien erlebte 1911 massive Kämpfe bei den Eisenbahnen und in den Häfen; in diesem Jahr legte der erste nationale Eisenbahnerstreik das ganze Land lahm. Noch mehr Arbeitstage gingen in den folgenden zwölf Monaten verloren.[55] In Frankreich lag die Zahl der Arbeitskämpfe zwischen 1900 und 1915 im Jahresdurchschnitt nie unter 500. 1902 wurde erstmals ein ganzer Industriezweig wirksam bestreikt; vier Jahre später kam es zu den ersten Versuchen, landesweite Arbeitsniederlegungen zu organisieren. (Trotzdem blieb der französische Streik vor 1914 im allgemeinen lokal und von geringem Umfang.[56]) In Deutschland entwickelte sich die Zahl der industriellen Auseinandersetzungen folgendermaßen: 1468 Streiks von 321 000 Arbeitern im Jahre 1900; 3228 Streiks (681 000 Streikende) im Jahre 1910; 2834 Streiks mit 1 031 000 Beteiligten zwei Jahre später. Gewiß, die genannten Jahre markieren die Höhepunkte des Arbeitskampfes in Deutschland – dennoch ist nicht daran zu rütteln, daß immer mehr Arbeiter – oft auch in Industrien, für die der Streik etwas Neues war – sich an dieser besonderen Form des Arbeiterprotests beteiligten. Wie in Frankreich, so gab es auch im Kaiserreich manche Streiks, die eine ganze Industrie oder das ganze Land erfaßten. So legten beispielsweise 1905 nicht weniger als drei Viertel der Ruhr-Bergarbeiter die Arbeit nieder und zeigten damit, daß der Streik auch von vielen unterstützt wurde, die weder der katholischen noch der freien

Bergarbeitergewerkschaft angehörten. In dem genannten Zeitraum wurden viele Streiks sogar ohne die beratende und lenkende Mitwirkung einer formellen Arbeiterorganisation ausgerufen, ja, wie wir noch sehen werden, in manchen Fällen sogar gegen den ausdrücklichen Wunsch einer zunehmend vorsichtig operierenden Gewerkschaftsbürokratie.[57]

Bei aller generellen Tendenz zu verstärkten Arbeitskämpfen und wilden Ausständen gab es doch bedeutsame nationale Unterschiede, beispielsweise im Streikverhalten zwischen Großbritannien und Deutschland. Wie schon früher festgestellt wurde, veranlaßten die stärkere Organisation der deutschen Unternehmer und der erfolgreiche Einsatz der Aussperrung vor dem Ersten Weltkrieg die Gewerkschaftsführung mehr und mehr, auf die friedliche, streikfreie Konfliktlösung zu setzen. In Großbritannien hingegen war in den drei Jahren vor 1914 eine enorme Zunahme der Streiktätigkeit und des Streikerfolgs zu verzeichnen. Teilweise läßt sich dies natürlich aus dem Streikerfolg selbst erklären, der zu weiteren Aktionen anreizte. Jedoch war dieser Erfolg auch eine Funktion des geringeren Konzentrations- und Organisationsgrades des britischen Kapitals sowie des Umstandes, daß der britische Staat – im Gegensatz zum deutschen – der Gewerkschaftsbewegung jede Ermutigung angedeihen ließ, namentlich durch den Board of Trade.[58]

Die überwältigende Mehrheit dieser Streiks war die Folge von Tarifauseinandersetzungen, besonders zwischen 1910 und 1914, als die Inflation den Lebensstandard der Arbeiterklasse auszuhöhlen drohte. Aber auch die Länge des Arbeitstages wurde wieder akut, als in den Fabriken rigorosere Kontrollen der Belegschaft und neue Produktionstechniken eingeführt wurden, die das Arbeitstempo beschleunigten.[59] In Frankreich griff der große Gewerkschaftsverband CGT die Forderung nach dem Achtstundentag auf. In Deutschland klagten manche Metallarbeiter über nervöse Erschöpfung. In Hamburg gab es in den neunziger Jahren des 19. Jahrhunderts einen beispiellosen Protest von Hafenarbeitern gegen die unregelmäßige und zu lange Arbeitszeit, ebenso in London 1889. In manchen Fällen wandte sich der Streik gegen die verstärkte Kontrolle und Reglementierung, der die Arbeit nunmehr unterworfen wurde, wie etwa an den Docks.[60] Das Hauptanliegen französischer Streiks zwischen 1880 und 1910 war laut Shorter und Tilly[61] die Herrschaftsstruktur am Arbeitsplatz. Es gab sogar Fälle, in denen Streiks ausgerufen wurden, um bestimmte politische Ziele durchzusetzen. In Belgien traten 1902 Arbeiter in den Streik, um eine Erweiterung des Wahlrechts zu erzwingen, und nur vier Jahre später setzten die freien Gewerkschaften und die Sozialdemokraten in Deutschland dieselbe Waffe ein, um eine geplante Beschränkung des Wahlrechts in Hamburg zu verhindern.[62]

Die Wahl des Streikzeitpunkts folgte auch zwischen 1890 und 1914 den vertrauten Mustern. Die verhältnismäßig hohe Arbeitslosigkeit in Großbritannien zwischen 1900 und 1910 reduzierte die Zahl der Streiks, die weiterhin auf Zeiten eines verhältnismäßig engen Arbeitsmarktes konzentriert blieben, wie in den Jahren 1889–93 und 1910–13.[63] In Bochum folgten die großen Streiks deutscher Bergarbeiter auf Verbesserungen des Lebensstandards der Arbeiterklasse, so etwa 1889 und 1912.[64] Ähnlich war es in Frankreich, wo die Höhepunkte der Streiktätigkeit in die Jahre 1890–93 und 1899–1907 fielen, obgleich hier auch politische Variablen eine wesentliche Rolle spielten: 1893, 1899 und 1906 hatten politische Veränderungen die Erwartungen der Arbeiter an die Regierung hochgeschraubt. Die Unterstützung durch die Regierung war natürlich um so notwendiger, als französische Arbeiter sich aufgrund ihrer schwachen Position im Arbeitskonflikt veranlaßt sahen, sich an die Behörden zu wenden, um halsstarrige Unternehmer unter Druck zu setzen.[65]

Ein weniger traditionelles Bild bietet die Sozialstruktur der Streikbeteiligten. Was Großbritannien betrifft, so sieht die Forschung in dem großen Londoner Hafenarbeiterstreik von 1889 und den nachfolgenden Kämpfen anderer Transportarbeiter und der in der Gasindustrie Beschäftigten den eigentlichen Wendepunkt.[66] Der Zeitraum zwischen 1890 und 1914 markierte auch diesseits des Kanals eine entscheidende Verlagerung der industriellen Militanz. Die relative Bedeutung von Buchdruckern, Textilarbeitern und Holzarbeitern für den französischen Arbeiterprotest ging zurück. Gleichzeitig traten Metallarbeiter, Bauarbeiter und vor allem Transportarbeiter wie nie zuvor in den Streik, ebenso die Bediensteten der Post. Metallarbeiter waren es auch, die sich am Vorabend des Ersten Weltkrieges in einer neuen Welle industrieller Militanz in Italien und Deutschland besonders hervortaten.[67]

Daß sich neue Gruppen der Arbeiterschaft in die Reihen des industriellen Protests eingliederten, kann uns nach allem zuvor Gesagten kaum noch überraschen. In einem gewissen Sinne wirkte sich nun der „Verzögerungseffekt“ aus: Man begann sich an die neue Situation anzupassen und konnte selbst sehen, wie kollektives Handeln den Interessen anderer Teile der Arbeiterschaft zugute gekommen war. Man konnte auch bereits auf der Basis einer größeren materiellen Sicherheit und eines kürzeren Arbeitstages agieren – Vorteile, die in der Anfangszeit der Industriellen Revolution nur die wenigsten genossen hatten. Für manche freilich, die sich nun in die Streikfront einreihten, lag der Anstoß auch in einem Bündel neuer Probleme und Pressionen. Technische Modernisierung, steigendes Tempo und zunehmende Reglementierung der Arbeit in einigen Bereichen der Industrie sowie der Rückgang der Gelegenheitsarbeit stürzten, wie wir sehen werden, viele Arbeiter in ein neuartiges Dilemma.[68]

Verbürgerlichung

Es wird vielfach der Standpunkt vertreten, daß die Arbeiterklasse der fortgeschritteneren Industriestaaten Europas im Laufe der Zeit an Radikalität eingebüßt und sich zunehmend mit ihrem verhältnismäßig komfortablen Los in der kapitalistischen Überflußgesellschaft zufrieden gegeben habe. Die Tage der Barrikaden und Empörungen waren vorüber – ausgenommen das unterentwickelte Rußland –, und selbst wenn die Arbeiter sich einmal beklagten, waren ihre Forderungen begrenzt und stellten gewiß keine ernsthafte Bedrohung der existierenden Ordnung dar. Einzelne Forscher gehen sogar so weit, zu behaupten, daß die Arbeiterklasse oder zumindest deren Vertreter jedes revolutionäre Bewußtsein verloren, das sie einmal besessen haben mochten, und in gewisser Hinsicht in ihren Bestrebungen „verbürgerlichten".

Bevor wir die Voraussetzungen und den Wahrheitsgehalt dieser These einer kritischen Prüfung unterziehen, muß zunächst geklärt werden, warum einzelne Historiker einen Prozeß der Entradikalisierung der Arbeiterschaft glauben feststellen zu können und welche Erklärungen sie für dieses behauptete Phänomen anzubieten haben.

Die These von der Entradikalisierung

Das Argument, die europäische Arbeiterschaft habe zwischen 1890 und 1914 ihren revolutionären Schwung verloren, tritt in zwei miteinander verwandten Formen auf. Die verbreitetste Form stellt sich dar als eine Gruppe von Aussagen über die Führer von organisierten Gewerkschaften und Parteien, über formale Institutionen usw., z. B.: „Die SPD bewegte sich nach rechts". Die andere Form des Arguments ist weit anspruchsvoller und besagt, daß nicht nur die formalen Institutionen der Arbeiterschaft, sondern die Arbeiterklasse in den fortgeschrittenen Nationen Westeuropas überhaupt sich von der herrschenden wirtschaftlichen, politischen und sozialen Ordnung vereinnahmen ließ.

Die klassische Begründung der erstgenannten These weist darauf hin, daß die großen sozialistischen Parteien Europas im Jahre 1914 mit wenigen Ausnahmen die Kriegsanstrengungen ihrer jeweiligen Regierung unterstützten, und zwar ungeachtet der Tatsache, daß der organisierte Sozialismus in Frankreich und in Deutschland sich theoretisch mit dem revolutionären Marxismus verbunden hatte. Allein die russische und die serbische Partei stimmten als Partei von Anfang an gegen den Krieg und machten sich für die Doktrin des „revolutionären Defätismus" stark. In einigen anderen Ländern formierten sich innerhalb des sozialistischen Lagers kleine Anti-Kriegs-Minderheiten, so in Großbritannien, Frankreich und Deutschland.[69] Aber diese Minderheiten waren bis in die späte Kriegsphase entschieden die Ausnahme und nicht die Regel. Dies nun schien zu beweisen, daß der offizielle Internationalismus der Parteien (ein Internationalismus, der in ihren nationalen Programmen sowie auf den Kongressen der Zweiten Internationale, der sie angehörten, feierlich verkündet worden war) nichts weiter war als hohles Geschwätz. Die Ereignisse im August 1914 schienen zu belegen, daß die sozialistische Ideologie des internationalen Klassenkampfs schwächer war als die Kräfte des Nationalismus und Patriotismus und daß die Vertreter der organisierten Arbeiterschaft ihren kompromißlosen revolutionären Standpunkt des „Diesem System keinen Mann und keinen Groschen!", wie die deutsche Sozialdemokratie zu sagen pflegte, aufgegeben hatten.

Der Eindruck, daß die Parteien der Arbeiterschaft ihre revolutionären Schwüre brachen, läßt sich leicht verstärken. Die deutsche Sozialdemokratie gilt als die deutlichste Verkörperung dieses Rechtsruckes. Die SPD war eine Partei, die sich in Erfurt 1891 zum revolutionären Marxismus bekannt hatte und in ihren führenden Positionen eine beträchtliche Zahl marxistischer Theoretiker besaß, wie Karl Kautsky, Rosa Luxemburg, Rudolf Hilferding, Parvus. Trotzdem sah sich diese angeblich marxistische Partei nicht nur am 4. August 1914 auf der Seite jener, die für die deutschen Kriegskredite stimmten; sie hatte im Jahr zuvor auch dem Militärhaushalt des Deutschen Reiches teilweise zugestimmt, obgleich nur deswegen, weil diese Ausgaben durch eine Art progressiver Besteuerung gedeckt werden sollten. In den Reihen dieser Partei begann nun eine wachsende Zahl von „Revisionisten", von Intellektuellen um Eduard Bernstein, die Ansicht zu vertreten, die SPD solle ihre maximalistischen revolutionären Ziele aufgeben und sich auf Teilreformen im Rahmen der bestehenden Ordnung konzentrieren, und zwar vorzugsweise im Bündnis mit den fortschrittlicheren Elementen des deutschen Bürgertums. Noch bedeutsamer war, daß Reformisten in der SPD eine immer größere Rolle zu spielen begannen – politische Praktiker wie die Führer der Sozialdemokratie in den verhältnismäßig liberalen Staaten Süddeutschlands (vor allem Baden, aber auch Bayern und Württemberg) sowie Gewerkschaftsführer, denen unmittelbare Existenzfragen auf den Nägeln brannten und die keinerlei Interesse an irgendeiner Revolution in ferner Zukunft verrieten. Dasselbe galt für die immer größere Zahl von bezahlten Parteifunktionären, von Männern wie Friedrich Ebert, die nicht auf den Barrikaden oder durch rhetorische Glanzleistungen prominent geworden waren, sondern weil sie die Knochenarbeit der Verwaltungsroutine in der Partei auf sich nahmen. Solche Leute – so könnte man behaupten – hatten in der Zeit bis 1914 in der deutschen Sozialdemokratie die Oberhand gewonnen, verachteten die revolutionären Theoretiker und sahen einfach die Erhaltung des Organisationsgefüges der Partei als Selbstzweck an. Die Weigerung der SPD, den Generalstreik auszurufen, um eine Reform des ungerechten Dreiklassenwahlrechts in Preußen zu erzwingen, ihre Passivität gegenüber den Schikanen der Behörden, ihr Schweigen zu den imperialistischen Abenteuern in Marokko (1911), das alles schien darauf hinzudeuten, daß die SPD in der Tat ihren revolutionären Geist verloren hatte. Das zeigte sich sogar in den kulturellen Aktivitäten der Partei, die weithin der Verbreitung von herkömmlichen künstlerischen Werten galten und nicht der Propagierung revolutionärer Ideale.[70]

Mag dieser Prozeß der Entradikalisierung am Beispiel der SPD, ihrem Tun und Unterlassen auch besonders augenfällig werden, so war er doch keineswegs auf Deutschland beschränkt. In Frankreich war die Erhebung von 1871, die später unter dem Namen „Commune" bekannt wurde, die letzte Revolte im alten Barrikaden-Stil. Sie war das Produkt einer spezifischen Konstellation von Umständen, die durch die Niederlage Frankreichs im deutsch-französischen Krieg herbeigeführt worden war.[71] Dazu kam, daß die Sozialistische Partei Frankreichs, die sich angeblich zu dem ohnehin verwässerten Marxismus à la Guesde bekannte, mehr und mehr auf ihr Abschneiden bei Wahlen fixiert zu sein schien. Über die schon gedämpfte revolutionäre Rhetorik Guesdes triumphierte in der Partei der eher zurückhaltende Eklektizismus Jean Jaurès', der sich verhältnismäßig problemlos in das Establishment der Dritten Republik integrieren ließ. Trotz ihres Getöses vom revolutionären Generalstreik konzentrierten sich Frankreichs anarchosyndikalistische Gewerkschaften in der Praxis auf unmittelbar ökonomische Forderungen – nicht anders als die reformistischen Gewerkschaftsorganisationen.[72] In Italien war ein beträchtlicher Teil des PSI und des sozialistisch orientierten Gewerkschaftsbundes CGL zur Kooperation mit Giolitti und seiner Politik des *transformismo* bereit, in der Hoffnung, materielle Vorteile herausschlagen zu können. In Spanien war die Perspektive der Sozialistischen Partei und ihrer Gewerkschaftsorganisation UGT bis zum Ersten Weltkrieg ebenfalls überwiegend reformistisch.[73] Vor allem aber waren es die großen Organisationen der britischen Arbeiterschaft, die vor revolutionärer Theorie zurückscheuten. Vergessen und begraben schienen die bitteren Konflikte aus der ersten Hälfte des 19. Jahrhunderts. Die Hauptsorge der Gewerkschaften blieb die Erreichung von begrenzten, ja partikularistischen wirtschaftlichen Vorteilen für ihre Mitglieder. Die aufsteigende Labour Party sprach sich erst nach dem Krieg für Sozialisierung aus.[74]

Das sind die Fakten, soweit es die organisierte Führung der europäischen Arbeiterschaft betrifft. Es gibt aber noch weiteres Material, das auch die Basis der Arbeiterklasse in diesen Prozeß der Entradikalisierung einbezieht. Trotz gelegentlicher Empörungen in Spanien und Italien und der russischen Revolution von 1905 schien auch in den unterentwickelten europäischen Ländern die Arbeiterklasse die Barrikade mit dem Streik und die Auflehnung mit der friedlichen Organisation zu vertauschen. Die englischen, französischen und deutschen Industriearbeiter, die meisten ihrer Kollegen in Italien und in einem geringeren Ausmaß in Spanien inszenierten vor 1914 keinen Frontalangriff gegen die kapitalistische Gesellschaft oder den bürgerlichen Staat. Man hat in dem Erfolg, den vorsichtige Gewerkschaften und Parteien bei ihren Mitgliedern hatten, einen Beweis dafür gesehen, daß die Reformisten der Basis das gaben, was sie haben wollte. Und zweifellos schnitt die Sozialistische Partei Frankreichs an den Wahlurnen dann am besten ab, wenn sie am reformistischsten war; und dasselbe könnte man von der SPD sagen. Die Zustimmung zum Krieg spiegelt ebenfalls nur wider, was der einfache Arbeiter in den kriegführenden Ländern im August 1914 empfand: In London, Paris, Berlin, Wien und St. Petersburg zogen die Menschen jubelnd durch die Straßen, als der Krieg erklärt wurde.

Was einfache Arbeiter dachten, ist natürlich außerordentlich schwer in Erfahrung zu bringen. Das gilt um so mehr, als eine klare Mehrheit von ihnen sich vor 1914 an *keinerlei* Form des organisierten Protests beteiligte, wenn auch viele nichtorganisierte Arbeiter eine andere Form des Protests wählten, um ihrer Unzufriedenheit Ausdruck zu geben: den häufigen Wechsel des Arbeitsplatzes.[75] In bezug auf das britische Beispiel hat man die Meinung vertreten, daß die alten handwerklichen Tugenden wie Unabhängigkeit, Stolz auf das eigene Gewerbe usw. einer Populärkultur Platz machten, die Arbeit und Freizeit strenger trennte, und daß diese Privatisierung zu einer weniger radikalen Weltanschauung geführt habe. Die Arbeiter interessierten sich weniger für die Rechte, die sie als „frei geborene Engländer" hatten, und mehr für Fußball und ähnliche Aktivitäten.[76] Aus Deutschland wissen wir, daß selbst SPD- und Gewerkschaftsmitglieder nur selten einmal Bücher aus Partei- und Gewerkschaftsbibliotheken ausliehen. Aber selbst wenn eine Minderheit von ihnen dies tat, so nahmen sie nicht *Das Kapital* mit nach Hause, sondern einen Unterhaltungsroman.[77] Und für Frankreich wissen wir bereits, daß die Zugehörigkeit zur der „revolutionären" anarchosyndikalistischen Bewegung allein nicht ausreichte, um auch revolutionäres Denken und Handeln zu garantieren.[78]

Was die deutsche Sozialdemokratie betrifft, so ist viel Mühe darauf verwandt worden, das ideologische Selbstverständnis der Parteibasis zu klären. Guenther Roth und Peter Stearns haben zahlreiche Äußerungen aus den Reihen der Arbeiterklasse zusammengetragen, die auf einen reformistischen Standpunkt vieler SPD-Mitglieder schließen lassen; und ähnliches haben viele Zeitgenossen berichtet. Levensteins Befragungen deutscher Metallarbeiter aus den Jahren 1907 und 1911 offenbarten deren begrenzte Ambitionen.[79] Und Paul Göhre, ein Pfarrer, der eine Zeitlang als Arbeiter in einer Fabrik gelebt hatte, berichtete: „Aber bei der Mehrzahl dieser Durchschnittssozialdemokraten und gerade auch bei den klügeren, nachdenklichen, praktischen, erfahrenen und gereiften Männern unter ihnen war weder der offizielle demokratische Republikanismus noch der wirtschaftliche Kommunismus eigentlich recht populär."[80] Ein Arbeiter, der der offiziell marxistischen SPD beigetreten war und vermutlich sogar seine Beiträge regelmäßig entrichtete, konnte sagen:

„Weißt du, ich lese nie ein sozialdemokratisches Buch und selten eine Zeitung. Früher habe ich mich überhaupt nie mit Politik beschäftigt. Aber seit ich verheiratet bin und fünf tüchtige Fresser im Hause habe, muß ichs thun. Doch mache ich mir meine Gedanken für mich. Ich bin auch nicht für rote Schlipse, große runde Hüte und sonstige ähnliche Sachen. Das machts alles nicht. Wir wollen auch gar nicht den Reichen und Vornehmen gleich werden. Reich und arm muß und wird immer sein. Das fällt uns gar nicht ein. Aber wir wollen gerechtere und bessere Ordnung in der Fabrik und im Staate, und was ich darüber denke, sage ich offen heraus, wenns auch nicht gefällt. Etwas Ungesetzliches aber thue ich nicht."[81]

Analysen von Streikforderungen, vor allem bei deutschen Bergarbeitern, haben den beschränkten und ökonomistischen Charakter dieser Forderungen unterstrichen,[82] obgleich solche Aussagen problematisch sind, wie wir noch sehen werden. Es kann daher keinem Zweifel unterliegen, daß zumindest erheblichen Teilen der deutschen Arbeiterklasse 1914 offenbar der Enthusiasmus für revolutionäres Handeln abging.

Für diesen angeblichen Prozeß der Entradikalisierung und Verbürgerlichung sind zahllose Erklärungen vorgebracht worden, denen wir uns nun zuwenden müssen.

Erklärungen für die „Entradikalisierung"

Ein wesentlicher Faktor, der viele europäische Arbeiter und ihre Vertreter beeinflußt und sie dazu bewogen haben mag, die Position einer bedingungslosen Ablehnung der herrschenden politischen und wirtschaftlichen Ordnung aufzugeben, war die relative politische Entspannung, die gegen Ende des 19. und zu Beginn des 20. Jahrhunderts in mehreren europäischen Staaten eingetreten war. Wir haben das bereits am Beispiel Großbritanniens erörtert, wo der Streik und die gewerkschaftliche Organisation nach und nach gesetzlich erleichtert wurden.[83] Auch in Frankreich, Deutschland und Italien wurden in dieser Zeit viele repressive Gesetze aufgehoben. In Frankreich wurden 1884 Streiks und Gewerkschaften legalisiert. In Italien gewannen die Erweiterung des Wahlrechts auf die Arbeiterklasse und das Werben Giolittis um Teile der CGL- und PSI-Führung für den Reformismus neuen Zulauf. In Deutschland war es insbesondere das Ende des Sozialistengesetzes im Jahre 1890, das den Radikalismus schwächte und Erwartungen auf eine friedliche Verbesserung der Daseinsbedingungen im Rahmen des bestehenden Systems nährte. Unmittelbar nach dem Auslaufen des Gesetzes sprach sich der einst radikale Führer der bayerischen Sozialdemokraten, Georg von Vollmar, für ein neues Verhältnis der Partei zum deutschen Staat aus und drängte die Genossen, sich unverzüglich auf die Durchsetzung von Reformen im Rahmen der bestehenden Ordnung zu konzentrieren. Weitgehend dasselbe sagten Eduard Bernstein und seine revisionistischen Freunde. Genau umgekehrt war es in Rußland, wo vor dem Ersten Weltkrieg das Ausbleiben einer echten liberalen und demokratischen Reform in der zaristischen Autokratie der Arbeiterbewegung keine andere Wahl ließ als die Revolution.

Die Existenz eines liberalen oder demokratischen politischen Systems konnte die Politik des Reformismus in mehrfacher Hinsicht fördern. Allein schon die Tatsache, daß es in Großbritannien und Frankreich parlamentarische Einrichtungen in Verbindung mit der parlamentarischen Souveränität gab, erlaubte es, mit einiger Überzeugung den Standpunkt zu vertreten, die Interessen der Arbeiter könnten von diesem Staat wahrgenommen werden. Es war sogar vorstellbar, daß die Arbeiterparteien allein durch Erfolge an der Wahlurne und ohne Rückgriff auf irgendwelche Formen der außerparlamentarischen Aktion an die Macht kommen konnten. In Deutschland war die Situation weitgehend anders; denn hier wurde die Parlamentssouveränität erst 1918 Wirklichkeit, was vielleicht erklären mag, warum die deutsche Arbeiterbewegung sich bis zu diesem Zeitpunkt niemals einer rein reformistischen Politik verschreiben konnte. Doch selbst im Kaiserreich hatte das der SPD zugestandende Recht, als legale politische Organisation aufzutreten und sich an Reichstagswahlen zu beteiligen, einen Effekt, der dem von parlamentarischen Einrichtungen in Großbritannien und Frankreich nicht unähnlich war. Beim Werben um die Gunst des Wählers sahen sich SPD, SFIO bzw. PSI häufig gezwungen, ihre ursprünglich radikalen Ideologien zu verwässern, um auch Wähler aus nichtproletarischen Schichten für sich zu gewinnen, beispielsweise die unabhängige Bauernschaft Süddeutschlands oder die breite untere Mittelschicht Frankreichs. So hatte schon die bloße Beteiligung an Wahlen und Parlamentsdebatten eine gewisse Absorption der reformistischen Spielregeln zur Folge, was schon die Anarchisten kritisch vermerkten. Ständige Wahlerfolge scheinen sowohl in der SPD-Führung als auch bei Teilen der Sozialistischen Partei Frankreichs einen ziemlich blinden Optimismus erzeugt zu haben.[84] Auch die Mitwirkung in der Kommunalpolitik, in staatlichen Sozialeinrichtungen u.s.w. konnte Gewerkschaften und sozialistische Parteien in das herrschende System hineinziehen. Das war in Frankreich, Italien, Großbritannien und z. T. auch in Deutschland der Fall.

Ein Faktor, der Gewerkschafts- und Parteiführer zusätzlich zur Vorsicht bewog, war die Entstehung umfangreicher bezahlter Bürokratien in ihren Organisationen. So war es sowohl der Sozialistischen Partei Italiens als auch der deutschen Sozialdemokratie vor 1914 gelungen, ein enormes Organisationsgebäude zu errichten. Und wie Robert Michels bemerkte, hatte die Schaffung solcher Apparate zutiefst konservative Folgen.[85] Dafür gab es eine ganze Reihe unterschiedlicher Gründe. Wer sich in bürokratisierten Arbeiterorganisationen durchsetzte, Männer wie Friedrich Ebert und Philipp Scheidemann, waren keine revolutionären Hitzköpfe, sondern ziemlich langweilige, aber unermüdliche Arbeitstiere, spießbürgerlich und von ihren routinemäßigen Pflichten besessen. Dazu kam, daß das privilegierte Leben dieser Funktionäre, die laut Michels ein höheres Entgelt bezogen und eine sicherere Stellung hatten als der einfache Arbeiter, ihnen jedes wirkliche Verständnis für das Elend und den Radikalismus der Basis verwehrte. Vor allem aber wurde die Erhaltung der Parteiorganisation, die den Funktionären ihren Arbeitsplatz garantierte und in die sie im Laufe der

Jahre so viel Zeit und Energie investiert hatten, zu einem Selbstzweck. Und so trat an die Stelle des Fernziels Revolution ein bürokratischer Überlebensinstinkt. Ein solches Argument hat zweifellos erhebliches Gewicht, soweit es sich auf die Führungsspitzen der deutschen Sozialdemokratie und der freien Gewerkschaften bezieht. Immer und immer wieder verfolgten SPD und Gewerkschaften einen geradezu ängstlichen Kurs, um nur ja keine staatlichen Repressionen gegen ihre geliebte Organisation zu provozieren. Dies war gewiß auch einer der Gründe dafür, daß die SPD am 4. August 1914 für die deutschen Kriegskredite stimmte.

Zum zunehmend reformistischen Standpunkt der Arbeiterparteien mag ferner die wachsende Macht und Bedeutung von pragmatischen Gewerkschaftsführern beigetragen haben. Die Meinung, daß die britische Labour Party im wesentlichen eine Waffe gewesen sei, „die die Gewerkschaftsführer im Kampf gegen die Taff-Vale-Entscheidung ersonnen hatten",[86] war von Anfang an Ausdruck einer reformistischen Perspektive. In Italien unterstützten die Führer der CGL häufig den reformistischen Flügel der sozialistischen Bewegung.[87] In Deutschland überholte im Jahre 1902 die Zahl der Gewerkschaftsmitglieder diejenige der SPD-Mitglieder. Das stärkte die Verhandlungsposition der Gewerkschaften gegenüber der Partei und wurde von Gewerkschaftsseite dazu benutzt, die strikte Einhaltung des Maifeiertages zu verhindern, die Ausrufung von politischen Streiks für eine Reform des Wahlrechts entscheidend zu blockieren und eine sich formierende radikale sozialdemokratische Partei-Jugend zu disziplinieren und zu kontrollieren.[88]

Es gab – so wird behauptet – noch einen anderen Mechanismus, durch den die Arbeiterorganisation paradoxerweise die bestehende soziale und politische Ordnung stabilisierte. Es leuchtet ein, daß die Fähigkeit zum friedlichen Protest und die mit gewerkschaftlicher Organisation verbundene Disziplin sowohl die Anzahl von Streiks als auch die Anwendung von Gewalt bei Streiks verminderten.[89] Noch bedeutsamer war, daß schon die Schaffung von formalen Arbeiterorganisationen, die Gründung von sozialistischen Gesangsvereinen, Turnvereinen, Radfahrklubs, Kneipen usw. faktisch dazu beitrug, die Arbeiterklasse „negativ" in die Wilhelminische Gesellschaft zu integrieren.[90] In der Tat war der Sozialismus sowohl in Frankreich als auch in Deutschland nicht bloß eine politische Bewegung, die nur zu Wahlzeiten in Erscheinung trat; sie war vielmehr ein wesentlicher Bestandteil einer ganzen Subkultur der Arbeiterklasse. Diese Subkultur bildete eine alternative Gesellschaft in einer ansonsten feindlichen Umwelt. Sie bot dem Arbeiter ein Feld der Selbstverwirklichung und Selbstachtung, das ihm andernfalls unerreichbar gewesen wäre. In einem gewissen Sinne hatte die Basis der französischen und insbesondere der deutschen sozialistischen Bewegung sich gegen die rauhe Wirklichkeit, zumindest außerhalb der Fabrik, förmlich in einen Kokon eingesponnen. Was Großbritannien betrifft, so stimmt es natürlich, daß es eine derartige organisierte sozialistische Subkultur vor dem Ersten Weltkrieg nicht gab. Wie wir gesehen haben, gab es jedoch eine Arbeiterkultur des privatisierten Müßigganges, die man sehr wohl als im wesentlichen „integrativ“ ansehen kann.

Weitere Überlegungen stützen die Theorie der „negativen Integration“. Sie mußte ja vor allem für ältere Arbeiter gelten, die seit langem im Sozialismus verwurzelt waren. Und eben sie blieben abseits, als am Ende des Krieges in Frankreich, Deutschland und Italien Unruhen ausbrachen und die Fabriken besetzt wurden. Es waren die jüngeren Arbeiter – oft in neuen Industrien oder Industriegebieten und vor 1914 nur schwach organisiert –, die diese radikalen Aktionen trugen und später die Basis der kommunistischen Parteien der Zwischenkriegszeit bildeten.[91] Wie sehr die deutsche Sozialdemokratie als Instrument der sozialen Kontrolle fungierte, zeigt vielleicht am besten die Kriminalitätsstatistik der Wilhelminischen Zeit und der Weimarer Republik: Die Führer der SPD waren stolz darauf, daß Gegenden, in denen die Sozialdemokraten herrschten, bemerkenswert niedrige Kriminalitätsraten aufwiesen![92]

Diese verschiedenen Argumente – „negative Integration“, bürokratische Zielverschiebung, die Rolle von pragmatischen Gewerkschaftern, Partizipation an demokratischer Politik und politischer Liberalisierung – tragen einiges dazu bei, den Reformismus von Arbeiterführern zu erklären. Doch ist dies nur *ein* Aspekt der Verbürgerlichungsthese, die in ihrer anspruchsvollsten Formulierung ja besagt, daß die Arbeiterklasse *insgesamt* und nicht nur deren politische Vertreter in das Gefüge der kapitalistischen Gesellschaft „integriert“ worden ist. Verlagert sich der Akzent von Arbeiterorganisationen auf den einfachen Arbeiter selbst, dann müssen auch neue Wege der Erklärung gesucht werden. Insbesondere ergibt sich die Notwendigkeit, die sich verändernden materiellen Lebensbedingungen der Arbeiterklasse in der Zeit vor 1914 zu begreifen. In diesem Zusammenhang hat man die globale Verbesserung des Lebensstandards der Arbeiterklasse seit den Anfangsphasen der Industriellen Revolution als entscheidendes Moment angesehen. Die Auswirkungen dieser Entwicklung auf den Reformismus der britischen Arbeiteraristokratie haben wir bereits erwähnt.[93] Aber auch viele Arbeiter auf dem europäischen Kontinent konnten am Ende des 19. Jahrhunderts beträchtliche Steigerungen ihrer Reallöhne registrieren. In Deutschland gab es eine stetige Verbesserung der Reallöhne von der Mitte der achtziger Jahre bis zum Ausbruch des Ersten Weltkrieges. Steigende Lebenserwartung und zunehmender Lebensmittelverbrauch bezeugen dies ebenso wie die Tatsache, daß manche Arbeiter nun Ersparnisse ansammeln konnten.[94] In Frankreich betrug der durchschnittliche Anstieg der Reallöhne zwischen 1870 und 1914 ca. 50 Prozent.[95] Die staatliche Sozialgesetzgebung – in Deutschland in den achtziger Jahren des 19. Jahrhunderts, in Großbritannien im ersten Jahrzehnt des 20. Jahrhunderts eingeführt – in Verbindung mit der relativen Sicherheit des Arbeitsplatzes in der

Hochkonjunktur der europäischen Wirtschaft nach 1896 trug ebenfalls zum Abbau der Unzufriedenheit auf seiten der Arbeiter bei; so wird jedenfalls behauptet.[96] Aber der Arbeiter genoß nicht nur die Sicherheit des Arbeitsplatzes; er mußte auch weniger Zeit in der Fabrik verbringen: Die Länge des durchschnittlichen Arbeitstages nahm zwischen 1890 und 1914 signifikant ab. In Schlesien etwa hatten 45 Prozent der Bergleute noch 1891 einen Zwölfstundentag; 1910 waren es nur noch 9,4 Prozent. Für über 70 Prozent der Bergleute war nunmehr der Zehnstundentag die Norm.[97]

Neben das Wohlstandsargument tritt die These von der Arbeiteraristokratie. In Großbritannien wie in Deutschland blieben die Lohnunterschiede zwischen den gelernten und den ungelernten Arbeitern bis zum Ausbruch des Ersten Weltkrieges hoch. Für Großbritannien ist sogar behauptet worden, daß diese Unterschiede bis 1914 noch wuchsen.[98] In Deutschland waren die Lohnunterschiede zwischen gelernten und ungelernten Arbeiter zwar 1913 nicht mehr so groß wie 1900, aber noch immer bedeutend: Sie betrugen in der Bauindustrie fast 27 Prozent, im Bergbau 33 Prozent und in der Wollspinnerei 41 Prozent.[99] Folglich, so wird argumentiert, waren die alten Hindernisse, die der Herausbildung eines solidarischen Klassenbewußtseins der Arbeiter entgegenstanden, nach wie vor vorhanden. Noch immer wurde ein beträchtlicher Teil der Arbeiterschaft gegen die Verlockungen des politischen Radikalismus durch Bestechung immunisiert. In Großbritannien wollten viele dieser gutbezahlten Arbeiteraristokraten nichts mit dem Labour Representation Committee zu tun haben, bis die Gewerkschaften selber nach der Jahrhundertwende von den Gerichten und dem Oberhaus unter Beschuß genommen wurden.[100] Für Deutschland ist zwar nicht zu leugnen, daß die gleichen gelernten Arbeiter die Basis der „marxistischen“ Sozialdemokratie bildeten; aber man hat sie auch dafür verantwortlich gemacht, daß es dieser Partei an echtem revolutionären Schwung mangelte.[101]

So sollen also Wohlstand, politische Entspannung und der Ausbau der Organisation hinter der scheinbar so offensichtlichen Entradikalisierung der Arbeiterschaft in den beiden Jahrzehnten vor dem Ersten Weltkrieg gestanden haben – einer Entradikalisierung, die ja auch durch das Ausbleiben einer Revolution in den fortgeschrittenen Staaten, die zunehmend reformistischen Perspektiven der großen sozialistischen Parteien und endlich den Akt des Patriotismus im August 1914 bezeugt wird. Wie überzeugend ist diese Argumentation aber nun wirklich?

Gegenargumente

Zunächst einmal sind manche der vermeintlichen Indizien für eine Entradikalisierung und Verbürgerlichung der Arbeiterschaft einigermaßen trügerisch. Was der Patriotismus der europäischen Arbeiterklasse im August 1914 wirklich aussagt – abgesehen von der Tatsache, daß die Arbeiter im wesentlichen patriotisch waren –, ist schwer zu sehen. Es mag zwar sein, daß in einer voll entwickelten, systematischen politischen Theorie Nationalismus und innenpolitischer Radikalismus einander ausschließen. Aber es ist keineswegs ausgemacht, daß das auch in der Alltagsrealität der Fall ist. Es gab Bergleute in Süd-Wales, bei denen die Militanz nach innen Tradition hatte, die sich aber trotzdem 1914 freiwillig meldeten, um für das britische Empire zu kämpfen, genauso wie manche frühere Radikale in Deutschland die Kriegsanstrengungen des Reichs unterstützten.[102] Diese Arbeiter mögen zwar „nationalistisch" gewesen sein. Doch mag sich ihr Nationalismus, ihr Verständnis dessen, wofür sie kämpften, ganz erheblich von dem Nationalismus der herrschenden Elite unterschieden haben. Daß man in der Stunde der Gefahr das Vaterland nicht im Stich ließ, wie die sozialdemokratische Fraktion im Deutschen Reichstag am 4. August 1914 erklärte, besagte nicht, daß man mit den herrschenden sozialen und politischen Gegebenheiten einverstanden war. Und so verhielt es sich in der Tat bei vielen der deutschen Sozialdemokraten, die ihre Regierung im Krieg unterstützten. Sie taten das, weil sie überzeugt waren, eine solche Unterstützung werden den Wilhelminischen Staat zu wirtschaftlichen und politischen Zugeständnissen an die Arbeiter nötigen.[103] Hinzu kam, daß die Zustimmung der Arbeiterklasse im August 1914 zum großen Teil aus der ehrlichen Überzeugung hervorging, Deutschland müsse sich wappnen nicht nur gegen die Eroberungslust irgendeiner ausländischen Macht, sondern gegen Rußland, gegen das Bollwerk der europäischen Reaktion, gegen den Erzfeind einer fortschrittlichen Arbeiterschaft, gegen die zaristische Tyrannei. So war die erwähnte Erklärung der SPD-Fraktion im Reichstag an die Bedingung der defensiven Natur des deutschen Krieges geknüpft.[104] Mit einem Wort, „Nationalismus" bedeutete für verschiedene Leute etwas ganz Verschiedenes, und es wäre falsch, in die Unterstützung nationaler Kriegsanstrengungen durch die Arbeiterklasse im August 1914 zuviel hineinlegen zu wollen. So ist das Verhalten der europäischen Arbeiterklasse zu diesem Zeitpunkt kein unwiderlegbarer Beweis dafür, daß ein Prozeß der Entradikalisierung tatsächlich stattgefunden hat.

Zudem – und darin liegt ein weiteres Argument – kann man nicht davon ausgehen, daß diese Arbeiterklasse zu einem früheren Zeitpunkt einhellig radikal gewesen sei und danach einen gleichmäßigen Prozeß der Entradikalisierung durchlaufen habe, der schließlich in den Ereignissen vom August 1914 gipfelte. Wenn man sich die Einstellungen und das Verhalten von Arbeitern und Arbeitervertretern in früheren Zeiträumen etwas genauer ansieht, dann ergibt sich ein Bild, das alles andere als klar ist. Zwar trifft es zu, daß *einige* Teile der englischen Arbeiterklasse in den dreißiger und vierziger Jahren des 19. Jahrhunderts sich auf eine radikale Politik eingelassen hatten, aber es trifft ebenso zu, daß andere sich von solchem Treiben fernhielten und selbst in jenen bitteren Jahren einen reformistischen Weg einschlugen, der über Gewerkschaften und „friendly societies" führte.[105] In

Frankreich hatte schon in den achtziger Jahren die sogenannte „possibilistische" Partei eines Paul Brousse, die reformistische Grundsätze verfocht, größere Wahlerfolge zu verzeichnen als die revolutionäre Organisation eines Jules Guesde.[106] Als die verschiedenen sozialistischen Gruppen Frankreichs sich schließlich 1905 zur SFIO zusammenschlossen, waren in der neuen Partei also von Anfang an die mannigfaltigsten politischen Überzeugungen vertreten – possibilistische, marxistische und auch eklektische, die einen ganz undoktrinären Sozialismus vertraten, wie etwa die Gruppe der Independenten, deren namhaftester Vertreter Jean Jaurès war. Daß die deutsche Sozialdemokratie auf ihrem Erfurter Parteitag 1891 ein „marxistisches" Programm auf ihre Fahnen schrieb, darf nicht als einhelliges Engagement sämtlicher Parteimitglieder für den revolutionären Sozialismus mißverstanden werden. Selbst zur Zeit des Sozialistengesetzes, zwischen 1878 und 1890, als die staatliche Repression am ausgeprägtesten war, vertraten wenigstens anfänglich bestimmte Kreise der Sozialdemokratie im Reichstag und in einigen Staaten Süddeutschlands eine reformistische Politik.[107] Schon damals gab es erhebliche innerparteiliche Auseinandersetzungen. Es hatte also keinen einfachen, geradlinigen Prozeß der Ablösung von radikalen Zielen gegeben: die Einstellungen von Arbeitern und ihren Vertretern in Parteien und Gewerkschaften waren niemals monolithisch.

Dieser letztgenannte Punkt muß mit allem Nachdruck betont werden. Wie wir gesehen haben, sah sich die französische Arbeiterbewegung von Anfang an gespalten in Anarchosyndikalisten und Sozialisten, in Marxisten und Reformisten. Die Spaltung dieser Bewegung nach dem Ersten Weltkrieg in einen sozialdemokratischen und einen kommunistischen Flügel war gewissermaßen nur die Fortsetzung der ideologischen Konflikte der Vorkriegszeit.[108] Wenn dies für die Situation in Frankreich zutraf, so traf es für die Situation auf der anderen Seite des Rheins erst recht zu. Zweifellos gab es in der deutschen Sozialdemokratie eine reformistische Gewerkschafts- und Parteibürokratie und einen Flügel revisionistischer Intellektueller, aber sie besaß auch radikale Parteiorganisationen in Preußen und Sachsen sowie eine beträchtliche Zahl ausgezeichneter marxistischer Theoretiker. Auch hier war der Bruch in der Nachkriegszeit nur die Konsequenz von Friktionen der Vorkriegsjahre.[109] In Spanien machten der aufrührerische Anarchosyndikalismus in Katalonien und der revolutionäre Sozialismus der Bergleute Asturiens einer verhältnismäßig reformistischen Gewerkschaftsorganisation (UGT) und sozialistischen Partei in manchen Gegenden Konkurrenz.[110] Auch in Italien konnten die Reformisten vor 1914 nicht behaupten, die Institutionen der Arbeiterschaft zu dominieren. Nicht nur erhielten sich in Ancona, der Romagna und Teilen der nordwestlichen Toskana aufrührerische Traditionen am Leben; sondern es war auch im Kielwasser des Libyen-Kriegs von 1911/12 eindeutig der maximalistische Flügel der PSI, der die Kontrolle der Partei übernahm.[111] Wir sehen also einmal mehr, daß es unzulänglich ist, von der „Integration" der europäischen Arbeiterbewegung *insgesamt* in die vor 1914 herrschende wirtschaftliche und politische Ordnung zu sprechen.

Daß dem so ist, liegt wenigstens teilweise daran, daß viele der Erklärungen für die Entradikalisierung selbst ziemlich eindimensional sind. Beispielsweise läßt sich die Rolle des Staates in den meisten europäischen Ländern vor 1914 kaum als besonders arbeiterfreundlich bezeichnen. Gewiß, das Ausmaß der Repression variierte, wobei das zaristische Rußland am einen Ende der Skala stand. Aber noch immer hatte die Arbeiterschaft sich in verschiedenen Ländern mit einer arbeiterfeindlichen Gesetzgebung auseinanderzusetzen. Zwar schaffte das Kaiserreich im Jahre 1890 das Sozialistengesetz ab, aber es blieben dennoch zahllose rechtliche Hindernisse bestehen, die einer völligen Rede- und Vereinsfreiheit im Wege standen: Viele Redakteure von SPD-Zeitungen verbrachten einen guten Teil ihrer Zeit als „Sitzredakteure" im Gefängnis, nachdem sie beispielsweise wegen „Majestätsbeleidigung" verurteilt worden waren.[112] Auch konnten Angehörige der freien Gewerkschaften und der SPD bis zum Kriege nicht in den preußischen Staatsdienst übernommen werden. Vor allem aber blieb das deutsche Verfassungssystem halbautokratisch, und zwar bis zur Revolution von 1918, als schließlich die Parlamentssouveränität durchgesetzt wurde. So ergab Bernsteins Vision eines allmählichen Übergangs zum Sozialismus in den Augen vieler sozialdemokratischer Zeitgenossen wenig Sinn, und so wurden seine Anschauungen denn auch auf SPD-Parteitagen regelmäßig verworfen. Dazu kam, daß der Wilhelminische Staat nach wie vor mit säbelschwingenden Ordnungskräften gegen Streikende vorging: Auf diese Art kamen 1912 bei blutigen Zusammenstößen im Ruhrgebiet mehrere Bergleute ums Leben.[113] Im selben Jahr diskutierten Unternehmer, Konservative und Regierung in Deutschland neue rechtliche Handhaben gegen Streikposten. In Frankreich zögerte eine republikanische Regierung, die aufgrund des allgemeinen Wahlrechts für Männer gewählt worden war und sich durch eine radikale Vergangenheit empfahl, zwischen 1906 und 1910 nicht, die Streiks von Elektroarbeitern, Eisenbahn- und Postbediensteten mit Waffengewalt zu brechen. In der Sozialgesetzgebung dagegen hatte sie vor Ausbruch des Krieges 1914 erst wenig geleistet.[114] Selbst im „liberalen" Großbritannien, wo eine gewaltsame oder offene Repression nach der Jahrhundertwende verhältnismäßig selten war, bedeutete dies nicht zwangsläufig, daß auf seiten der Behörden eine wohlwollende Einstellung gegenüber der Arbeiterschaft vorherrschte. Erstens wurde einem signifikanten Teil der britischen Arbeiterklasse durch Wahlbestimmungen und Verfahrensweisen bei der Erfassung der Stimmberechtigten praktisch das Wahlrecht entzogen.[115] Zweitens zielten die Gerichtsentscheidungen in den Fällen Taff Vale und Osborne direkt ins Herz gewerkschaftlicher Organisation und Aktion. Bekanntlich waren sie das Vorspiel zur Bildung einer unabhängigen Labour Party mit gewerkschaftlichem Rückhalt. Die Gründung der Partei mag zunächst rein defensive Ziele verfolgt haben; bis zum Ersten

Weltkrieg gab sie sich auch kein sozialistisches Parteiprogramm. Doch verträgt diese Gründung sich nicht mit der Vorstellung, die britische Arbeiterschaft habe sich immer *mehr* in das herrschende politische System integriert. Bestimmte Gruppen der Arbeiterschaft, vor allem in den Häfen und in Wales, waren unmittelbar vor 1914 auch durch die Zunahme von syndikalistischen Einstellungen gekennzeichnet.[116] Während es also zutrifft, daß in manchen europäischen Staaten die Repression abgemildert wurde und dies offenkundig auch nicht ohne Auswirkung auf manche Arbeiterführer und ihre Strategievorstellungen blieb, wäre es gleichwohl für den Beobachter schwierig gewesen, den europäischen Zustand vor 1914 mit den Interessen der Arbeiterklasse umstandslos gleichzusetzen.

Ebenso unklar ist die Frage, inwieweit die Schaffung formeller Arbeiterorganisationen dem Reformismus in die Hände spielte. Robert Michels hatte zweifellos recht, wenn er behauptete, daß der massive organisatorische Apparat, den die Partei sich zwischen 1900 und 1914 geschaffen hatte, einen engstirnigen Bürokratismus erzeugte, für den die Erhaltung der Organisation zum verbissen verfolgten Selbstzweck wurde.[117] Allerdings irrte er, wenn er meinte, diese Parteifunktionäre würden weit besser bezahlt als der durchschnittliche Arbeiter. Auf einem anderen Blatt steht die Frage, wieweit dieser Bürokratisierungsprozeß den Konservatismus in den Reihen der SPD *initiiert* hat. Wie wir inzwischen wissen, gab es sogar während des „heroischen“ Kampfes gegen das Sozialistengesetz starke reformistische Elemente in der Partei. Noch relevanter ist freilich der Umstand, daß die SPD-Bürokratie von Anfang an aus reformistischen Gründen (zu Wahlkampfzwecken) geschaffen worden war und schon deshalb nicht als auslösende *Ursache* von reformistischen Stimmungen angesehen werden darf. Man kann ferner den Standpunkt vertreten, daß es nicht schon die Organisation als solche war, die zwangsläufig den Reformismus hervorrief, sondern vielmehr die besondere Organisationsstruktur, die die deutsche Sozialdemokratie sich gab und die dazu führte, daß radikale Parteimitglieder aus den Ortsvereinen der großen Industriestädte stark unterrepräsentiert waren.[118] Das bringt uns auf einen weiteren Punkt: Es gab Orte, in denen die SPD eine radikale Orientierung beibehielt und sich besorgt über die reichlich behutsame Politik der Parteiführung äußerte. Dies war etwa in den SPD-Ortsvereinen Groß-Berlin, Braunschweig, Bremen und Stuttgart der Fall, d. h. in vielen der größten und wichtigsten Gliederungen innerhalb der Partei. Und die Tatsache, daß manche führenden Sozialdemokraten niemals besonders radikal gewesen oder im Laufe der Zeit nach rechts abgewandert waren, besagt erstaunlich wenig für die ideologische Identität des einfachen Parteimitgliedes. Es gab Städte, die nacheinander von Abgeordneten des rechten und dann des linken Parteiflügels vertreten wurden. In anderen Städten war das Umgekehrte der Fall. Es scheint also an der Parteibasis ein sozialdemokratisches Bewußtsein gegeben zu haben, das über die ideologischen Spaltungen auf der Führungsebene hinausging.[119] Es gibt Anhaltspunkte dafür, daß untere Parteifunktionäre auf lokaler Ebene, wie beispielsweise in Dortmund, oft um einiges radikaler waren als solche auf regionaler oder nationaler Ebene.[120] Parteitage der sächsischen und preußischen SPD waren unfehlbar „linker" im Ton als solche der süddeutschen Sozialdemokratie oder auf nationaler Ebene. Das massive Wachstum der SPD als Organisation war also offenbar kein Garant für eine einheitlich reformistische Partei. Von einer, sei es auch negativen Integration der SPD *als ganzer* ins Gefüge der kapitalistischen wilhelminischen Gesellschaft zu reden, ist demnach ganz unbefriedigend. Weiter: Wenn es in den Reihen der deutschen Sozialdemokratie wirklich einen mysteriösen Prozeß der Verbürgerlichung gegeben hätte, warum hätte die wilhelminische Arbeiterklasse sich dann überhaupt zum Aufbau ihrer eigenen kulturellen, sozialen und politischen Organisationen entschließen sollen, anstatt sich einfach mit denen anderer sozialer Gruppen zu vereinigen?[121] Man kann sogar den Standpunkt vertreten, daß die angeblich „integrativen" kulturellen und sozialen Aktivitäten der SPD eher zur Entstehung oder Stärkung des Klassenbewußtseins beigetragen haben als zu dessen Schwächung.[122] Es ist auch nicht so einfach, aus spezifischen Streikforderungen zu erschließen, was die Streikenden *generell* wollten. So führten streikende Bergarbeiter die Vergesellschaftung von Betrieben in der Liste ihrer Streikforderungen zwar nicht auf, aber doch einleuchtenderweise nur, weil sie der Überzeugung waren, daß eine solche Vergesellschaftung unmöglich sei, solange der Kapitalismus herrsche. Auf ihren Gewerkschaftstagen verlangten sie sehr wohl die Vergesellschaftung der Zechen.[123]

Was der einfache Arbeiter in einer der sozialistischen Parteien Europas damals wirklich dachte, läßt sich in der Tat nicht genau feststellen. Wir haben jedoch bereits gesehen, daß weder in Italien noch in Spanien und auch nicht in Rußland der Geist der Auflehnung um 1914 völlig erloschen war. Was Deutschland betrifft, so kann man zwar, wie wir ebenfalls gesehen haben, reihenweise Zitate zeitgenössischer Beobachter und mancher sozialdemokratischer Arbeiter beibringen, die auf alles mögliche schließen lassen, nur nicht auf revolutionäre Gesinnung.[124] Manche mögen der SPD beigetreten sein, weil sie einsam waren oder weil sie das vielfältige Kultur- und Freizeitangebot der Partei wahrnehmen wollten, oder auch aus materialistischeren Gründen, um von den Kasseneinrichtungen der SPD zu profitieren. Guenther Roth hat denn auch eine erdrückende Zahl solcher Äußerungen zusammengetragen, um seine Theorie der „negativen Integration" zu stützen und zu zeigen, daß die SPD im kaiserlichen Deutschland keine revolutionäre Gefahr darstellte. Allein, dieses Material ist von begrenztem Wert. Eine solche Blütenlese läßt nicht nur anders geartete, radikale Äußerungen sowie die Substanz vieler Parteitagsbeschlüsse bewußt außer Betracht, sondern gründet sich auch im wesentlichen auf zwei schwierige Quellengruppen: die atypische Arbeiter-Autobiographie oder die Beobachtungen von Kommentatoren, die bestimmte politische Tendenzen verfolgten.[125] Vor allem aber gilt es eins zu begreifen: Wenn die deutsche Arbeiterklasse vor 1914 nicht bereit war, auf die Barrikaden zu gehen, so heißt das nicht zwangsläufig, daß ihr jedes revolutionäre Engagement fehlte oder daß sie völlig in die Fänge des Reformismus geraten war. Vielmehr spricht aus ihrem Verhalten die schlichte Erkenntnis der objektiven Lage: Die SPD hatte es nicht nur mit der schlagkräftigsten Militärmaschinerie der Welt und einer reaktionären Adelselite zu tun, sondern auch mit einer Elite, hinter der ein mächtiges, feudalisiertes Industriebürgertum sowie beträchtliche Teile der unteren Mittelschicht (Bauern, Handwerker und viele Angestellte) standen. Die SPD von vor 1914 bildete sich ihre Ohnmacht nicht bloß ein; sie war ohnmächtig. Es ist in diesem Zusammenhang aufschlußreich, einen Blick auf die Ereignisse am Ende des Ersten Weltkrieges zu werfen, als die alten Strukturen der wirtschaftlichen und politischen Kontrolle weggefallen waren: Damals gab es eine revolutionäre Bewegung, auch wenn deren präzise Bestimmung Probleme aufwirft.[126] Die Revolutionsrhetorik der Arbeiter- und Soldatenräte in den Wirren der Nachkriegszeit verriet doch zumindest einen *gewissen* Zusammenhang mit den überlieferten und gelegentlich radikalen Aspekten sozialdemokratischer Ideologie: Man forderte Demokratisierung, Entmilitarisierung, Sozialisierung, eine „Soziale“ oder „Sozialistische Republik“.[127]

Daß die europäische Arbeiterbewegung nach dem Ersten Weltkrieg in mehrere feindliche Lager zerfiel – nicht nur in Deutschland, sondern auch in Frankreich und Italien –, deutet ebenfalls auf tiefgreifende Spaltungen ideologischer wie sozialer Natur in ihren Reihen hin – Spaltungen, die bereits vor dem Kriege latent vorhanden waren, die aber leichter zu Tage treten konnten, als in einigen Ländern sich wirklich revolutionäre Situationen ergaben und die alte Ordnung zusammenbrach. Diese Vorkriegsspaltungen bezeugen einmal mehr, daß es gefährlich ist, sich die europäische Arbeiterschaft vor dem Ausbruch des Krieges als einheitlich reformistisch – bzw. geschlossen revolutionär – vorzustellen. Es trifft also nicht zu, daß Organisation zwangsläufig zum Reformismus führte. Ebensowenig gilt dies für die Verbesserung des Lebensstandards.

Es kann kein Zweifel daran bestehen, daß der Lebensstandard der Arbeiterschaft sich in den meisten europäischen Ländern zwischen 1800 und 1914 verbesserte. Doch vollzog sich diese Gesamtverbesserung unter beträchtlichen Schwankungen. In Großbritannien nahmen die durchschnittlichen Reallöhne bis zur Jahrhundertwende zu, danach fielen sie bis 1914.[128] In Frankreich stiegen in den Jahren unmittelbar vor Ausbruch des Krieges die Preise schneller als die Löhne.[129] In Deutschland stiegen die Reallöhne als Folge der Preisdeflation zwischen 1880 und 1889 ganz wesentlich, nach 1890 noch deutlicher, vor allem aber in der Zeit zwischen 1895 und 1900. Über die Bewegung der Reallöhne nach 1900 bestehen dagegen beträchtliche Meinungsverschiedenheiten, wobei niemand bezweifelt, daß die Zuwachsrate sich abflachte, und manche sogar von einem

Stagnieren der Reallöhne sprechen, insbesondere infolge der markanten Preisinflation in den vier Jahren vor dem Ersten Weltkrieg.[130] Die Inflation war für die Arbeiter jedoch nicht das einzige Problem. Ein weiterer Faktor spielte zunehmend eine Rolle, und zwar besonders im Wilhelminischen Deutschland: Die Unternehmer begannen, eigene schlagkräftige Organisationen zum Kampf gegen die Arbeiterschaft aufzubauen, und griffen mit immer größerem Erfolg zum Mittel der Aussperrung, um die Arbeiter zum Nachgeben zu zwingen. So wurden Streiks in manchen Industriezweigen immer wirkungsloser, aber zugleich immer kostspieliger. Nicht zuletzt deshalb operierten die Führungsgremien der deutschen Gewerkschaften in der Vorkriegszeit so vorsichtig.[131] Weniger ausgeprägt läßt sich zur selben Zeit dieselbe Entwicklung auch in Großbritannien verfolgen. Die Unternehmer griffen auf Streikbrecher zurück, um Ausstände zu unterlaufen, und verhängten 1897/98 eine Aussperrung gegen die ASE, die sich selbst gegenüber dieser, traditionell als erfolgreichste Gewerkschaft geltenden Organisation als außerordentlich wirksam erwies.[132] Aber auch dort, wo die Reallöhne im Durchschnitt wirklich anstiegen, blieben noch enorme Unterschiede innerhalb der Arbeiterschaft bestehen. Wir haben bereits gesehen, daß es in dieser Zeit noch große Lohnunterschiede in Großbritannien und in Deutschland gab, Unterschiede zwischen den Gelernten und den Ungelernten, zwischen Männern und Frauen sowie bei vergleichbaren Arbeitern in unterschiedlichen Gegenden.[133] Zwischen 1905 und 1912 stiegen die Löhne für Kaiarbeiter und Akkordarbeiter in den Hamburger Docks um 23 bzw. 22%, die der Schauerleute nur um 16%, eine Steigerung, die unter der Inflationsrate lag. Das generell zutreffende Bild einer sich verbessernden gesundheitlichen Situation gilt nicht für alle Gruppen von Arbeitern, und nur wenige kamen in den Genuß einer Urlaubsregelung.[134] Ferner hatte die spezifische Lebensverdienstkurve von Industriearbeitern – der Arbeitslohn erreichte nach der Ausbildung sein Maximum, hielt sich dort für eine variierende Zeitspanne und ging danach mit zunehmendem Alter des Arbeitnehmers zurück – nicht nur wachsende Unsicherheit und Armut im Alter zur Folge, sondern bedeutete auch, daß unterschiedliche Gruppen von Arbeitern in einem unterschiedlichen Grad von Armut lebten, da ihre Verdienstkurven eine unterschiedliche Form angenommen hatten.[135] Krankheit, Unfall u. dgl. erzeugten weitere Unsicherheit, ebenso die Höhe innerbetrieblicher Ordnungsstrafen, die meistens von den Unternehmern eingeführt worden waren.[136] Daß die Sozialgesetzgebung hier bereits stabilisierend gewirkt hätte, ist – wie wir gesehen haben – wenig wahrscheinlich.

Die größte Gefährdung der sozialen Sicherheit dürfte jedoch von der zyklischen und strukturellen Arbeitslosigkeit, von den Unwägbarkeiten der Konjunktur oder der technischen Modernisierung ausgegangen sein. Viele Berufsgruppen wie etwa Bauarbeiter, Buchdrucker und die in der Konfektionsindustrie Beschäftigten waren einer hohen saisonalen Arbeitslosigkeit unterworfen. Auch die sogenannte „große Depression" von 1873 bis 1896 – in Deutschland begleitet von Rationalisierungsmaßnahmen und der Einführung neuer Technologien durch die Unternehmer – brachte einen hohen Grad der Beschäftigungslosigkeit mit sich. Selbst die darauf folgende lange Wachstumsphase war durch periodisch wiederkehrende Krisen und Arbeitslosigkeit gekennzeichnet, so etwa 1900 (als 7 Prozent aller deutschen Arbeitnehmer ohne Beschäftigung waren), 1908 (3 Prozent) und 1913 (wiederum über 3 Prozent). Natürlich erscheinen diese Zahlen als bescheiden, wenn man sie mit den Katastrophen der frühen dreißiger und der achtziger Jahre unseres Jahrhunderts vergleicht; aber zu einer Zeit, als es noch keine staatliche Arbeitslosenunterstützung gab, bedeuteten sie echte Not.[137]

Von einer durchgreifenden und umfassenden Verbesserung des Lebensstandards der europäischen Arbeiterklasse kann also keine Rede sein, zumindest nicht, was die Löhne betraf. Dasselbe könnte man von der Länge des Arbeitstages sagen. Es gab zweifellos, wie wir bereits gesehen haben, gewisse Verbesserungen, aber auch hier mit erheblichen Schwankungen. Zwischen 1890 und 1914 hatten deutsche Textilarbeiter noch immer durchschnittlich eine 63- bis 66-Stunden-Woche und schlesische Bergleute eine längere Schicht als ihre glücklicheren Kollegen an der Ruhr.[138] Aber selbst wenn sich eine erhebliche Verbesserung im Lebensstandard der europäischen Arbeiterschaft feststellen ließe, wäre es eine mehr als bedenkliche Annahme, daß solche „Wohltaten" zwangsläufig zu Reformismus oder Quietismus führen müßten. Wenn diese „Wohlstandstheorie" zur Erklärung des Reformismus hieb- und stichfest wäre, hätten am ehesten diejenigen zu Protest neigen müssen, die am schlechtesten dran waren, und der verhältnismäßig gutsituierte Arbeiter wäre den Arbeitskämpfen ferngeblieben. Dies entspricht jedoch keineswegs den Tatsachen. Im Gegenteil: Wir haben bereits gesehen, daß gerade die wirtschaftlich besonders bedrückten ungelernten Fabrikarbeiter vor 1914 in nennenswertem Umfang weder am Protest noch an der Organisation teilnahmen und daß die Gewerkschaften und die Arbeiterparteien sich vorwiegend aus den Reihen der gelernten und verhältnismäßig wohlhabenden Arbeiter rekrutierten. In den letzten Vorkriegsjahren und dann während des Krieges war es der verhältnismäßig gutbezahlte Maschinenbauer, der als entscheidender Träger des revolutionären Elans in den Vordergrund trat.[139] Der anhaltende Anstieg der Reallöhne bis 1900 – so ließe sich argumentieren – habe in manchen Teilen der europäischen Arbeiterklasse steigende Erwartungen geweckt und eine breite Welle industrieller Militanz ausgelöst, als die unmittelbar vor dem Ersten Weltkrieg herrschende Inflation den Arbeiter um jene Verbesserung seines Lebensstandards brachte, die er mittlerweile als den ihm zustehenden Besitzstand anzusehen gelernt hatte.

Wie immer, viele Arbeiter sahen sich in jenen Jahren nicht nur mit den herkömmlichen Problemen der Industriegesellschaft, sondern auch mit neuen Bedrohungen ihrer Existenzgrundlage konfrontiert. Das Entstehen einer Klasse von Angestellten, die zwischen Firmenleitung und Arbeiterschaft stand, führte nicht nur zu unpersönlicheren Beziehungen am Arbeitsplatz, sondern behinderte in manchen Fällen auch die Aufstiegschancen des gelernten Arbeiters. Noch bedeutsamer war, daß die zwei Jahrzehnte vor dem Ersten Weltkrieg ein breites Spektrum technologischer Innovationen mit sich brachten, die einmal mehr den Status, die Qualifikation und die soziale Sicherheit mancher Teile der alten Arbeiteraristokratie, aber auch mancher Teile der Ungelernten gefährdeten. Die Einführung von maschinengetriebenen Sägen und vorgefertigten Holzelementen und die Verwendung von Eisen und Beton als Baumaterialien führten zu einer Art Revolution in der Bauindustrie. Automatisierung revolutionierte die Arbeitsabläufe in der Glasindustrie. Benzin- und Elektromotoren verdrängten die ungelernten Arbeiter in den Transport- und Verladeberufen. Fräs- und Schleifmaschinen, spezialisiertere Drehbänke und maschinengetriebene Bohrer machten manche der traditionellen Fertigkeiten im Maschinenbau entbehrlich und bildeten den Hintergrund für jene große Welle wirtschaftlichen Unfriedens und politischer Militanz auf seiten der Metallarbeiter, die in ganz Europa von zentraler Bedeutung werden sollte. In den neunziger Jahren des 19. Jahrhunderts wurde auch die Fertigung von Schuhen in Handarbeit durch neue Technologien ersetzt.[140]

Wie schon in einem früheren Stadium der Industrialisierung, war das Problem jedoch nicht einfach und notwendigerweise ein Problem der neuen Technologie, sondern ergab sich aus der Reorganisation von Arbeitsstrukturen. Genannt seien die wachsende Konkurrenz von unterbezahlten Einwanderern in der Textilindustrie, der Abbau der Gelegenheitsarbeit in den Häfen, die zunehmende Arbeitskontrolle und das steigende Arbeitstempo, die Einführung von Stücklohnsätzen und die Abschaffung traditioneller Feiertage. So ist es nicht erstaunlich, daß die Arbeiter in einem beispiellosen Umfang gegen die Länge ihrer Arbeitswoche protestierten und eine Verkürzung forderten. In der Tat klagten manche deutschen Maschinenbauer über nervöse Erschöpfung, und in einigen Fällen scheinen Arbeiter absichtlich ihr Arbeitstempo verringert zu haben, um gegen den neuen Druck am Arbeitsplatz zu protestieren. Französische Arbeiter streikten gegen den Taylorismus, ebenso Buchdrucker und Maschinenbauer in Großbritannien.[141] Doch solche Probleme gaben nicht nur Anlaß zu Konflikten zwischen Kapital und Arbeiterschaft. Es gibt auch Anhaltspunkte dafür, daß eine alte Gewerkschaftsführung, die in handwerklichen Traditionen groß geworden war, die Probleme einer jüngeren Arbeiterschaft nicht mehr zu verstehen vermochte und daß dies wiederum einen guten Teil an autonomer Militanz auf der Belegschaftsebene erzeugte.[142]

Dies bringt uns auf einen weiteren und entscheidenden Punkt: Man kann den industriellen und sogar den politischen Protest am Ende des Ersten Weltkriegs und in den beiden Jahrzehnten danach nicht einfach als Ergebnis der Not und Entbehrungen der Kriegszeit ansehen. Vielmehr muß er als Konsequenz der langfristigen strukturellen Veränderungen in der europäischen Industrie begriffen werden, die bereits vor 1914 eingesetzt hatten. Weit davon entfernt, irgendeine Verringerung des Radikalismus der europäischen Arbeiterschaft vor dem Ersten Weltkrieg erkennen zu können, würde ich sogar behaupten, daß das Gegenteil der Fall war. Die wenigen Jahre vor 1914 erlebten einen beispiellosen Höhepunkt, was Umfang und Militanz der Arbeitskämpfe und in einigen Fällen auch des politischen Protests der Arbeiterschaft betraf. In Großbritannien löste die Inflation eine Welle schwerer Arbeitskämpfe aus: 1908 gab es Bergarbeiterunruhen in Tonypandy, bei denen ein Todesopfer zu beklagen war, das Jahr 1911 sah den ersten nationalen Eisenbahnerstreik sowie Zusammenstöße zwischen streikenden Hafenarbeitern und Ordnungskräften in Liverpool, bei denen zwei Menschen ums Leben kamen. Zwischen 1910 und 1914 gewann der Syndikalismus in den britischen Häfen an Boden, und andere Arbeitergruppen, wie etwa Eisenbahner und die Bergarbeiter in Wales, verloren langsam die Geduld mit ihrer amtlich-schwerfälligen und vorsichtigen Gewerkschaftsführung.[143] In Italien kam es im Juni 1914 zu einer Reihe lokaler Aufstände, und in der sogenannten „roten Woche" gingen Industriearbeiter auf die Barrikaden. In Rußland bewirkte zwischen 1911 und 1914 der Zustrom ehemaliger Bauern in die riesigen metallverarbeitenden Betriebe und Textilfabriken Moskaus und St. Petersburgs eine Stärkung der radikalen bolschewistischen Partei und eine Zunahme der industriellen Militanz.[144] Selbst in der angeblich so disziplinierten deutschen Arbeiterbewegung des Kaiserreiches konnte ein Zeitgenosse 1913 die Zunahme einer „syndikalistischen Unterströmung" bei breiten Teilen der Arbeiterschaft konstatieren, und die offiziellen SPD-Organe waren voll von Berichten und Diskussionen über die Entfremdung der Basis von der untätigen Parteiführung. Von 1905 an kam es in der deutschen Bauindustrie, in den Bergwerken und besonders in den rapide expandierenden Metallindustrien entgegen den Anweisungen der nationalen Gewerkschaftsführung zu einer beachtlichen Zahl wilder Streiks, und an manchen Orten entwickelte sich ein ausgesprochen feindseliges Verhältnis zwischen Gewerkschaftern der Basis und ihren offiziellen Führern. Ein Extremfall ist der große Hamburger Hafenarbeiterstreik von 1913, als die örtlichen Arbeiterführer ein weitergehendes Mitspracherecht in der Gewerkschaftspolitik forderten. Natürlich wäre es unsinnig, aus alledem eine reale Revolutionsgefahr in Deutschland am Vorabend des Ersten Weltkriegs ableiten zu wollen. Wohl aber markierten solche Aktionen innerhalb der Gewerkschaftsbewegung den Beginn einer branchenspezifischen Opposition gegen die offizielle Gewerkschaftsbürokratie, was wiederum dazu führte, daß die Forderung nach einem Mitspracherecht der Belegschaften laut wurde. Daher ist es weder überraschend noch irrelevant, daß die Rätebewegung, die in der deutschen Revolution im November 1918 entstand, gerade in jenen Industriezweigen auf fruchtbaren Boden fiel, die derartige Konflikte zwischen Gewerkschaftsführern und Basis erlebt hatten. Darüber hinaus mag der zunehmende Radikalismus der Metallarbeiter bei der späteren Spaltung der deutschen Arbeiterbewegung ein wichtigerer Faktor gewesen sein als die ideologischen Friktionen innerhalb der SPD-Führung, denen normalerweise die Aufmerksamkeit der Historiker gilt; denn die neugebildete, radikalere Unabhängige Sozialdemokratische Partei Deutschlands (USPD), die 1917 aus der Opposition gegen den Krieg entstanden war, verzeichnete den stärksten Zulauf in jenen Industriezentren, in denen es vor dem Ersten Weltkrieg eine signifikante Opposition der Basis gegen die offizielle Führung des Deutschen Metallarbeiterverbandes (DMV) gegeben hatte.[145] Ganz ähnlich waren die vor 1914 zunehmend syndikalistische Einstellung und die wachsende Unzufriedenheit mit den Arbeitsbedingungen bei den Bergarbeitern an der Ruhr das Vorspiel für einen späteren Radikalismus.[146] Bezeichnenderweise war denn auch eine der wenigen Gruppen französischer Arbeiter, die von Anfang an gegen den Ersten Weltkrieg opponierten, wiederum eine Metallarbeiterorganisation, und zwar Merrheims Fédération des Métaux,[147] während der siegreiche *maximalismo* innerhalb der Sozialistischen Partei Italiens nicht zuletzt von den neuen angelernten Automobilarbeitern des Dreiecks Mailand-Turin-Genua unterstützt wurde.[148]

Diese Welle von Vorkriegsmilitanz und -radikalismus scheint teilweise durch dieselben Phänomene hervorgerufen worden zu sein, die man auch für die noch größeren Erschütterungen am Ende des Ersten Weltkriegs verantwortlich gemacht hat, nämlich einerseits die Dequalifikation ursprünglich gelernter Maschinenbauer und andererseits den Zustrom junger Arbeiter, oft in die Angelernten-Positionen der neuen expandierenden Industrien.[149] Daß dieser neue Arbeitertyp nicht durch die disziplinierende Schule der traditionellen Organisationen gegangen war, trug zu dieser Welle des Unfriedens ebenso bei wie ihre Jugendlichkeit, die voranschreitende Inflation und die bereits genannte Reorganisation der Arbeitsstrukturen. Schließlich ist behauptet worden, auch die Herkunft der neuen russischen Fabrikarbeiter und der Ruhrbergleute aus vorindustriellen Verhältnissen habe zur Unkontrollierbarkeit der neuen Protestwelle beigetragen.[150] Wenn wir also die Entwicklungen innerhalb der Parteien und Gewerkschaften der europäischen Arbeiterschaft vor dem Ersten Weltkrieg sorgfältig prüfen, wird deutlich, daß es einen einheitlichen Prozeß der Entradikalisierung und Verbürgerlichung nicht gegeben hat.

Um dieses Ergebnis richtig einzuschätzen, müssen wir uns freilich daran erinnern, daß die klare Mehrheit der europäischen Arbeiterklasse vor 1914 keiner wirtschaftlichen oder politischen Organisation angehörte. In Großbritannien war nur ungefähr ein Viertel der Industriearbeiterschaft von solchen Organisationen mobilisiert worden, und die Zahlen für Deutschland waren weitgehend dieselben. In Frankreich waren mehr als 90 Prozent der Industriearbeiter nicht organisiert; die Zahlen für Italien, Spanien bzw. Rußland lagen sogar noch höher. Das heißt nun nicht, daß Arbeiter, die keiner formellen Organisation angehörten oder niemals streikten, zwangsläufig mit ihrem Los zufrieden gewesen oder friedlich in das gesellschaftliche und politische Geflecht des europäischen Kapitalismus „integriert" gewesen wären. Viele der Arbeiter, die sich an den Empörungen von 1918 bis 1923 in Deutschland beteiligten, viele von jenen, die sich an dem *biennio rosso* von 1919/20 in Italien beteiligten, viele derer, die 1936 in Frankreich Fabriken besetzten, hatten zuvor an keinem Arbeiterprotest teilgenommen.[151] Das mochte darauf hindeuten, daß ihr früheres Stillhalten nicht so sehr die Folge einer „Zufriedenheit" mit der herrschenden sozialen und politischen Ordnung gewesen war, sondern vielmehr das Resultat einer wirtschaftlichen und politischen Kontrolle über sie, die von Arbeitgebern und dem Staat ausgeübt wurde, und zwar nicht nur durch offen repressive Einrichtungen, sondern auch durch firmeneigene Wohnungen, das Monopol des Unternehmers auf dem Arbeitsmarkt u. ä. m. Sobald diese Kontrollen im Verlauf des Krieges oder als Ergebnis politischer Veränderungen, wie etwa in Frankreich 1936, unterminiert wurden, war es leichter, Unzufriedenheit zu äußern und sich an verschiedenen Formen des Protests zu beteiligen. Betriebsstudien haben denn auch eine tiefgreifende Unzufriedenheit der Arbeiter an den Tag gebracht, die sich hinter scheinbarer Ruhe verbarg.[152] Ebenso bemerkenswert ist, daß einige der ultralinken Abenteuer an der Ruhr nach 1918 von ehemaligen Mitgliedern der gelben Unternehmer-Gewerkschaften inszeniert wurden.[153] So mochte selbst die Zugehörigkeit zu einer gelben Gewerkschaft nicht notwendigerweise konservative Werte anzeigen, sondern konnte einfach die Anerkennung herrschender wirtschaftlicher Gegebenheiten bedeuten. Der Erste Weltkrieg nun und die Entwicklung danach zerbrach viele der früheren Protesthindernisse, und die europäische Arbeiterklasse versuchte, diese Chance zu ergreifen, um ihr Los zu verbessern.

4. Krieg, Revolution und Kommunismus

Der erste Weltkrieg wird oft als eine Wasserscheide, ja als *die* Wasserscheide der europäischen Geschichte betrachtet, als ein traumatischer Bruch mit der Politik des *ancien régime* der Vorkriegszeit. Dies gilt ebensosehr für die Geschichte der Arbeiterbewegung wie für andere Forschungsgebiete und insbesondere für diejenigen Historiker der europäischen Arbeiterschaft, die der Überzeugung sind, daß die Arbeiterklasse in der Zeit vor 1914 in ihrer überwältigenden Mehrheit reformistisch geworden sei. Denn die Zwischenkriegsjahre sollten die größten sozialen und politischen Umwälzungen seit Menschengedenken erleben. Viele Zeitgenossen blickten denn auch wehmütig auf die vermeintlich heitere Ruhe des Edwardianischen Englands oder des Wilhelminischen Deutschlands zurück – Vergleiche, die für die Gegenwart nur ungünstig ausfallen konnten. Solche Überlegungen waren natürlich weitgehend illusorisch, spiegelten die Sehnsucht der Oberschicht nach einer Gesellschaft, in der die Vermögensunterschiede enorm und breite Teile der europäischen Bevölkerung (Männer und mehr noch Frauen) vom Wahlrecht ausgeschlossen gewesen waren. Es trifft jedoch zu, daß die Politik der Zwischenkriegszeit in vielen europäischen Ländern von beispielloser Gewalttätigkeit gekennzeichnet war. Was die politische Rechte betrifft, so ergriffen in den meisten Ländern Osteuropas autoritäre Regime die Herrschaft, während fanatisierte Volksmassen 1922 in Italien Mussolini an die Macht brachten und elf Jahre später den Triumph des Nationalsozialismus in Deutschland erzwangen. Auf der Linken entstanden in Frankreich, Deutschland und Italien kommunistische Massenparteien, und unter den Auspizien Lenins und der russischen Bolschewisten wurde eine neue, revolutionäre internationale Bewegung gegründet, die sogenannte Dritte Internationale. Vor allem aber gab es 1917 zwei Revolutionen in Rußland. Die erste, die Februarrevolution, beseitigte lediglich die zaristische Autokratie; die zweite, die Machtergreifung der Bolschewisten im Oktober 1917, führte zur Gründung des ersten sozialistischen Arbeiterstaates der Welt und erfüllte das europäische Bürgertum mit Entsetzen. 1918 folgten in Österreich und Deutschland weitere Revolutionen, bei denen bewaffnete Arbeiter- und Soldatenräte die Macht übernahmen; und wenn es auch in keinem der beiden Länder zu einer erfolgreichen Diktatur des Proletariats kam, gab es doch in Deutschland in den folgenden fünf Jahren eine Reihe von Arbeiteraufständen. Ungarn erlebte 1919 seine fehlgeschlagene sozialistische Revolution, Italien 1919 und 1920 massive ländliche und städtische Unruhen mit Landbesetzungen durch das Agrarproletariat und Fabrikbesetzungen in den Industriestädten Mailand und Turin. Französische Berg-, Metall- und Bauarbeiter verursachten 1919/20 hohe Streikwellen; und manche Anarchosyndikalisten waren überzeugt, daß der Sturz der kapitalistischen Republik durch einen revolutionären Generalstreik bevorstehe, der seinerseits das Tausendjährige Reich des Sozialismus einleiten werde. 1934 wurde in Österreich die Erste Republik von einem blutigen Bürgerkrieg erschüttert, in dessen Verlauf die mutige Arbeiterbewegung dem gemeinsamen Ansturm des autoritären Katholizismus und des Heimwehrfaschismus zum Opfer fiel. In Spanien brach zwei Jahre später ein noch blutigerer und bekannter gewordener Konflikt aus, bei dem es in dem von Anarchisten kontrollierten Katalonien zu radikalen revolutionären Experimenten kam: Um zu überleben, mußte das lokale Bürgertum sich in ein proletarisches Gewand hüllen! Im selben Jahr wurde in Frankreich die Bildung der Volksfrontregierung zum Auftakt der größten Streikwelle in der französischen Geschichte vor 1968, einer Streikwelle, an der über 2 Millionen Arbeiter beteiligt waren, von denen viele ihre Fabrik besetzten. – Im Vergleich zu all dem blieb Großbritannien in der Zwischenkriegszeit von bitteren sozialen Konflikten *relativ* verschont; aber eben nur relativ. Gegen Ende des Krieges entstand im „Roten Clydeside" eine militante Betriebsrätebewegung, die für Arbeiterkontrolle in der Industrie eintrat. Bei Lokalwahlen in Glasgow konnten die Kommunisten Gewinne verbuchen. Zwischen 1919 und 1923 gingen in Großbritannien jährlich mehr als 35 Millionen Arbeitstage durch Streik verloren. Die zahlreichen Arbeitskämpfe der Bergleute nach 1920, in deren Verlauf gelegentlich auch die Verstaatlichung der Zechen gefordert wurde, gipfelten in dem etwas unzutreffend sogenannten „Generalstreik" von 1926. Danach erhielt die zugegebenermaßen winzige kommunistische Partei erheblichen Zulauf und die National Minority Movement versuchte, eine innergewerkschaftliche Opposition gegen die bestehende Gewerkschaftsführung aufzubauen.

Die Arbeiterbewegung war in diesem Zeitraum weit von einer allgemeinen revolutionären Gesinnung entfernt, doch erfreute sie sich eines beispiellosen quantitativen Wachstums. 1939 hatte die britische Labour Party, die in ihre Satzung nunmehr auch die Forderung nach Verstaatlichung aufgenommen hatte (Klausel IV), 450 000 Mitglieder, während die Zahl der Mitglieder in den affiliierten Gewerkschaften natürlich sehr viel größer war. In Deutschland waren in den frühen zwanziger Jahren zeitweilig mehr als 9 Millionen Arbeiter in den freien Gewerkschaften organisiert. In Spanien hatte es die CNT, die 1914 lediglich 15 000 Arbeiter für sich gewinnen konnte, vier Jahre später auf eindrucksvolle 1 Million Mitglieder gebracht. Auch die sozialistische Partei Spaniens wuchs Anfang der dreißiger Jahre sehr rasch. Die Expansion der italienischen Gewerkschaftsorganisation CGL war nicht minder eindrucksvoll: Von rund einer Viertelmillion Mitglieder im Jahre 1914 brachte sie es bis zum Oktober 1920 auf über 2 Millionen. Während der politischen Erschütterungen, die Frankreich 1936 heimsuchten, gewann die französische kommunistische Partei (PCF) in einem einzigen Jahr nicht weniger als 200 000 neue Mitglieder. Und die wiedervereinigte Gewerkschaftsbewegung, die sich Anfang 1921 in eine sozialistische und eine kommunistische Organisation gespalten hatte, erhöhte ihre Mitgliederzahl von einer Dreiviertelmillion Arbeiter binnen weniger Monate auf stolze 4 Millionen![1]

Offensichtlich ist also nach 1914 etwas geschehen, das die europäische Arbeiterklasse teilweise radikalisierte und in einem noch größeren Ausmaß politisierte. Fragt man die Historiker, so ist eine der häufigsten Erklärungen, daß in diesem Prozeß die Ereignisse des Ersten Weltkriegs eine entscheidende Rolle gespielt hätten.

Die Bedeutung des Kriegs

Die Begeisterung für den Krieg, die die Arbeiterklasse der meisten europäischen Nationen zunächst an den Tag gelegt hatte, machte verhältnismäßig schnell der Ernüchterung Platz, besonders in Mittel- und Osteuropa, und zwar aus einer Reihe recht naheliegender Gründe, unter denen die materielle Not an erster Stelle stand. Die von den Flotten der westlichen Alliierten gegen Deutschland verhängte Blockade führte zu einer dramatischen Verschlechterung der Lebensmittelversorgung im Lande, einer Verknappung, die durch den Abzug kriegsverwendungsfähiger Arbeitskräfte aus der Landwirtschaft noch verschärft wurde. Es ist in diesem Zusammenhang von Bedeutung, daß diese wirkungsvolle Blockade eines Landes, das schon seit langem auf den Import ausländischer Nahrungsmittel angewiesen war, noch nach dem Waffenstillstand und bis zur endgültigen Unterzeichnung des Versailler Friedensvertrages Mitte 1919 in Kraft blieb. Hunger oder unzureichende Ernährung in Verbindung mit einer großen Grippeepidemie, der 1918/19 Tausende von Menschen zum Opfer fielen, verursachten in vielen Teilen des Deutschen Reiches entsetzliche Zustände: im Januar 1919 starb jedes dritte Neugeborene innerhalb weniger Tage, und in Düsseldorf, das besonders schwer unter der Lebensmittel- und Brennstoffknappheit zu leiden hatte, lag die Säuglingssterblichkeit in jenem schlimmen Winter bei unvorstellbaren 80 Prozent.[2] In Rußland vollzogen sich die Revolutionen von 1917 vor dem Hintergrund noch härterer Winter, in Verbindung mit Lebensmittel- und Brennstoffknappheiten, die nicht nur durch kriegsbedingte Schwierigkeiten, sondern auch durch Arbeiterunruhen verschärft wurden. Nacheinander wurden der Zarismus und die provisorische Regierung unter Kerenskij gestürzt.[3]

Derartig schwere Hungersnöte gab es in Westeuropa nicht. Hier war die Lebensmittelknappheit eine von mehreren Ursachen für eine andere Geißel der Arbeiterexistenz, die massive industrielle Unruhen hervorrief, nämlich die Inflation. Das bestbezeugte Beispiel für dieses Übel lieferte das schwergeprüfte Mitteleuropa. Der Index der Lebenshaltungskosten in Deutschland (1900 = 100), der 1913, nach drei Jahren bisher beispielloser Inflation, bei 130 gelegen hatte, war bei Kriegsende auf 407 emporgeschnellt. Aber das war immer noch wenig, verglichen mit der folgenden Entwicklung und besonders der Hyperinflation von 1922/23. Das Ergebnis war, daß der Anstieg der Preise die Lohnsteigerungen weit übertraf: Die durchschnittlichen Reallöhne in Deutschland fielen im Verlauf des Ersten Weltkriegs um 55 Prozent und lagen noch 1921 10 Prozent unter dem Vorkriegsstand.[4] Diese Situation wurde zum entscheidenden Auslöser für Hungeraufstände und Streikaktionen, die wiederum in der unmittelbaren Nachkriegszeit dem politischen Radikalismus den Weg bereiteten.[5] Der französische Arbeiter hatte zwar weit weniger als sein deutscher Nachbar unter der Inflation zu leiden, aber leiden mußte auch er: Hatte der Index der Lebenshaltungskosten in Frankreich am Vorabend des Ersten Weltkrieges 100 betragen, so lag er im April 1920 bei 600 und wurde auch hier zum wesentlichen Auslöser der massiven Streikwelle in jenem Jahr.[6] In Mailand und Turin besetzten Maschinenbauarbeiter 1920 Fabriken, ebenfalls vor dem Hintergrund einer grassierenden Preisinflation.[7] Insofern kriegsbedingte Versorgungsmängel und die durch sie hervorgerufene Staatsverschuldung eine Inflation erzeugten, war der Krieg in der Tat ein treibendes Moment bei der Radikalisierung der Arbeiterschaft.

Aber auch in anderer Hinsicht wurden die Lebensbedingungen der europäischen Arbeiterklasse durch den Krieg beeinträchtigt. Um ihn erfolgreich weiterführen zu können und die Rüstungsproduktion auf einem Maximum zu halten, suspendierten einzelne Regierungen die arbeitsrechtlichen Schutzbestimmungen und verlängerten den Arbeitstag. Als Folge dieser Maßnahmen wuchs nicht nur die Unzufriedenheit in den Betrieben, sondern auch die Zahl der Betriebsunfälle stieg an, in Deutschland durchschnittlich um 50 Prozent.[8] Eine weitere Quelle des Unmuts war die Einschränkung der Freizügigkeit durch das Hilfsdienstgesetz von 1916. Dagegen wehrten sich vor allem die Metallarbeiter, die ihre starke Position auf dem Arbeitsmarkt ausnutzten, um bei den Arbeitgebern, die sich förmlich um sie rissen, relativ starke Lohnerhöhungen durchzusetzen. Damit kommen wir zu einem weiteren, recht paradoxen Punkt. Diese Facharbeiter lehnten die vermehrte Kontrolle in den Fabriken ab, mußten sich mit Inflationsraten herumschlagen, die sogar ihre überdurchschnittlichen Lohnsteigerungen zunichte machten, und hatten daher allen Grund, sich zu beklagen; aber ihre Qualifikationen gaben ihnen im Rahmen der nationalen Bemühungen um die Maximalisierung der Munitionsproduktion eine so starke Verhandlungsposition, daß Streiks nur um so wahrscheinlicher wurden.

Lebensmittelknappheit, Inflation, Verlängerung des Arbeitstages, zunehmende staatliche Reglementierung der Freizügigkeit – alle diese Dinge trugen dazu bei, die Unzufriedenheit in der Arbeiterklasse zu schüren, die sich dann in Arbeitskonflikte umsetzte, und zwar ungeachtet der Existenz „ausländischer" Feinde. In Großbritannien streikten im Februar 1915 zwei Wochen lang die Maschinenbauer am Clyde, und zwar entgegen den offiziellen Instruktionen ihrer Gewerkschaft. Drei Monate später folgten 200 000 Bergleute in Süd-Wales.[9] In Frankreich ging im Jahre 1917 eine Welle von Unruhen durch die Fabriken.[10] Die österreichische und die deutsche Regierung sahen sich seit 1916 mit Streiks konfrontiert, und zwar insbesondere mit Streiks von Metallarbeitern in den Munitionsfabriken. Im Januar 1918 wurden beide Staaten von riesigen Streikwellen erfaßt. Hinzu kam, daß die Streikenden nicht mehr ausschließlich wirtschaftliche Ziele verfolgten, sondern zugleich die Beendigung des Krieges sowie politische Reformen forderten, insbesondere die Demokratisierung des österreichischen und des deutschen Reiches.[11]

Dieser letztgenannte Punkt ist von besonderer Bedeutung. Im Kontext des Krieges führten wirtschaftliche Mißstände fast zwangsläufig zu gewerkschaftlichen *und* politischen Aktionen. Erstens verlangten die Arbeiter immer dringender eine Antwort auf die Frage, warum sie Opfer für einen Staat bringen sollten, der aufgrund seiner undemokratischen Struktur in keiner Weise ihre Interessen vertrat. So war es kein Zufall, daß streikende Arbeiter in Österreich, Deutschland und Rußland sich nicht nur mit der Größe der Brotration und dem Inhalt ihrer Lohntüten befaßten, sondern auch mit politischen Reformen. Zweitens: Da viele materielle Probleme jener Zeit kriegsbedingte Ursachen hatten, wandten sich die Arbeiter mit ihren Forderungen an die Regierung. Denn die Regierungen sind es, die Kriege führen und Friedensverträge abschließen. Weigerte sich eine Regierung, den Krieg zu beenden, konnte das zu ihrem Sturz führen. Ebendies geschah im Februar und wieder im Oktober 1917 in Rußland. Ganz ähnlich gab die Weigerung Präsident Wilsons und seiner Alliierten, mit dem deutschen Kaiser Frieden zu schließen, der demokratischen Reformbewegung in Deutschland im Oktober 1918 enormen Auftrieb.

Der Krieg rief also wirtschaftliche Komplikationen hervor, die nun gelegentlich auch den politischen Bereich erfaßten. Indessen waren es nicht einfach unerträgliche Arbeitsbedingungen in der Fabrik oder Probleme der Inflation, die jene enorme Unzufriedenheit auslösten, die schließlich in der Zeit zwischen 1917 und 1920 in Europa zum Ausbruch kam. Ein weiterer Faktor waren auch die industriellen Strukturveränderungen in einigen europäischen Staaten, die sich im Laufe des Krieges vollzogen. Eine solche Veränderung entstand z. B. durch den massiven Zustrom neuer Arbeitskräfte in diejenigen Industriezweige, die zwischen 1914 und 1918 eine ungeahnte Expansion erfuhren. Die spanische Wirtschaft erfreute sich in den Kriegsjahren eines erheblichen Aufschwungs, teilweise als Folge der spanischen Neutralität, die das Land zum Lieferanten von Industrieerzeugnissen für ganz Europa werden ließ.[12] In Italien führte die kriegsbedingte Nachfrage zu einer ungeheuren Expansion der Schwerindustrie im Norden des

Landes und im Zusammenhang damit zu einer massiven Erhöhung der Zahl der Arbeitskräfte in den großen Eisen-, Stahl- und Metallunternehmen Mailands, Turins und Genuas.[13] Diese Entwicklungen standen hinter der zunehmenden gewerkschaftlichen Mobilisierung, von der zu Beginn dieses Kapitels die Rede war. Sie waren aber auch der erste Schritt auf dem Wege zur Militanz, und dies gleich in mehrfacher Hinsicht. Die Hauptträger der Arbeitskämpfe und des politischen Radikalismus in Italien waren nun nicht mehr die Handwerker der Kleinstädte mit ihren radikalen Traditionen, sondern Maschinenbauarbeiter – gelernte und angelernte – in den großen Betrieben. Diese Arbeiter waren es, die 1920 ihre Fabriken besetzten (oft ohne den offiziellen Segen ihrer Gewerkschaft und manchmal sogar im Widerspruch zu ihr) und zur Basis der italienischen kommunistischen Partei wurden.[14] Ähnliche Entwicklungen lassen sich auch im Nachkriegs-Deutschland ausmachen. Charakteristisch für die plötzliche Konzentration von Beschäftigten in Großunternehmen war Krupp in Essen, wo die Belegschaft von ohnehin bereits beachtlichen 34 000 Mann im Jahre 1914 in nur vier Jahren auf 100 000 anwuchs. Thyssens Maschinenfabrik in Mülheim an der Ruhr expandierte im selben Zeitraum von 3000 auf 26 500. Große Maschinenbaufirmen und elektrotechnische Betriebe entwickelten sich auch in Berlin, während sich Chemiearbeiter in Leverkusen und Merseburg, vor allem aber in den berühmten riesigen Werken der BASF in Leuna zu konzentrieren begannen. Diese neuen Fabriken der metallverarbeitenden, chemischen und Elektroindustrie waren häufig bereits mit modernen Techniken der Fließband- oder Serienfertigung ausgerüstet, wie sie Henry Ford in den Vereinigten Staaten eingeführt hatte. Sie waren auch mit einer jüngeren Generation von Arbeitskräften besetzt: In der deutschen Metallindustrie hatte 1913 die Zahl der Beschäftigten zwischen 14 und 16 Jahren 10 728 betragen, stieg jedoch in den folgenden vier Jahren auf über 18 000, während die chemische Industrie, die erstmals im Kriege wirkliche Bedeutung als Beschafferin von Arbeitsplätzen gewann, die Zahl ihrer jugendlichen Beschäftigten im genannten Alter von 1179 auf 4204 vergrößerte. Ein nicht minder dramatischer Zuwachs war zwischen 1914 und 1918 bei der Beschäftigung von Frauen zu verzeichnen, obgleich viele der neuen weiblichen Arbeitskräfte durch die Demobilmachungsverordnungen nach Beendigung des Krieges dazu gezwungen wurden, wieder in ihre Familien zurückzukehren.[15] Zwischen dem Belegschaftswandel in Großbetrieben einerseits und der Häufigkeit von Arbeitskämpfen sowie dem politischen Radikalismus andererseits scheint es ein hohes Maß an Korrelation gegeben zu haben.[16] Diese jungen Arbeiter hatten weder Ähnlichkeit mit der alten Facharbeiteraristokratie, die eine langwierige Lehrzeit hinter sich hatte und Traditionen gewerkschaftlicher bzw. (auf dem europäischen Festland) parteipolitischer Organisation besaß; noch waren sie mit den traditionellen ungelernten und apathischen Arbeitskräften zu vergleichen. Sie waren angelernt, erhielten „vor Ort“ nur die notwendigste Unterweisung und waren in den Reihen der organisierten Arbeiterschaft bis dahin verhältnismäßig unterrepräsentiert. Dieser massive und rapide Zustrom frischen Blutes in die Fabriken warf für eine in Ehren ergraute Gewerkschafts- und Parteielite, die in handwerklichen Traditionen großgeworden war, eine Fülle von Problemen auf.[17]

Die Militanz von Maschinenbauern u. dgl. kann jedoch nicht allein mit der Rolle des angelernten Arbeiters erklärt werden; gewisse Teile der Facharbeiterschaft spielten ebenfalls eine entscheidende Rolle. Die Forderung nach einem Mitspracherecht der Arbeiter im englischen Clydeside wurde von einer Gruppe hochqualifizierter Maschinenbauer aufgestellt. Die Bewegung der Revolutionären Obleute, die im Laufe des Krieges in den großen Industriestädten Deutschlands entstand und bei der Revolution von 1918 noch eine wesentliche Rolle spielen sollte, wurde von den Drehern innerhalb des DMV getragen. Zwischen 1914 und 1918 geriet die Position dieser Facharbeiter auf vielfältige Weise in Gefahr: durch die Einstellung ungelernter Arbeiter für Aufgaben, die normalerweise Facharbeitern vorbehalten waren; durch die Einebnung von Lohnunterschieden; durch die Einführung von Akkordlohnsätzen; durch quantitative Unterbesetzung im Interesse der nationalen Verteidigung. Ermöglicht wurde all dies durch die Kooperation von Gewerkschaftsfunktionären mit den staatlichen Behörden, wie etwa in den „Whitley Councils"[17a] in Großbritannien oder beim „Burgfrieden" in Deutschland. Alles das führte dazu, daß britische Maschinenbauer sich ebenso radikalisierten wie die Revolutionären Obleute in den großen Munitionsfabriken Berlins oder ihre Kollegen in den Putilov-Werken in St. Petersburg, in den Autofabriken Mailands und Turins oder in Merrheims revolutionärer *Fédération des Métaux*.[18]

Aber nicht nur, daß der Krieg bestimmte Teile der europäischen Arbeiterbewegung radikalisierte, er schuf auch eine Fülle neuer Spannungen, die in der verhängnisvollen Spaltung dieser Bewegung in zwei feindliche Lager endeten. Dies lag in erster Linie daran, daß die Probleme, die mit der Unterstützung der jeweiligen nationalen Kriegsanstrengungen verbunden waren, unterschiedliche ideologische Stellungnahmen herausforderten und ältere Divergenzen wieder akut werden ließen. Einige marxistische Radikale der Vorkriegszeit, wie etwa Lenin oder Rosa Luxemburg, vertraten den Standpunkt, daß der Weltkrieg nichts anderes sei als ein Kampf zwischen gleichermaßen schuldigen imperialistischen Mächten, denen es um die Kontrolle von Märkten und um Investitionsmöglichkeiten gehe. In einer solchen Situation sei der Begriff des „Verteidigungskrieges", wie er von vielen vorgeblichen Sozialisten manipulativ verwendet werde, um ihre nationale Kriegspolitik zu rechtfertigen, einfach nicht haltbar. Nach Lenins Auffassung durfte die proletarische Revolution den Krieg nicht unterstützen, sondern mußte ihn beenden. Wie Karl Liebknecht, der einstige Sozialdemokrat und spätere Mitbegründer der Kommunistischen Partei Deutschlands (KPD), es ausdrückte: „Der wirkliche Feind steht innen."

Die Arbeiter sollten nicht gegeneinander kämpfen, sondern ihre Waffen gegen den inneren Feind, nämlich die Kapitalistenklasse richten. Der Entschluß der meisten sozialistischen und sozialdemokratischen Parteien Europas, die jeweiligen nationalen Kriegsanstrengungen zu unterstützen, war daher für Lenin und seine Gesinnungsgenossen ein Akt des Verrats an der Arbeiterklasse, zudem Beweis der Notwendigkeit, mit der bankrotten Theorie der Vergangenheit Schluß zu machen. Es galt, eine neue Internationale zu errichten, gereinigt von „reformistischen" und „zentristischen" Elementen und mit einer strafferen zentralen Leitung, um eine wahrhaft „internationale Perspektive" zu gewährleisten. So kam es zur Gründung der Dritten (Kommunistischen) Internationale, der im Verlaufe des Ersten Weltkrieges verschiedene Konferenzen von unzufriedenen und radikalen Sozialisten vorangegangen waren. Die Frage, ob man sich dieser neuen Organisation – der Inkarnation der Weltrevolution – anschließen solle oder nicht, führte zur Spaltung der Sozialistischen Partei Frankreichs auf ihrem Parteitag in Tours 1920 und danach auch zum Auseinanderbrechen des PSI. In beiden Fällen war das Ergebnis schließlich die Gründung einer kommunistischen Partei. In Deutschland verlief die Entwicklung anders. Hier hatte die unterschiedliche Einstellung zum Kriege bereits 1917 die Partei gespalten. Die Opposition gegen die „Mehrheitssozialisten" (MSPD), die die deutschen Kriegsanstrengungen unterstützten, schloß sich zur Unabhängigen Sozialdemokratischen Partei Deutschlands (USPD) zusammen und forderte einen „Frieden ohne Annexionen". Doch auch diese neue Partei spaltete sich 1920, als der Mehrheitsflügel beschloß, der Dritten Internationale beizutreten und sich mit der bis dahin verhältnismäßig unbedeutenden KPD vereinigte. Damit wurde aus der Kommunistischen Partei Deutschlands, die hervorgegangen war aus dem Spartakusbund (Karl Liebknecht und Rosa Luxemburg) sowie anderen Linksgruppierungen in Bremen, Hamburg und Berlin, eine Massenpartei.[19]

Solche Spaltungen innerhalb der sozialistischen Bewegungen Europas hatten jedoch nicht ausschließlich ideologische Ursachen. Aus weiteren kriegsbedingten Entwicklungen resultierten auch weitere Spannungen – Spannungen nicht nur zwischen Radikalen und Nichtradikalen in den Führungsgremien der verschiedenen Parteien, sondern auch zwischen der Gewerkschaftsführung einerseits und Mitgliedern an der Basis andererseits. Denn während Hunger und Inflation den mitteleuropäischen Arbeiter radikalisierten, wurden seine Führer durch Zugeständnisse der traditionellen Behörden, zu denen sich diese durch die Erfordernisse des Krieges genötigt sahen, mehr und mehr in die herrschende Ordnung hineingezogen. Selbst reaktionäre militärische Befehlshaber des Deutschen Reiches erkannten, daß ein moderner Krieg ohne eine gewisse Unterstützung durch die Arbeiterschaft und ihre Vertreter nicht geführt werden könne. Wäre diese Unterstützung ausgeblieben, so wäre der Rüstungsnachschub ins Stocken geraten. So räumten die deutschen Behörden den freien Gewerkschaften und der SPD das Recht ein, erstmals auch unter den im Staatsdienst Beschäftigten Mitglieder zu werben. Führende Gewerkschafter wurden von der Einberufung zum Militär ausgenommen, Gerichtsverfahren gegen sie eingestellt. Das Hilfsdienstgesetz von 1916 zwang die Unternehmer, Gewerkschafter als legitime Partner in Betriebsausschüssen zu akzeptieren. Das war ein erster Schritt zur Anerkennung der Gewerkschaften, die im November 1918 weitgehend erreicht wurde. So ist es nicht erstaunlich, daß Gewerkschaftsvertreter ihrerseits bestrebt waren, für die Dauer des Krieges Streiks zu ächten und Unruhen unter der Arbeiterschaft zu verhindern. Sie meldeten dem deutschen Oberkommando sogar die Namen von Streikführern! Ganz ähnlich erhielten führende Mitglieder der SPD neue Möglichkeiten der Mitgliederwerbung, durften ihre Publikationen in der Truppe verteilen und wurden zum ersten Male von maßgeblichen Ministern konsultiert. Für solche Vergünstigungen zeigte die SPD sich in großzügiger Weise erkenntlich: Sie gewährte der nationalen Kriegsanstrengung weiterhin ihre Unterstützung, sie schwieg zu der barbarischen Behandlung belgischer Zwangsarbeiter und sie entsandte sogar einige Mitglieder in neutrale Länder, um für Verständnis für die deutsche Sache zu werben.[20] So gerieten der Gewerkschafts- und der Parteiführung mehr und mehr die materiellen Probleme aus dem Blick, die den Gewerkschafts- und Parteimitgliedern in den letzten Kriegsjahren mit wachsender Heftigkeit zu schaffen machten. Jetzt waren es die Betriebsräte „vor Ort", die bei der Organisation von Streiks die Initiative ergriffen, und nicht mehr die traditionelle Hierarchie der Organisation. Der Weg zu der konterrevolutionären Rolle, welche die freien Gewerkschaften und die SPD in der Novemberrevolution 1918 und in den folgenden fünf Jahren spielen sollten, war bereits vorgezeichnet, ebenso wie die Abwanderung vieler Arbeiter zur radikalen Linken durch eben diesen „Verrat" vorbereitet wurde.[21] Hinzu kommt eine weitere Ursache dieser wachsenden Kluft zwischen Gewerkschaftsführung und Basis, die Gerald Feldman beschreibt:

„Die Gewerkschaften waren, was ihre personelle und organisatorische Struktur betraf, schlecht auf den Zustrom neuer Mitglieder vorbereitet, der nach 1917 allenthalben einsetzte und bei Ende des Krieges gewaltige Ausmaße erreichte. Es herrschte ein empfindlicher Mangel an Funktionären, und jene alte, handwerklich orientierte Gewerkschaftstradition und -organisation ließ sich nicht ohne weiteres den Erfordernissen des Großbetriebs und den neuen Impulsen in Richtung auf Industriegewerkschaften anpassen."[22]

Diese Spannungen zwischen einer Basis, die von wirtschaftlichen Problemen schier erdrückt wurde, und einer vorsichtigen und patriotischen Partei- und Gewerkschaftsführung mochten in Deutschland am ausgeprägtesten sein, waren aber auch in anderen Ländern nicht unbekannt. Es gibt Anhaltspunkte dafür, daß 1917 viele englische Arbeiter das Vertrauen in ihre offizielle Führung verloren hatten;[23] die französischen Streiks von

1917 bezeugen ähnliche Empfindungen.[24] Der einfache Arbeiter erlebte, daß seine alten Institutionen nicht dazu genutzt wurden, seine Interessen zu verteidigen, sondern vielmehr dazu, mit Kriegsregierungen zu kollaborieren und die Arbeiter nach Möglichkeit zu disziplinieren. Diese Erfahrung führte zur Abkehr von der Sozialdemokratie, die Teile der europäischen Arbeiterklasse bald darauf vollzogen.

So wurde der Erste Weltkrieg zu einem Anstoß für die tragische Spaltung der organisierten Arbeiterbewegung, eine Spaltung, die diese Bewegung in der Zwischenkriegszeit letztlich zum Scheitern verurteilen sollte. Der Krieg bewirkte auch eine Verwilderung der sozialen Sitten auf beiden Seiten des politischen Spektrums. Manche Heimkehrer von der Front waren entsetzt über das Töten und das Gemetzel, das sie miterlebt hatten; aber andere hatten sich an solche Brutalitäten gewöhnt. Manche kamen zurück und verlangten eine Entschädigung für die Opfer, die sie gebracht hatten; und so hing denn auch die allgemeine Unzufriedenheit, die nach 1918 in Frankreich und in Italien zu beobachten war, zumindest teilweise damit zusammen, daß der Sieg nicht die erwarteten Früchte brachte: Frieden, Sicherheit und höheren Lebensstandard. Daß diese Männer bewaffnet heimkehrten, klingt wie eine Plattitüde, war aber von größter Tragweite. Es ist schwer einzusehen, wie die Arbeiter und Bauern Mittel- und Osteuropas ohne diese Waffen ihre Kampfbereitschaft in die Tat hätten umsetzen können. Für viele war die Rückkehr in eine langweilige Friedensexistenz und für manche in die Arbeitslosigkeit, gelinde gesagt, schwierig.

Und schließlich bahnte der Erste Weltkrieg den Weg für Revolution und Revolte nicht nur durch seine Auswirkungen auf die Massen im industriellen Europa, sondern auch dadurch, daß er die Machtstellung der traditionellen Herrschaftselite durch ihre Niederlage untergrub. 1905 hatte in Rußland noch die Armee der proletarischen Erhebung ein Ende gemacht. 1917 konnte man sich nicht mehr darauf verlassen, daß sie dasselbe noch einmal tun würde – nicht nur, weil sie gegen einen äußeren Feind kämpfen mußte, während gleichzeitig in den Industriezentren Arbeiter die Macht ergriffen, sondern auch, weil es nicht mehr dieselbe Armee war. Erhebliche Teile des alten Offizierskorps waren verschwunden, und die Aushebung der Kriegsjahre hatte die Reihen der Soldaten mit kriegsunlustigen Bauern gefüllt. Schließlich zeigte sich Uneinigkeit in den herrschenden Kreisen selbst, sowohl, was die Führung des Krieges betraf, als auch in bezug auf die Rolle des Zaren. In Deutschland kam die Erkenntnis der Niederlage als ein ungeheurer Schock für die loyale Mittelschicht, der die zuständigen Stellen buchstäblich bis zur letzten Stunde Lügenmärchen über die militärischen Siege der Deutschen aufgetischt hatten. Dieser Schock und die durch ihn hervorgerufene Enttäuschung über die alte Ordnung erklären zumindest teilweise die Benommenheit und Tatenlosigkeit weiter nicht-revolutionärer Kreise der deutschen Gesellschaft, die den Arbeiter- und Soldatenräten im November 1918 eine unblutige Machtübernahme erlaubte. Hinzu kam, daß

Bevölkerungsschichten, die sich zuvor der Propaganda der Sozialisten oder ihrer Gewerkschaften entzogen hatten, nun nicht mehr so bedingungslos bereit waren, sich den Reihen der Reaktion anzuschließen. Viele Bauern wehrten sich gegen Versuche der Regierung, während des Krieges die Lebensmittelpreise zu kontrollieren. In Bayern verstärkte dies sogar die ohnehin bestehende partikularistische Klage über die zentralistische Bevormundung durch Berlin.[25] Gleichzeitig führte die Einebnung der Lohnunterschiede und die zunehmende Proletarisierung vieler Angestellten in Großbetrieben zwischen 1914 und 1918 zu einer gewissen Entschärfung des Antagonismus, der früher zwischen ihnen und den Arbeitern bestanden hatte, und veranlaßte manche Angestellte dazu, sich einer Gewerkschaft anzuschließen. In einigen Fällen ging der Verhaltenswandel so weit, daß sie zum ersten Male sozialistisch wählten.[26] So räumte der Erste Weltkrieg manche Hindernisse hinweg, die einer Revolte im Wege standen: Er vernichtete den traditionellen Repressionsapparat des Staates – selbst die deutsche Armee löste sich auf, nachdem sie Mitte Dezember den Rhein überschritten hatte, und stand damit für die konterrevolutionären Pläne einiger hoher Offiziere nicht mehr zur Verfügung[27] – und entwaffnete den potentiellen Widerstand anderer gesellschaftlicher Gruppen. Damit machte er die Revolution zumindest denkbar, wenn er auch deren Erfolg nicht verbürgte. Diese Perspektiven eröffneten den sozialistischen Parteien Europas zum ersten Male die Möglichkeit, ernsthaft über die Revolution nachzudenken. Hier lag der tiefere Grund für die Spaltung zwischen Radikalen und Reformisten.

Die Divergenzen innerhalb der sozialistischen Parteien, in der SFIO, der SPD und dem PSI, die zuvor bestenfalls latent geblieben waren, zumindest aber nicht völlig destruktiv gewirkt hatten, traten ausgerechnet jetzt, in der unmittelbaren Nachkriegszeit, voll zutage. Was früher lediglich theoretische Alternativen gewesen waren, wurde nunmehr Wirklichkeit.

Daß Not und Elend des Kriegs die Unzufriedenheit der Arbeiterklasse schürten und daß es des Weltkrieges bedurfte, um die traditionellen Gewalten zu schwächen, ist aus den genannten Gründen kaum zu bezweifeln. Fraglich ist jedoch, in welchem Umfange diese Entwicklungen allein das Resultat des Kriegs waren. So hat man selbst hinsichtlich der schwindenden Macht der alten Autoritäten mit einigem Nachdruck den Standpunkt vertreten, daß die zaristische Autokratie bereits durch die Niederlage im russisch-japanischen Krieg an Glaubwürdigkeit verloren habe und daß Brüche innerhalb der herrschenden Elite bereits *vor* 1914 sichtbar geworden seien: Die privilegierte Gesellschaft und das zaristische Regime trieben immer weiter auseinander.[28] Ähnlich war es in Deutschland. Zwar konnte niemand das Wilhelminische Regime als schwach bezeichnen. Es verfügte über eine beeindruckende Armee und erfreute sich der Unterstützung durch beachtliche Teile der agrarischen und industriellen Elite. Aber viele Zeitgenossen hatten doch das Gefühl, daß das politische Leben in eine Sackgasse geraten war. Bei den Reichstagswahlen von 1912 gab es eine Renaissance der Liberalen, die Sozialdemokraten verbuchten ungeheure Gewinne und wurden mit einem Drittel aller abgegebenen Stimmen zur stärksten Partei im Lande. Für die Regierung wurde es immer schwieriger, im Parlament die notwendige Mehrheit für ihre Gesetze zu finden, insbesondere wenn sie die Finanzen berührten. Es war keineswegs sicher, daß das politische System unverändert überleben könne. Ähnliche Probleme hatte auch die andere Militärmonarchie, Österreich–Ungarn. Hier gab es nicht nur eine zunehmende sozialistische Gefahr, sondern eine noch viel stärkere Bedrohung der Reichsintegrität durch den Nationalismus der ethnischen Minderheiten. So war die Vernichtung dieser drei Kaiserreiche in den Jahren 1917/18 zwar in vieler Hinsicht eine Folge von Kriegsentwicklungen, sie hatte jedoch Wurzeln, die in die Zeit vor 1914 zurückreichten. In Italien überlebte ein demokratisches Regierungssystem die Wirren der Jahre 1914–1918 und wurde schließlich ein Opfer des faschistischen, nicht des proletarischen Radikalismus. Doch selbst in Italien war Giolittis Konsensus bereits an den Folgen des Libyenkriegs 1911/12 zerbrochen.[29] George Dangerfields These, daß England aus der Gefahr, die ihm von Arbeitern, radikalen Feministinnen und den Iren drohte, nicht trotz des Ersten Weltkrieges, sondern *durch* ihn gerettet worden sei, mag etwas weithergeholt sein; aber immerhin beleuchtet sein Werk die Brüchigkeit des sozialen Friedens sogar im Edwardianischen England.[30]

So war die Sicherheit von Regierungssystemen im Vorkriegs-Europa keineswegs verbürgt. Dazu kommt, daß viele der wirtschaftlichen Probleme, vor denen Europa in der Zwischenkriegszeit stand, zwar durch Kriegsentwicklungen verschärft, aber keineswegs ausschließlich von ihnen verursacht worden waren. Zum Teil waren sie das Ergebnis einer von Klasseninteressen bestimmten Wirtschaftspolitik der Vorkriegszeit. So waren die Große Inflation in Deutschland und in geringerem Maße auch die weniger starke Inflation in Frankreich die Konsequenz einer konservativen Politik, die darauf verzichtet hatte, die enorm gestiegenen Staatsausgaben über eine hinreichend progressive Einkommenssteuer zu finanzieren – eine Schwierigkeit, die im Falle Deutschlands noch dadurch vergrößert wurde, daß im Kaiserreich die direkten Steuern nicht zentral, sondern von den Ländern erhoben wurden. Andererseits gab es wirtschaftliche Probleme, die ihren Ursprung in Nachkriegsentwicklungen und nicht in den Ereignissen von 1914 hatten: Die große Nachkriegsinflation im Weimarer Deutschland und in der ersten österreichischen Republik erhielt zusätzliche Nahrung durch die gewaltigen Sozialausgaben sozialdemokratischer Regierungen sowie durch die erzwungenen Reparationszahlungen an die siegreichen Entente-Mächte.[31] Ähnliches gilt für die Arbeitslosigkeit, die zwischen den beiden Kriegen zahlreiche proletarische Existenzen bedrohte und zweifellos Öl in das Feuer des Arbeiterradikalismus goß: In Großbritannien hatte die radikale Linke nur begrenzte Erfolge bei der Mobilisierung der Arbeitslosen;

viel spektakulärer war der Nutzen, den in Deutschland 1918 die Spartakisten und dann die KPD aus diesem menschlichen Elend zogen. Im April 1932 waren 80% der KPD-Mitglieder ohne Arbeit.[32] Gewiß, die Arbeitslosigkeit unmittelbar nach dem Kriege war z. T. eine direkte Folge des Kriegsendes, der Demobilisierung und des Überganges zur Friedenswirtschaft; aber die enorme Zunahme des Übels danach war doch ganz unverkennbar das Ergebnis der großen Wirtschaftskrise der späten zwanziger und frühen dreißiger Jahre. Sie war aber auch das Ergebnis von viel längerfristigen Entwicklungen: Rationalisierung und technische Modernisierung führten dazu, daß unproduktive Betriebe geschlossen und die menschliche Arbeitskraft durch neue Maschinen ersetzt wurden. Aufgrund solcher Rationalisierung und eines schlagartigen Nachfragerückganges reduzierte sich in der Stabilisierungskrise 1923/24 die Zahl der in der Frankfurter Metallindustrie Beschäftigten um die Hälfte.[33] Obwohl die Inflation der unmittelbaren Nachkriegszeit tatsächlich zu einem exportbedingten Aufschwung und fast zu Vollbeschäftigung geführt hatte, war das Ergebnis solcher Strukturveränderungen in der Wirtschaft, daß das Maß der Arbeitslosigkeit zwischen 1923 und 1939 auch in Perioden des Aufschwungs höher lag als selbst in den Jahren der Depression vor dem Ersten Weltkrieg.[34]

Kann man demnach die materielle Not der europäischen Arbeiterklasse zwischen den Kriegen nur teilweise dem Holocaust von 1914/18 zur Last legen, so läßt sich dasselbe auch von der Radikalisierung beträchtlicher Teile der europäischen Arbeiterschaft seit 1914 sagen. Wir haben bereits festgestellt, daß bei manchen Arbeitergruppen bereits in den Jahren *vor* dem Kriege ein Wiederaufleben der industriellen Militanz und des politischen Radikalismus zu beobachten war, insbesondere in den Häfen, den Zechen und in der Maschinenbauindustrie.[35] Wir haben gesehen, daß die eigentliche Ursache dieses neuerwachten Radikalismus in eben jenen Entwicklungen zu suchen war, die auch im Ersten Weltkrieg und danach weitergingen, ja sich noch beschleunigten, nämlich in der Dequalifikation mancher Berufsgruppen, im Aufkommen einer jungen, angelernten Arbeiterschaft usw. In Mailand, Turin, Berlin, Stuttgart, Wien, Linz, ja sogar in Budapest entstanden schon vor 1914 Massenindustrien, die eine ungeheure Zahl angelernter Kräfte beschäftigten, und zwar in der Elektrotechnik, dem Maschinen- und dem Kraftfahrzeugbau. Diese Arbeitergruppen waren deshalb frühzeitig von Experimenten mit dem „Taylorismus" betroffen, ebenso von verschärfter Kontrolle und Überwachung der mechanisierten Produktion im Betrieb.[36] Wie wir ebenfalls bereits gesehen haben, zeichneten sich Spaltungen zwischen Basis und Führung der Gewerkschaften und Arbeiterparteien schon vor 1914 immer deutlicher ab. Sie waren keine neuartige Erscheinung der Kriegsjahre. Dies bezeugen der Syndikalismus mancher britischen Arbeiter, die Spannungen in den Ruhrbergwerken zwischen den Organisationsfunktionären und denen, die sie zu vertreten behaupteten, schließlich der große Hafenarbeiterstreik in Hamburg im Jahre 1913.[37]

In Frankreich wandte sich die radikale Metallarbeitergewerkschaft von Beginn an gegen die Politik der nationalen Kriegsunterstützung, und ihr deutsches Pendant – bzw. dessen Vertreter in den Betrieben – widersetzte sich dem sogenannten Burgfrieden, den die Gewerkschaftsführer und die SPD diktiert hatten und der u. a. für die Dauer des Kriegs den Verzicht auf Arbeitskämpfe vorsah. Bezeichnenderweise erhielt die USPD in der Folge den größten Zulauf von jenen, die sich vor 1914 durch radikale Basisopposition gegen die Führung des DMV hervorgetan hatten. Wir haben auch gesehen, daß 1914 in einigen Teilen Italiens Barrikaden errichtet wurden und daß in Rußland die Großbetriebe in Moskau und St. Petersburg zwischen 1911 und 1914 eine markante Zunahme des bolschewistischen Arbeiteranteils zu verzeichnen hatten, wobei allerdings die Hintergründe umstritten sind.[38] Ein erheblicher Teil der Arbeiter, die in den Erhebungen von 1918 bis 1920 eine signifikante Rolle spielten, zeigten also bereits vor dem Ausbruch des Ersten Weltkriegs Unruhe.

Mit gleichem Recht kann man sagen, daß die ideologischen Differenzen, welche die verhängnisvolle Spaltung der europäischen Arbeiterbewegung in ein kommunistisches und ein sozialdemokratisches Lager begünstigten, bereits im Theoriestreit der Vorkriegszeit angelegt waren. So spiegelte die Spaltung der deutschen Sozialdemokratie gewissermaßen, wenn auch nicht ausschließlich, frühere Konflikte zwischen Revisionisten (Eduard Bernstein), Zentristen (Karl Kautsky) und radikalen Marxisten (Rosa Luxemburg) wider.[39] Ähnlich war es in Italien, wo es innerhalb des PSI schon lange Konflikte zwischen den sogenannten Maximalisten und den weniger radikalen Elementen um Turati gegeben hatte;[40] auch in der SFIO gab es Spannungen zwischen possibilistischen und marxistischen Traditionen.[41] Was sich zwischen 1914 und 1918 abspielte, war also dies: Eine Reihe von bis dahin unbequemen Bündnissen zwischen Radikalen und Reformisten zerbrach an den veränderten Verhältnissen, an der Entstehung realer revolutionärer Perspektiven, die die Auflösung der alten Regime und das Beispiel des russischen Proletariats vermittelten. Die Ursprünge der Kommunistischen Partei Frankreichs, Deutschlands bzw. Italiens lagen daher nicht allein in Lenins geistreichen Attacken gegen die bankrotte Zweite Internationale, sondern auch in der eigenen revolutionären Stimmung der sozialistischen bzw. sozialdemokratischen Parteien Frankreichs, Deutschlands bzw. Italiens vor dem Kriege. Wäre das nicht so gewesen, wie hätten die Kommunisten ihre früheren sozialdemokratischen Verbündeten des Verrats an der Vergangenheit bezichtigen und den Anspruch erheben können, die wahren Erben des Vorkriegssozialismus zu sein?

Zusammenfassend kann man also sagen, daß der Erste Weltkrieg gewiß dazu beitrug, Teile der europäischen Arbeiterklasse zu radikalisieren, insbesondere in jenen Ländern, die den Krieg verloren hatten und durch diktierte Friedensverträge gedemütigt wurden; aber längerfristige wirtschaftliche Entwicklungen und tiefer verwurzelte Überzeugungen auf seiten mancher Arbeiter kündigten bereits vor dem Kriege und unabhängig von ihm die tragische Entzweiung der europäischen Arbeiterschaft an.

Die Spaltung der Arbeiterschaft: Sozialismus kontra Kommunismus

Das wohl auffälligste Merkmal des Arbeiterprotests in Europa zwischen den beiden Weltkriegen war die Entzweiung zwischen sozialdemokratischen und kommunistischen Arbeiterorganisationen, zu der es in den meisten (wenn auch keineswegs allen) Ländern kam, sowie die nachfolgende Entstehung von kommunistischen Massenparteien in Frankreich, Deutschland und Italien. Zum Verständnis dieser entscheidenden Entwicklung ist es notwendig, Ereignisse vor, während und nach dem Ersten Weltkrieg zu untersuchen.

In einem sehr vordergründigen Sinne waren die Ursprünge der kommunistischen Massenparteien untrennbar mit der erfolgreichen Machtergreifung der Bolschewisten in Rußland im Oktober 1917 verbunden. Dieses Ereignis stärkte die Position Lenins und seiner Mitarbeiter gegenüber den sozialistischen Parteien Europas, die aber vor allem dort nicht unbestritten blieb, wo es – anders als bei den russischen Sozialisten – vor 1914 keine Spaltung in einen mehr und einen weniger revolutionären Flügel gegeben hatte.[42] Dieser Prestigegewinn und die Lehren aus dem Kriege, der den Radikalen den Bankrott der traditionellen Sozialdemokratie bestätigte, die den Internationalismus aufgekündigt und mit nationalen Regierungen zusammengearbeitet habe, benutzte nun Lenin, um eine neue revolutionäre internationale Organisation aufzubauen, die sogenannte Dritte Internationale. Die kommunistischen Organisationen, die sich nach den Parteitagen der französischen SFIO in Tours 1920, der USPD in Halle im selben Jahr bzw. des PSI in Livorno 1921 bildeten, bestanden aus denjenigen Gruppen innerhalb der genannten Parteien, welche den Anschluß an Lenins Dritte Internationale anstrebten und die berühmten – aus sozialdemokratischer Sicht berüchtigten – 21 Aufnahmebedingungen akzeptierten. Diese Klauseln verpflichteten die interessierten Organisationen zur Bildung einer „Partei neuen Typs", d. h. einer Partei, die von reformistischen und „zentristischen" Elementen gereinigt war und die Notwendigkeit einer stärkeren zentralen Lenkung – Kritiker sagten: einer stärkeren Kontrolle durch Moskau – einsahen, um nationalistische Vorurteile zu überwinden und eine wahrhaft internationale und revolutionäre Bewegung zu schaffen. In einem gewissen Sinne sollten also mit dem Entschluß, der Dritten Internationale beizutreten, die Schafe von den Böcken, die wirklichen Revolutionäre von ihren kleinmütigeren und halbherzigeren Kollegen geschieden werden.[43] In der Folge gewann Moskau dann auch wirklich zunehmende Kontrolle über diese neuen kommunistischen Parteien.[44] Aber die Ereignisse in Rußland hatten noch in einer weiteren Weise Einfluß auf die Entwicklung in anderen europäischen Arbeiterbewegungen: Je mehr die Aussichten auf eine erfolgreiche innere Revolution in Frankreich, Deutschland und Italien schwanden, desto mehr waren Sozialisten gezwungen, auf Rußland als das einzige Beispiel einer gelungenen proletarischen Revolution zu blicken.

Gleichwohl wäre es unzutreffend, wollte man sich die Spaltung der sozialistischen Bewegungen in Frankreich, Italien und Deutschland als glatten und irreparablen Bruch zwischen einer revolutionären Linken und einer reformistischen Rechten vorstellen. Dies zeigt beispielsweise der sehr rapide Umschwung in der Kommunistischen Partei Frankreichs (PCF) in den zwanziger Jahren. Auf dem Parteitag in Tours stimmten 1920 rund zwei Drittel der sozialistischen Delegierten für den Beitritt zur Dritten Internationale. Doch binnen drei Jahren hatte sich das Kräfteverhältnis zwischen der Rumpf-SFIO und der einstigen Mehrheit, aus welcher der PCF hervorgegangen war, umgekehrt. Tatsächlich gewann der PCF seine einstige Stärke erst in den dreißiger Jahren wieder, und zwar im Kielwasser der Depression und im Rahmen des Volksfrontbündnisses zwischen Sozialisten und Kommunisten. Dieser rapide Umschwung legt die Vermutung nahe, daß die ursprüngliche Mehrheit, die für die Gründung einer kommunistischen Partei gestimmt hatte, irgendwie ein falsches Bild gab – ein Eindruck, der sich bei genauer Prüfung der Ereignisse in Tours noch verstärkt. Viele Delegierte stimmten für den Beitritt zur Dritten Internationale nicht notwendigerweise deshalb, weil sie die leninistische Ideologie in allen Einzelheiten unterschrieben hätten, sondern aus einer Unmenge von recht verworrenen Gründen. Die bäuerlichen Delegierten, die die Mehrheit der für den Beitritt stimmenden Delegierten ausmachten, waren einfach gegen das traditionelle Agrarprogramm der SFIO; andere wieder sahen im Kommunismus eine Kampfansage gegen parlamentarisches Taktieren und sind eigentlich eher als Anarchosyndikalisten denn als Bolschewisten zu bezeichnen. So war es kaum überraschend, daß viele der den Beitritt unterstützenden Gruppen innerhalb der SFIO bald von dem neuen PCF enttäuscht waren und entweder freiwillig austraten oder als Abweichler aus den Reihen der Gläubigen ausgeschlossen wurden. Mit einem Wort, die Trennung von SFIO und PCF war ursprünglich alles andere als ein glatter Bruch zwischen Reformisten und Revolutionären. Lenin selbst mußte 1923 einräumen, daß es so etwas wie eine „leninistische Partei" in Frankreich nicht gab. Es sollte noch weitere sieben Jahre dauern, bis sich in Frankreich unter Maurice Thorez eine zuverlässige leninistische Parteiführung und eine neue Parteistruktur herausbildeten.[45]

Waren die Vorgänge in Frankreich verworren, so waren sie in Deutschland absolut chaotisch. Zunächst einmal hatte die SPD sich schon 1917 gespalten in einen Mehrheitsflügel (MSPD), der die Regierung im Krieg unterstützte, und einen ansehnlichen Minderheitsflügel (USPD), der dies ablehnte. Die Trennungslinie, die zwischen den beiden Organisationen verlief, entsprach jedoch nicht einer einfachen Scheidung von Reformisten und

Revolutionären. Es gab einige radikale Gruppen, die in der MSPD blieben, und das einigende Band der USPD war lediglich der Widerstand gegen den Krieg. Zu ihr zählten nicht nur echte Revolutionäre wie Rosa Luxemburg und Karl Liebknecht sowie der Hohepriester des zentristischen Marxismus, Karl Kautsky, sondern auch frühere Revisionisten wie Eduard Bernstein. Es trifft zwar zu, daß die radikalen Linken, die Spartakisten, im Dezember 1918 aus der USPD austraten, und sich anderen Gruppen anschlossen, die schon lange eine neue Partei gefordert hatten – der Hamburger und Bremer Linken und Borchardts Internationalen Sozialisten in Berlin –, um mit ihnen die KPD zu gründen. Aber das war Ende Dezember 1918 und damit vor den 21 Klauseln Lenins. Zudem gibt es auch hier Hinweise auf beträchtliche ideologische Divergenzen bei den Parteigründern. Beim Gründungsparteitag der KPD gab es eine klare ultralinke Mehrheit, die die Beteiligung an Parlamentswahlen ablehnte und aus den traditionellen Gewerkschaften austreten wollte. Bis Ende 1919 beherrschten diese Ultralinken die Partei; schließlich traten sie noch im selben Jahr aus, als die Partei erstmals deutlicher die Züge einer leninistischen Organisation zeigte.[46] Ferner unterschieden sich die sozialistischen Faktionen zwischen 1918 und 1923 von Ort zu Ort außerordentlich. In manchen Städten trafen SPD, USPD und KPD sich in der Forderung nach Vergesellschaftung. In anderen arbeiteten USPD und die Kommunisten zusammen; in wieder anderen Gegenden lagen diese beiden Parteien sich in den Haaren. In Sachsen tat sich die lokale SPD 1923 mit radikalen Aktionen hervor, von denen die vorsichtige nationale Parteiführung entsetzt war. Und schließlich zeigten sich auch in der MSPD-Basis vereinzelt Verhaltensweisen, die man eher bei Kommunisten erwartet hätte. Für einfache Arbeiter waren also die Grenzlinien zwischen den verschiedenen sozialistischen Faktionen, gelinde gesagt, alles andere als klar. Daß es den Arbeitern in dieser frühen Phase schwer fiel, zwischen den einzelnen Positionen ihrer Führer zu unterscheiden, läßt sich vielfach belegen.[47] So kann man nicht davon sprechen, daß die Spaltungsprozesse innerhalb der sozialistischen Parteien Europas unmittelbar nach dem Kriege einen unzweideutigen Bruch zwischen Radikalen und Reformisten anzeigte – zumindest nicht in der Anfangszeit.

Weder waren die Trennungslinien so klar, wie es zunächst den Anschein haben könnte, noch kann man sagen, daß sie ausschließlich das Ergebnis eines äußeren Druckes, insbesondere der Frage des Beitritts zur Dritten Internationale, gewesen seien. Man hat sogar die These vertreten, daß auch ohne diesen Druck der Bruch zwischen den verschiedenen Strömungen innerhalb des europäischen Sozialismus mehr oder weniger unvermeidlich war. In Italien war der PSI bereits vor 1914 nach links gerückt; und schon auf dem Parteitag im September 1918, bei dem die Maximalisten über rund 70 Prozent der Stimmen geboten, war davon die Rede, Turati und seine Fraktion aus der Partei auszuschließen. Gramsci und einige der jüngeren Radikalen in der Sozialistischen Partei Italiens waren enttäuscht von der zaghaften Parteiführung und der Weigerung Serratis Anfang 1920, die Rätebewegung zu unterstützen. Die zweite Welle von Fabrikbesetzungen im September steigerte diese Unzufriedenheit, und so kann der schließlich 1921 in Livorno gefällte Entschluß, der Dritten Internationale beizutreten, nur vor dem Hintergrund früherer ideologischer Kämpfe und Entzweiungen verstanden werden.[48] Dasselbe gilt für Frankreich. Wie wir bereits gesehen haben, waren die Debatten in Tours im Dezember 1920 höchst verworren; und auch hier gibt es Beweise dafür, daß einige Mitglieder der SFIO unabhängig vom Druck aus Moskau den Ausschluß des zum rechten Flügel zählenden Renaudel und seiner Freunde aus der Partei wünschten.[49] Der Fehlschlag der sozialistischen Wahlkampfstrategie 1918, als die höchste Zahl von rechtsgerichteten Deputierten seit 1871 in die Kammer gewählt wurde, und das Scheitern des von der CGT ausgerufenen Generalstreiks 1920 gaben den französischen Sozialisten weiteren Anlaß, nach einer Alternative zu reformistischen und anarchosyndikalistischen Konzepten zu suchen. In Deutschland wiederum waren die unzähligen Spaltungen innerhalb des sozialistischen Lagers das Ergebnis tiefgreifender ideologischer Meinungsverschiedenheiten und vielfältigen inneren Druckes. Die USPD bewegte sich seit 1918 rapide nach links, und schon vor dem Parteitag in Halle 1920 hatte der Konflikt zwischen Parteilinken und Parteirechten zu Spaltungen auf lokaler Ebene geführt.[50] Die Interventionen Moskaus, so bedeutsam sie unbestreitbar waren, betrachtet man daher wohl am besten als Förderung und Verfestigung bereits bestehender Friktionen.

Die Geschichte der Trennung von Sozialdemokratie und Kommunismus in der europäischen Arbeiterklasse läßt sich nicht einfach auf eine Reihe von ideologischen Differenzen älteren oder jüngeren Datums reduzieren. Es gab auch wichtige wirtschaftliche und soziale Streitursachen, und auch sie reichen bis in die Vorkriegsjahre zurück. Wir haben gesehen, daß am Vorabend des Ersten Weltkriegs die überwältigende Mehrheit der organisierten Arbeiterklasse sich aus den verhältnismäßig qualifizierten Teilen der Arbeiterschaft rekrutierte und daß die meisten Arbeiter sich vor diesem Zeitpunkt an keinerlei organisiertem Protest beteiligten. Aus der Zunahme von Massenindustrien und dem Aufkommen einer angelernten Arbeiterschaft ergaben sich jedoch kurz vor dem Krieg neue Belastungen. Es spricht vieles dafür, daß diese Qualifikationsgrenze bis zu einem gewissen Grade der späteren Spaltung zwischen kommunistischer und sozialdemokratischer Anhängerschaft entspricht. In Frankreich kamen die Arbeiter, die bei den Wahlen 1936 scharenweise dem PCF zuströmten und die Massenbasis für die große Streikwelle und die Fabrikbesetzungen jenes Jahres bildeten, aus den jungen Massenindustrien, die mitunter in neu entstandenen Industriegebieten angesiedelt waren. Während die SFIO in der südfranzösischen Bauernschaft und bei den Angestellten neue Mitglieder gewann, baute der PCF seine Position in den großen Industriestädten aus.[51]

In Italien waren die Zentren des Radikalismus die riesigen Maschinenfabriken von Mailand und Turin; und aus ähnlichen Betrieben in St. Petersburg, Budapest und Wien ging der harte Kern der Revolutionäre hervor.[52] Für Deutschland ist festgestellt worden, daß die revolutionäre Bewegung und später die KPD eine unverhältnismäßig hohe Anhängerschaft in neuen Industriezentren hatte, die während des Krieges rapide expandiert hatten und keine SPD-Traditionen besaßen, so in Teilen des westlichen Ruhrgebiets und in den chemischen Werken in Leuna.[53] In der Folgezeit scheint die KPD ihre Mitglieder überwiegend bei den weniger Qualifizierten und vor allem bei den Arbeitslosen gewonnen zu haben.[54] Diese Aufspaltung der Beschäftigten in eine neue Arbeiterschaft in den neuen Industrien und eine ältere Arbeiteraristokratie wurde von Altersunterschieden überlagert und zugleich verstärkt. Es herrscht weitestgehende Übereinstimmung, daß die radikalen Bewegungen und die kommunistischen Parteien Europas in der Zwischenkriegszeit weit mehr von den Jüngeren getragen wurden als die sozialdemokratischen Parteien.[55]

Es ist bezeichnend, daß diese neue, radikale Arbeiterklasse sich in ihrem wirtschaftlichen und politischen Konfliktverhalten weit unsteter zeigte, als es die alten Arbeiteraristokraten gewesen waren. Sie war sehr rasch zu mobilisieren, ließ jedoch die Reihen des organisierten Protests auch genauso schnell wieder im Stich. In Frankreich kam es nach der rapiden Mobilisierung von Tausenden neuer Gewerkschaftsmitglieder und deren Beteiligung an Arbeitskämpfen zwischen 1917 und 1920 zu einer ebenso rapiden Demobilisierung: Nach dem Scheitern des Generalstreiks von 1920 ging die Zahl der CGT-Mitglieder binnen weniger Monate von 2 Millionen auf 600 000 zurück.[56] Im Ruhrgebiet verloren die ultralinken Organisationen, die sich aus einer neuen und unerfahrenen Arbeiterschaft rekrutierten, ihre Mitglieder im allgemeinen schneller als die vorsichtigere Konkurrenz. Und viele radikale Arbeiter hatten sich 1921 für die restliche Zeit der Weimarer Republik von aktionistischer Militanz verabschiedet.[57] In Italien war die Welle von proletarischen Fabrikbesetzungen und Empörungen schon vor der faschistischen Offensive verebbt und daher für diese nur ein schwaches Hindernis.[58] Selbst in der weniger aufgewühlten Situation Großbritanniens kann eine analoge Entwicklung beobachtet werden: Der TUC, der bis 1920 nicht weniger als 8 Millionen Mitglieder gewonnen hatte, verlor in den folgenden beiden Jahren wieder 2,5 Millionen. Das Scheitern des britischen Generalstreiks im Jahre 1926 führte zu einem weiteren Mitgliederrückgang.[59] Der massive Zustrom neuer Mitglieder in die Reihen des organisierten Protests, der in der Zwischenkriegszeit zu verzeichnen war, erzeugte also mancherorts nicht nur eine radikalere, sondern auch eine unstetere Arbeiterschaft.

Wenn die unterschiedliche Sozialbasis der kommunistischen bzw. der sozialdemokratischen Parteien in diesem Zeitraum erörtert wird, ist die Diskussion des spanischen Beispiels eigentlich unpassend; denn die Kommunistische Partei Spaniens erlangte erst im Verlaufe des Bürgerkriegs, nach 1936, wirkliche Bedeutung, als sie die Waffenlieferungen an die republikanischen Streitkräfte wirksam kontrollierte. Es verdient jedoch, vermerkt zu werden, daß die bedeutsamere Spaltung zwischen Anarchosyndikalisten und Sozialisten in Spanien nicht nur auf ideologische Unterschiede, sondern auch auf Unterschiede in der sozialen Zusammensetzung der beiden Bewegungen zurückgeführt werden kann. Die anarchistische CNT fand ihre städtische Anhängerschaft in den wirtschaftlich bedrängten kleinen Textilbetrieben Kataloniens und oft bei Arbeitern, die im regionalen Kontext eines ländlichen Anarchismus aufgewachsen waren. Die Sozialistische Partei Spaniens dagegen stützte sich auf die großen Betriebe der Schwerindustrie in den Provinzen des nördlichen Baskenlandes. Als sie dann begann, Mitglieder aus dem landlosen Agrarproletariat Andalusiens und Estremaduras zu rekrutieren, wandelte sich bezeichnenderweise der Charakter der Organisation: Sie wurde viel radikaler und verlor erheblich an Disziplin.[60]

So hatte der Bruch in der europäischen Arbeiterbewegung in der Zwischenkriegszeit mehrere Ursachen: die Einflußnahme der erfolgreichen russischen Revolutionäre, das Fortwirken älterer, tiefverwurzelter ideologischer Antagonismen, den Wandel der Industriestruktur. Bis zu einem gewissen Grade können der Radikalismus in Teilen der Arbeiterklasse und die Enttäuschung über ihre traditionellen Organisationen auch auf eine Vielzahl wirtschaftlicher Übelstände zurückgeführt werden. Wir haben bereits gesehen, daß die Inflation auf dem europäischen Kontinent tief in den Lebensstandard der Arbeiter einschnitt und in Frankreich, Italien und Deutschland Streikwellen auslöste.[61] Ein weiteres enormes Problem bildete die Arbeitslosigkeit: Während der zwanziger und dreißiger Jahre gab es in den meisten europäischen Staaten eine ausgeprägte strukturelle Arbeitslosigkeit, aber dies war nichts, verglichen mit der verheerenden Wirtschaftskrise, die in Großbritannien 3 Millionen und in Deutschland erschütternde 7 Millionen Arbeitslose mit sich brachte. Diese Arbeitslosigkeit schürte jedenfalls den Radikalismus und bescherte der deutschen KPD den größten Teil ihrer Mitglieder und auch den britischen Kommunisten einige Unterstützung.[62]

Hier ist jedoch eine gewisse Vorsicht angebracht; denn auch in diesem Falle setzten sich die Reihen der Radikalen nicht in erster Linie aus den Ärmsten der Armen zusammen. So gehörten Maschinenbauarbeiter und Bergleute zur Spitzengruppe der proletarischen Lohnskala, und ihre zahlreichen Arbeitskämpfe in der unmittelbaren Nachkriegszeit waren z. T. eine Folge der starken Verhandlungsposition, die sie während eines kurzfristigen Aufschwungs der Schwerindustrie besaßen. Und die regionalen Streikschwerpunkte dieser Zeit – das Ruhrgebiet, Sachsen, Hamburg und Berlin – waren Gebiete mit überdurchschnittlichem Lohnniveau.[63] So war es nicht so sehr die Tatsache eines niedrigen Lohnes an sich als vielmehr die

Aushöhlung des Lebensstandards durch die Inflation, die eine Teilerklärung der Streikwellen zwischen 1918 und 1923 bietet.

Doch ist Vorsicht in bezug auf den möglichen Zusammenhang zwischen Lebensstandard und Radikalismus noch aus einem anderen Grunde angebracht: In manchen Ländern führten vergleichbare Kaufkraftverluste nicht zu einer vergleichbaren kommunistischen Massenbewegung. Es trifft zwar zu, daß die britischen Arbeiter dem Wüten der kontinentaleuropäischen Inflation entgingen und im Wirtschaftsaufschwung der unmittelbaren Nachkriegszeit sogar in den Genuß steigender Reallöhne kamen;[64] trotzdem brachte die massive Arbeitslosigkeit der dreißiger Jahre der verhältnismäßig kleinen Kommunistischen Partei nur begrenzten Zuwachs. Auch die strukturellen Veränderungen in der Industrie, von denen oben die Rede war – Dequalifikation, die schnelle Zunahme der Angelernten –, traten in Großbritannien genauso in Erscheinung wie anderswo, mündeten aber nicht in ein grundsätzliches politisches Zerwürfnis in den Reihen der Arbeiterschaft. Obgleich also ohne die wirtschaftliche und soziale Entwicklung der Durchbruch des Kommunismus nicht zu verstehen ist, bietet sie zweifellos keine zureichende Erklärung für dieses Phänomen. Auch Österreich kann als Kontrollfall dienen; denn auch dort blieb die Kommunistische Partei verhältnismäßig unbedeutend, während die Sozialdemokratie der Spaltung entging. Dies ist im Falle Österreichs um so bemerkenswerter, als das Land nach dem Ersten Weltkrieg eine galoppierende Inflation, massive Lebensmittelknappheiten und eine hohe strukturelle Arbeitslosigkeit aufwies.[65]

Im Falle Großbritanniens lassen sich verschiedene relevante Faktoren nachweisen, die erklären helfen, warum es dem Kommunismus nicht gelang, zur Massenbewegung zu werden. Einer dieser Faktoren ist das relative Fehlen einer radikalen politischen Tradition der Arbeiterklasse *vor* dem Kriege: wie wir gesehen haben, gingen die Spaltungen, die sich in Kontinentaleuropa ergaben, zumindest teilweise auf frühere ideologische Konflikte zurück. Hinzu kommt, daß sich in Großbritannien ein verhältnismäßig erfolgreiches System von Tarifverhandlungen bis hin zur nationalen Ebene entwickelt hatte, in das der Staat kaum eingriff.[66] Sozialpolitische Maßnahmen schützten die Arbeiterklasse ebenfalls bis zu einem gewissen Grade gegen die Folgen der Arbeitslosigkeit.[67] Am bedeutsamsten war aber vielleicht, daß der britische Staat immun gegen eine extrem rechtsgerichtete Politik blieb. Der Umstand, daß es in Großbritannien weder eine faschistische Massenbewegung noch jene alte Elite von Militärs, Beamten und Richtern gab, wie sie in manchen Teilen Europas nach wie vor eine beträchtliche Macht ausübte, ersparte der britischen Arbeiterschaft einen Teil jener Bedrückungen, welche die kontinentaleuropäische Arbeiterschaft zur Radikalisierung trieben. Einer der Hauptgründe für die Arbeiterempörungen in Deutschland war ja zweifellos das repressive Treiben der Freikorps.[68]

Nun mag all dies zwar verstehen helfen, weshalb sich der Kommunismus in Großbritannien nach 1918 nicht durchzusetzen vermochte, aber es erklärt nicht, wie die österreichische Sozialdemokratie ihre Einheit und die Treue der meisten Arbeiter erhalten konnte. Denn in der Ersten Republik gab es einerseits eine reaktionäre alte Elite und eine neue faschistische Massenbewegung, andererseits eine SPÖ mit marxistischer Tradition und einer Geschichte ideologischer Kontroversen, die in die Vorkriegszeit zurückreichte. Allerdings ist richtig, daß die SPÖ insgesamt eher links von der deutschen Sozialdemokratie stand und keinen so ansehnlichen rechten Flügel besaß. Infolgedessen hatte die radikale Linke weniger Anlaß als in der SPD, sich von der Mutterorganisation abzuspalten. Dies wurde besonders deutlich während der Revolution von 1918, als die Führung der SPÖ darauf verzichtete, ein Bündnis mit Teilen der Armee einzugehen, um den Aufruhr von links zu bekämpfen, wie die SPD es in Deutschland getan hatte. Statt dessen ließ sie die Bildung einer „Volkswehr" zu, die sich vorwiegend aus bewaffneten Arbeitern rekrutierte.[69] Hier scheint mir die eigentliche Erklärung für die Entwicklung von kommunistischen Massenbewegungen zu liegen: Sie traten dort auf, wo die alten Institutionen der Arbeiterschaft durch ihr Verhalten das Vertrauen ihrer Mitglieder verloren. In Großbritannien waren die Lohnsteigerungen der Nachkriegszeit zu einem guten Teil Erfolge der alten Gewerkschaftsorganisationen, die damit für die meisten Arbeiter ihre Legitimität behielten. Der deutsche Arbeiter hingegen sah sich nach dem Kriege mit der Inflation konfrontiert. Wenn er daraufhin in den Streik trat, fand er sich sogleich in Opposition zu seinen Gewerkschaften, die in engem Bündnis mit der sozialdemokratischen Regierung vor allem an der Gesundung der deutschen Wirtschaft interessiert waren. So ist es nicht überraschend, daß er sich oft sowohl der SPD- als auch der Gewerkschaftsführung entfremdete; und diese Entfremdung verwandelte sich in Wut, Empörung und Abkehr von der Sozialdemokratie, als eine SPD-Regierung reaktionäre Freikorps beispielsweise gegen streikende Bergleute einsetzte.[70] In Italien versäumte es der PSI, sich an die Spitze der Fabrikbesetzungen von 1920 zu stellen, was zu einer ähnlichen Enttäuschung führte;[71] und in Frankreich veranlaßte, wie wir bereits gesehen haben, die Wahlniederlage und das Scheitern eines Generalstreiks im Jahre 1920 manche Arbeiter dazu, eine neue Strategie zu suchen.[72]

Die Spaltung der europäischen Arbeiterklasse in ein sozialdemokratisches und ein kommunistisches Lager war also die Konsequenz eines Zusammenwirkens von ideologischen, wirtschaftlichen und sozialen Faktoren. Sie war aber auch eine Folge der Entscheidungen, welche die Führer der alten Institutionen der Arbeiterschaft getroffen hatten. Eins freilich ist nicht zu bezweifeln: Auf die Aussichten einer sozialistischen Revolution wirkte sich diese Spaltung in den meisten europäischen Ländern verhängnisvoll aus.

Erfolg und Scheitern der Revolution

Es erscheint kaum zulässig die europäische Arbeiterbewegung der Zwischenkriegszeit nach ihrem *revolutionären* Erfolg bzw. Mißerfolg zu beurteilen, und dies nicht nur deshalb, weil Rußland das einzige Land war, in dem sich das seltene welthistorische Ereignis einer proletarischen Revolution vollzog, sondern auch deshalb, weil viele Teile der europäischen Arbeiterklasse keine Sehnsucht nach Revolution zeigten, sei es, weil sie sie für zu riskant hielten, sei es, weil sie an einem sozialistischen Millenium nicht interessiert waren und nicht daran glaubten. Dazu kam, daß die europäische Arbeiterklasse zwischen 1918 und 1939 auf gewissen Gebieten bedeutende Fortschritte erzielte. So wurde in Großbritannien, Österreich und Deutschland die Arbeitslosenunterstützung eingeführt. Die Novemberrevolution von 1918 in Deutschland brachte die formelle, wenngleich zähneknirschende Anerkennung von Gewerkschaften durch die großen industriellen Verbände und die Einführung des Achtstundentages, der allerdings nicht lange erhalten blieb.[73] Österreich leistete Beachtliches in der Sozialfürsorge und im sozialen Wohnungsbau – bis zum Triumph der Reaktion 1934.[74] Im Frankreich der Volksfrontregierung bescherten die Vereinbarungen von Matignon 1936 der Arbeiterklasse zumindest vorübergehend die Vierzigstundenwoche sowie erstmals auch bezahlten Urlaub.[75]

Ungeachtet dieser Fortschritte ist jedoch nicht zu leugnen, daß die ursprünglichen Programme der SFIO, des PSI, der SPD, der SPÖ und der PSOE, geschweige denn diejenigen der kommunistischen Parteien, im Europa der Zwischenkriegszeit uneingelöst blieben. Denn alle diese Parteien waren, zumindest theoretisch, für die Vergesellschaftung der Produktionsmittel, die Abschaffung des Kapitalismus – mit welchen Mitteln, war natürlich am heftigsten umstritten – und die Errichtung einer egalitären Gesellschaft. Allein in Rußland war die alte Wirtschaftsordnung mit Stumpf und Stiel ausgerottet worden. Nur dort war es dem Proletariat wirklich gelungen, eine sozialistische Revolution durchzusetzen. (Allerdings muß hinzugefügt werden, daß das, was in Rußland als Sozialismus ausgegeben wurde, kaum den Erwartungen vieler europäischer Sozialisten entsprach.) Wie kam das?

Eine der Erklärungen für den Erfolg, der den russischen Revolutionären beschieden war, den Sozialisten im übrigen Europa aber versagt blieb, ist schon von den Bolschewisten selbst gegeben und später von der sowjetischen und der DDR-Geschichtsschreibung übernommen worden: In Rußland, so heißt es, hatte die Revolution Erfolg, weil es die bolschewistische Partei gab, weil schon seit geraumer Zeit – genauer gesagt, seit 1903 – eine Partei von engagierten Revolutionären existiert hatte, die von allen reformistischen und „zentristischen" Elementen gereinigt war und unter straffer zentralistischer Führung stand. Umgekehrt wird es dem Fehlen einer solchen Partei „neuen Typs" angelastet, daß es den Linkskräften in Deutschland und Österreich während der Revolutionen von 1918 bzw. in Italien bei den Fabrik- und Landbesetzungen des *biennio rosso* (1919/20) nicht gelang, die uneingeschränkte Macht zu übernehmen.[76] Es mag wohl sein, daß die Existenz einer straff disziplinierten Organisation von entschlossenen Revolutionären für die eigentliche physische Machtergreifung, wie sie sich im Oktober 1917 in Rußland vollzog, förderlich oder sogar unentbehrlich ist. Und gewiß ist schwer einzusehen, wie es angesichts der Konfusion in den sozialistischen Parteien Italiens und Deutschlands sowie der Rolle der Reformisten in ihren Reihen eine klarsichtige Führung radikaler Arbeitergruppen hätte geben können. Aber eine solche Erklärung für den Erfolg oder das Scheitern der Revolution ist viel zu eindimensional. Was der Untersuchung bedarf, sind nicht nur die organisatorischen Strukturen der europäischen Arbeiterklasse, sondern insbesondere auch deren Handlungsbedingungen: Es bestanden enorme Unterschiede zwischen der Situation in Rußland und der in anderen Ländern.

Zunächst einmal kann man den Standpunkt vertreten, daß die spezifische wirtschaftliche und politische Lage Rußlands im Jahre 1917 auf jeden Fall eine zweite Revolution hervorgebracht hätte, ob mit den Bolschewisten oder ohne sie. Das russische Proletariat lebte infolge des Kriegs in entsetzlicher materieller Not, und die Beendigung dieser Not setzte daher zwingend die Beendigung des Kriegs voraus. Doch die Provisorische Regierung, die als Ergebnis der Februarrevolution an die Macht gekommen war, wollte die Fortsetzung des Kriegs. Daher verlangte die Behebung der materiellen Not in der russischen Arbeiterklasse die Beseitigung der Provisorischen Regierung. Es bedurfte also nicht erst der Aprilthesen Lenins, die erklärten, Rußland könne sogleich über das Stadium der bürgerlichen Revolution hinausgehen, um die Arbeiter in Moskau und Petersburg zur Forderung nach weiteren politischen Veränderungen zu bewegen. Es gab in dieser konkreten Situation eine gleichsam eingebaute Dynamik zur Radikalisierung der Massen. Das wird auch durch den Umstand belegt, daß beim Juliaufstand 1917 sogar Mitglieder der menschewistischen Partei Plakate mit offenkundig bolschewistischen Forderungen trugen, wie denn dieser Aufstand auch fast gegen den Willen der Bolschewisten stattfand.[77] Noch einmal: dies soll nicht heißen, daß die Existenz der bolschewistischen Partei für die tatsächliche Machtergreifung irrelevant gewesen sei. Es ist auch nicht zu bestreiten, daß die Bolschewisten mit ihrem Schlagwort „Land, Friede, Brot" die Stimmung der Massen trafen. Wohl aber ist zu sagen, daß die Maßnahmen der Provisorischen Regierung und die Fortsetzung des Kriegs eine explosive Lage schufen, welche die Bolschewisten dann für sich ausnutzten – zugegebenermaßen mit großem Geschick.

In anderen europäischen Ländern war die Situation anders. Die demokratischen Regierungen, die im Gefolge der österreichischen bzw. der deutschen Revolution von 1918 gebildet wurden, waren an einem raschen Friedensschluß interessiert und erreichten dieses Ziel auch. So spielte ein wesentliches Motiv für radikale Aktionen, das in Rußland gegeben war, in Mitteleuropa keine Rolle mehr und erst recht nicht in den siegreichen Ländern England, Frankreich und Italien, in denen die herrschenden Klassen den Krieg unbeschadet überstanden und weder die Schmach der Niederlage noch die Last der Reparationen zu tragen hatten. Indes gab es noch wesentlichere Unterschiede zwischen Rußland und dem übrigen Europa, die den revolutionären Teilen der westeuropäischen Arbeiterklasse weniger Spielraum ließen, und zwar insbesondere Unterschiede der Gesellschaftsstruktur und des politischen Zusammenhalts.

Zunächst einmal hatte der Erste Weltkrieg nur in wenigen europäischen Ländern die völlige Auflösung des alten Staatsapparates zur Folge. Während Meinungskämpfe innerhalb der zaristischen Führungsschicht und vor allem die Auflösung der russischen Armee den Hintergrund für den Erfolg Lenins bildeten, blieben Militär und Ordnungskräfte der siegreichen Entente-Mächte intakt und stellten eine zuverlässige Waffe gegen proletarische Unbotmäßigkeit dar, wie etwa in Italien, wo sie sich oft mit den Faschisten verbündeten, und sogar gegen Arbeitskämpfe, wie 1920 in Frankreich. Von Österreich und Deutschland kann man dasselbe offensichtlich nicht sagen. Hier war es Arbeiter- und Soldatenräten gelungen, im November 1918 die Macht zu ergreifen, und mit dem alten Einfluß des Militärs war es, zumindest für eine Zeitlang, vorbei. Die Entwicklungen in diesen beiden Ländern beleuchten jedoch den entscheidenden Unterschied zwischen der Lage in Rußland und der in den meisten anderen europäischen Staaten: Hier sah sich das Proletariat kraftvollen oppositionellen und konterrevolutionären Gruppen gegenüber.

Aus einer ganzen Reihe von historischen Gründen – u. a. Abhängigkeit von ausländischem Kapital und enge Verflechtung des Staates mit dem industriellen Wachstum – besaß Rußland 1917 kein Industriebürgertum von einigem Umfang und Einfluß, welches entweder das soziale Fundament einer liberalen Demokratie hätte abgeben können oder für die Finanzierung der Konterrevolution in Frage kam.[78] So gab es in Rußland eine verhältnismäßig polarisierte Sozialstruktur, in welcher eine parasitäre grundbesitzende Elite einem entfremdeten Bauerntum und Proletariat gegenüberstand. Selbst die bürgerliche Intelligenz, die seit Generationen unterdrückt wurde und ihre geistigen Anregungen von den revolutionären Ideen des Westens empfing, identifizierte sich eher mit Arbeitern und Bauern als mit jener Elite.[79] Unter diesen Voraussetzungen – Vernichtung der Armee, Fehlen von sozialen Zwischenschichten – hatte das russische Proletariat daher viel freiere Hand als das Proletariat im Westen – jedenfalls so lange, wie es gemeinsam mit dem Bauerntum oder zumindest nicht gegen dessen Widerstand operieren konnte. Hierin lag der zweite wesentliche Unterschied zwischen Rußland und den Ländern im Westen: 1917 war das russische Bauerntum revolutionär – zwar nicht in dem Sinne, daß es sich den Grundsätzen des Sozialismus anschloß, aber doch insofern, als es Anspruch auf Landbesitz erhob und jede Regierung ablehnte, die das Recht auf Land nicht anerkennen wollte. So erkaufte Lenin sich mit der Übernahme des sozialrevolutionären Schlagwortes „Land für die Bauern“ zumindest das zeitweilige Stillhalten, wenn schon nicht die aktive Unterstützung des Bauerntums. Und die Drohung, die weißen Armeen könnten Grund und Boden den einstigen aristokratischen Besitzern zurückgeben, half, die wachsende Kluft zwischen bäuerlichen und proletarischen Bestrebungen im Bürgerkrieg zu verdecken, was wiederum den Bolschewisten ermöglichte, ihre höchst labile Kontrolle des Landes zu festigen.

Im übrigen Europa lagen die Dinge ganz anders. Erstens gab es in Großbritannien, Frankreich, Deutschland und Italien eine gewichtige und einflußreiche Mittelschicht. In den drei letztgenannten Ländern konnte man damit rechnen, daß die Industriellen die bestehende Regierung – und bei Gelegenheit auch eine gewaltsame Konterrevolution – nicht nur unterstützten, sondern gegebenenfalls auch finanzierten.[80] Ferner hätte es ein revolutionäres Proletariat bei dem Versuch einer sozialen Revolution nicht nur mit der Elite der Industriellen zu tun bekommen, sondern auch mit beachtlichen Teilen der Angestellten, Kleinhändler, selbständigen Handwerker und *grundbesitzenden* Bauern. Mehr noch, einige dieser Gruppen waren bereits vor dem Ersten Weltkrieg von konterrevolutionären Organisationen mobilisiert worden, beispielsweise in Deutschland, während andere unter dem Einfluß katholisch-populistischer Politik standen, beispielsweise im Nachkriegs-Italien.[81] Es ist zwar richtig, daß nur wenige sozialistische bzw. sozialdemokratische Parteien eine angemessene politische Strategie zur Mobilisierung der Bauern entwickelt hatten; aber wie hätten diese Parteien auf der einen Seite die Interessen des Proletariats vertreten und ihren ursprünglichen Grundsätzen treu bleiben und auf der anderen Seite die Unterstützung jener Bauern gewinnen können, deren Anspruch auf Land von der alten Ordnung bereits als berechtigt anerkannt worden war? Hierauf fällt die Antwort schwer. Wenn sozialistische Parteien dennoch einmal Fortschritte in ländlichen Gebieten machten, dann entweder bei Lohnarbeitern, wie etwa in Teilen Norditaliens und Deutschlands, oder bei Teilpächtern, wie etwa in Italien und Frankreich. Selbständige, grundbesitzende Bauern, die sich der Linken anschlossen, waren zweifellos eher die Ausnahme als die Regel und hatten meistens mit besonderen Schwierigkeiten zu kämpfen, insbesondere mit den Nachfrageschwankungen bei Wein.[82] In Wirklichkeit spielten gerade die Bauern sowie die städtische und ländliche Mittelschicht eine führende Rolle sowohl in den konterrevolutionären Freikorps, welche die Arbeitererhebungen an der Ruhr niederwarfen[83], als auch in der faschistischen Bewegung, die Anfang der zwanziger Jahre in Italien den Sozialismus zerschlug. So war die radikale Arbeiterschaft im Europa der Zwischenkriegszeit weitgehend isoliert und sah sich dem Widerstand zahlreicher gesellschaftlicher Gruppen gegenüber. Das Ausmaß dieser Isolierung mag die Tatsache verdeutlichen, daß die Freikorps in Deutschland binnen kürzester Frist nicht weniger als etwa 400 000 Mann anwerben konnten[84] und daß die meisten europäischen Staaten in jener Zeit einen bedeutenden ländlichen Bevölkerungsanteil hatten.[85] In Italien hatten Fabrikarbeiter und Bauern während des Ersten Weltkriegs nichts füreinander übrig, da jede der beiden Gruppen sich von der anderen ausgebeutet fühlte.[86] In Österreich führten sozialdemokratische Razzien auf dem Lande zum Zwecke der Lebensmittelbeschlagnahmung sowie ähnliche Entwicklungen in Ungarn im Verlaufe der Revolution von 1919 ebenfalls zu einer Entfremdung breiter Kreise der bäuerlichen Bevölkerung und trieben die Industriearbeiterschaft noch tiefer in die Isolation.[87]

Mit all dem soll nicht gesagt werden, daß eine proletarische Revolution an dem mechanischen Hindernis eines zahlenmäßig großen Widerstandes scheitern *muß*. Man könnte darauf verweisen, daß auch eine proletarische Minderheit unter günstigen Umständen die Macht ergreifen kann, wie dies in Rußland im Oktober 1917 geschehen ist. Wohl aber bedeutet es, daß jeder Versuch einer sozialistischen Revolution mit großer Wahrscheinlichkeit zu einem Bürgerkrieg geführt hätte. Mit eben diesem Argument rechtfertigte denn auch die SPD-Führung 1918 ihre Weigerung, sich auf eine echte sozialistische Revolution einzulassen. Daß eine proletarische Erhebung zum Bürgerkrieg führen konnte, war überdies nur *ein* Teil des Problems, daß eine solche Kraftprobe nicht notwendig mit einem Sieg enden mußte – um es einmal vorsichtig auszudrücken –, der andere. Das lehrt m. E. der österreichische Bürgerkrieg von 1934. Bei diesem Konflikt wurde eine organisierte, disziplinierte und *geschlossene* Arbeiterbewegung das Opfer der vereinten Kräfte von paramilitärischen Organisationen der Faschisten, die sich aus dem Bauerntum und der städtischen Mittelschicht rekrutierten, und staatlichen Einrichtungen, der Armee und der Polizei.[88] Selbst wenn sich die europäische Arbeiterschaft also hinter einem revolutionären Banner gefunden und Organisationen bolschewistischen Typs außerhalb Rußlands besessen hätte, ist doch ziemlich klar, daß jeder Versuch einer sozialistischen Revolution auf schier unüberwindliche Hindernisse gestoßen wäre.

Nun war jedoch diese Arbeiterbewegung, wie wir gesehen haben, alles andere als geschlossen. Schon ganz vordergründig gab es einen sozialdemokratischen und einen kommunistischen Flügel; aber das war noch keineswegs alles. Selbst die radikale Linke pflegte noch in eine ganze Reihe von Untergruppierungen zu zerfallen. So bestand beispielsweise in Deutschland die radikale Linke nicht nur aus der KPD, die selber in verschiedene Fraktionen zerstritten war und einen politischen Zickzackkurs steuerte; dazu gehörten auch die KAPD, die sich 1919/20 von der KPD abspaltete und noch aufrührerischer gesonnen war, diverse anarchosyndikalistische Gruppen an der Ruhr und außerdem die USPD, von der, ebenfalls 1920, nur ein Teil zu der bis dahin noch schwächlich entwickelten KPD überwechselte.[89] Unter diesen Umständen ist es kaum verwunderlich, daß sich keine gemeinsame revolutionäre Führung mit klaren Zielvorstellungen herausbildete. In Italien gehörten dem PSI ursprünglich Reformisten wie Revolutionäre an; doch als 1921 in Livorno die Kommunistische Partei Italiens gegründet wurde, wurde auch sie von Bordiga und seinen Anhängern links überholt.[90] Die ungarische Revolution ging gleichfalls an den Zwistigkeiten zwischen Sozialdemokraten und Kommunisten zugrunde.[91]

Ohne eine klarsichtige und geschlossene revolutionäre Führung hätten die radikalen Teile der europäischen Arbeiterklasse ihre Ziele selbst unter günstigen Umständen kaum erreichen können. Mit einer konterrevolutionären oder doch apathischen und vorsichtig operierenden Sozialdemokratie – wie dies in einigen europäischen Ländern der Fall war – hatten sie gar keine Chance. In Italien weigerte sich die Führung des PSI, die Fabrikbesetzungen von 1920 als Ansatz für eine breitere Politik der Machtergreifung zu nutzen.[92] Das bekannteste Beispiel ist die Führung der deutschen Sozialdemokratie, die in den Jahren 1919 und 1920 mit der Obersten Heeresleitung und der Bürokratie des alten Regimes gemeinsame Sache machte, um den Aufruhr von links zu zerschlagen. Sie sanktionierte sogar die Auflösung von nicht-radikalen Arbeiterräten und unterdrückte Bewegungen, die eine *demokratische* Reform anstrebten und die Beseitigung des alten Offizierskorps und der kaisertreuen Beamten verlangten.[93] So verhielten sich die Führer von Parteien, deren Theorie die sozialistische Gesellschaftsordnung forderte. Wie konnte es dazu kommen?

Die SPD hätte (und hat) ihre vorsichtige Politik etwa folgendermaßen erklärt: Unter den chaotischen Umständen bei Kriegsende ist eine sofortige Vergesellschaftung der Produktionsmittel nicht möglich, weil sie zu einem noch größeren wirtschaftlichen Elend führen würde. Oberste Priorität muß fürs erste die Wiederherstellung der deutschen Wirtschaft haben. Außerdem könnte eine Vergesellschaftung zum Eingreifen der Alliierten und zur Beschlagnahmung von vergesellschafteten Unternehmen führen. Wir sind ferner auf die Kooperation der alten Einrichtungen des Staates angewiesen, um Recht und Ordnung aufrechtzuerhalten, um zu gewährleisten, daß Lebensmittellieferungen ihren Bestimmungsort erreichen und um die Armee zu demobilisieren. Daher sind die Fachkenntnisse der Staatsbeamten und die Disziplin der Offiziere für unsere Ziele unentbehrlich. Und schließlich können wir das Land nicht in Bürgerkrieg und Blutvergießen stürzen.

Manche dieser Punkte lassen sich nicht ohne weiteres von der Hand weisen. Die Sorge über die beklagenswerte Misere des deutschen Alltags nach dem Ende des Krieges und den Wunsch, Blutvergießen zu vermeiden, kann man kaum mit einer Handbewegung abtun. Auch ein mögliches Eingreifen der Entente-Mächte war kein reines Phantasieprodukt: Sie griffen ja in den russischen Bürgerkrieg ein, sogar unter weit weniger günstigen Umständen, und besetzten 1923 wirklich das Ruhrgebiet. Trotzdem ist es bezeichnend, daß die SPD darauf verzichtete, demokratiefeindliche Beamte durch nichtradikale Räte zu ersetzen, obwohl Recht und Ordnung und die Demobilisierung unter den Auspizien der neu gebildeten Räte kaum Wünsche offen ließen. Es steckt also doch etwas mehr hinter dem ominösen Bündnis zwischen Ebert, dem Führer der SPD, und General Groener von der Obersten Heeresleitung. Dafür spricht auch, daß die SPD Arbeiteraufstände von links niederwarf und die Morde an Rosa Luxemburg und Karl Liebknecht ohne schlechtes Gewissen zur Kenntnis nahm. Die eigentliche Erklärung für das Verhalten der SPD-Führung ist in Entwicklungen der Vorkriegszeit und während des Krieges zu suchen, die bereits beschrieben worden sind. Die SPD hatte vor dem Kriege einen massiven organisatorischen Apparat aufgebaut. Was sie in den Nachkriegsjahren tat, war, diesen Apparat sowie die Organisation der eng mit der SPD verbündeten freien Gewerkschaften gegen die Konkurrenz der radikalen Linken und der Rätebewegung zu verteidigen. In gewissem Sinne spielte die SPD im Verlauf der deutschen Revolution dasselbe Spiel wie der deutsche Generalstab – sie betrieb ihre Selbsterhaltung. Es trifft allerdings auch zu, daß die Reformisten, deren Position in der deutschen Sozialdemokratie durch Entwicklungen während des Krieges und vor allem durch die 1917 erfolgte Abwanderung der radikaleren Elemente in die USPD erheblich gestärkt worden war, die Errichtung einer parlamentarischen Demokratie und nicht eine Diktatur des Proletariats als ihr Hauptziel betrachteten. Doch unseligerweise suchten sie sich im Kampf gegen die angeblich antidemokratische Linke genau jene zweifelhaften Bundesgenossen, die später die Demokratie von Weimar unterminierten.

Das konterrevolutionäre Verhalten der SPD von 1918 bis 1923 und die vorsichtige Zurückhaltung der italienischen Sozialdemokraten wirft jedoch noch ein anderes entscheidendes Problem auf. Entsprach vielleicht die Politik dieser Parteien den Wünschen ihrer Wählerschaft, so daß in einem gewissen Sinn das Scheitern revolutionärer Initiativen im nicht-russischen Europa nur die nicht-revolutionäre Natur der europäischen Arbeiterklasse widerspiegelte? Es ist jedenfalls der Standpunkt vertreten worden, daß dies in Deutschland der Fall gewesen sei; und es ist nicht schwer, Belege zu finden, die diese Behauptung unterstützen. Die meisten deutschen Revolutionäre verlangten im November 1918 lediglich Frieden und demokratische Reformen. Der Reichsrätekongreß, der Mitte Dezember 1918 in Berlin abgehalten wurde, stimmte für die Wahl zu einer Nationalversammlung, für die „bürgerliche Demokratie“ und gegen die radikale Formel „alle Macht den Räten“; und bei den Wahlen zum deutschen Reichstag im Januar 1919 erzielte die SPD einen deutlichen Vorsprung vor den konkurrierenden sozialistischen Parteien. Freilich wurden diese Wahlergebnisse im folgenden Jahre geradezu auf den Kopf gestellt, entstanden im Ruhrgebiet und in Sachsen massive Kampagnen für die Vergesellschaftung der Produktionsmittel, kam es in mehreren Teilen Deutschlands zu Arbeiterunruhen, dominierte die USPD in proletarischen Gegenden der großen Industriestädte und bekam die KPD bei den Wahlen von 1924 nicht weniger als 3 Millionen Stimmen.[94] In Italien wurden die Land- und Fabrikbesetzungen nicht von den Führungsinstitutionen der Arbeiterschaft gelenkt, sondern spiegelten ebenfalls eine substantielle radikale Stimmung bei gewissen Teilen der italienischen Arbeiterschaft wider.[95] Ich sage nicht, daß die „Arbeiterklasse" im Europa der Zwischenkriegszeit einheitlich revolutionär gewesen sei. Der springende Punkt ist aber, daß signifikante Teile der Arbeiterschaft mit der Vorsicht und Mäßigung der Sozialdemokratie in der Tat unzufrieden waren.

Dies wirft jedoch ein weiteres Problem auf, welches das Scheitern der revolutionären Linken außerhalb Rußlands mit erklären hilft: Es gab Meinungskämpfe und Konkurrenz nicht nur zwischen den verschiedenen politischen Fraktionen der Arbeitervertreter, sondern auch an der Basis der Bewegung, zwischen Arbeitern mit und ohne Arbeitsplatz, zwischen den Facharbeitern und den Ungelernten, ja sogar zwischen verschiedenen Berufen. So gelang es den Maschinenbauern in Großbritannien während des Weltkrieges nicht, ihre weniger qualifizierten Kollegen für den Kampf um Mitspracherechte zu mobilisieren,[96] während an der Ruhr radikale Aktivitäten auf Bergleute und Metallarbeiter beschränkt blieben.[97] Gerade der letztgenannte Fall kann demonstrieren, daß der „Radikalismus" seiner Struktur nach keineswegs einheitlich war. In der Gegend um Remscheid und Solingen, einem Gebiet mit langer sozialistischer Tradition, dominiert von einer einzigen Gewerkschaft, dem DMV, bot der Radikalismus ein diszipliniertes Bild: Die Arbeiter folgten den Anweisungen ihrer Führer, die im wesentlichen aus der USPD kamen. Im westlichen Ruhrgebiet dagegen, das in den Kriegsjahren die spektakulärste Aufwärtsentwicklung erlebt hatte, war ein undisziplinierter Radikalismus im Schwange, der sich im Anarchosyndikalismus und in anderen ultralinken Bewegungen äußerte – ein Radikalismus zudem, der keinerlei politisch organisierte Kontrolle zu kennen schien und ebenso schnell wieder verschwand, wie er entstanden war.[98] Das verweist auf ein weiteres Problem proletarischer Revolutionschancen: das Unstete in der neuen Arbeiterschaft.[99] Die europäische Arbeiterklasse war jedoch nicht nur in ihren wirtschaftlichen Interessen und politischen Zielsetzungen zerrissen; sie war es auch geographisch. Im Gegensatz zu Rußland lagen die Industrieregionen in Deutschland und Italien nicht im *politischen* Zentrum des Landes. Ereignisse in Mailand und Turin ließen weite Teile Italiens unberührt, einschließlich der Landeshauptstadt. In Deutschland gab es proletarische Erhebungen in Berlin, ebenso im Ruhrgebiet, in Sachsen und in Hamburg. Aber sie vollzogen sich weithin isoliert voneinander und zu verschiedenen Zeitpunkten.[100]

Selbst in Ländern, in denen es eine radikale Arbeiterschaft gab, wie etwa in Italien und in Deutschland, machten das Fehlen einer geschlossenen und klarsichtigen Führung, Meinungskämpfe sowohl innerhalb der Führungsspitze als auch an der Basis der organisierten Arbeiterbewegung, vor allem aber die Stärke der Oppositionskräfte eine erfolgreiche sozialistische Revolution unwahrscheinlich. Ironischerweise mag gerade der Erfolg Lenins und seiner Bolschewisten in Rußland die revolutionären Chancen vermindert haben. Es ist sicherlich richtig, daß die Ereignisse in Rußland vielen Sozialisten Mut gaben und manche Arbeiter beflügelten; aber die Kräfte der Reaktion zogen aus diesen Ereignissen ebenfalls Lehren, und in mancher Hinsicht lernten sie ihre Lektion besser als ihre Gegner. Die Angst vor dem Bolschewismus wurde für das europäische Bürgertum zum Schlachtruf und zum ideologischen Knüppel, den man gegen die Gefahr des Sozialismus und die Barbarei *à la russe* schwingen konnte, die angeblich von ihm zu erwarten war. Es bleibt jedoch ein Fall, in dem die Kräfte der Revolution und der Reaktion in der Zwischenkriegszeit ausgeglichener waren und in dem die sozialistische Revolution zumindest möglich erschien, nämlich Spanien. In Spanien gab es eine unruhige Arbeiterklasse in der anarchistischen Enklave Katalonien, besonders in Barcelona und Zaragoza, die während des Bürgerkriegs 1936/39 entschieden egalitäre Experimente machte. Außerdem fand die Sozialistische Partei, die vor 1914 überwiegend, wenn auch nicht ausschließlich reformistisch gewesen war, in der Gegend von Oviedo in Asturien die Unterstützung aufrührerischer Bergleute und trieb in den dreißiger Jahren schnell nach links, was mit der Wirtschaftskrise, der Politik der Rechts-Regierungen zwischen 1934 und 1936 und dem Zustrom neuer und etwas ungestümer Mitglieder im selben Zeitraum zusammenhing. Der antirepublikanische Staatsstreich, den die Generäle einschließlich Francos 1936 anzettelten, führte dann zur Einigung der spanischen Linken. Was jedoch die revolutionären Kräfte in Spanien so viel schlagkräftiger als in anderen Teilen Europas machte, war nicht einfach die latente Revolutionsbereitschaft der spanischen Industriearbeiter, sondern die Existenz eines großen, notleidenden, revolutionären ländlichen Proletariats, das auf den Latifundien Andalusiens und Estremaduras arbeitete, sowie die Schicht bäuerlicher Pächter in anderen Teilen Spaniens, die mit ihren Grundbesitzern unzufrieden waren.[101] So kam es, daß bei Ausbruch des Bürgerkrieges beide Seiten sich mit ziemlich ausgeglichener Stärke gegenübertraten.

Doch auch in Spanien bereiteten die vereinten Kräfte der Klerikal-Konservativen, der rechten Armeeoffiziere und der Faschisten den sozialistischen Revolutionären eine Niederlage. Diese Niederlage ist teilweise wiederum auf die innere Zerrissenheit der Linken zurückzuführen, wo Trotzkisten, Anarchisten und Linkssozialisten sich im Mai 1937 in Barcelona blutige Kämpfe mit Rechtssozialisten und Kommunisten lieferten (hierüber sogleich mehr). Sie war aber auch eine Folge der Unterstützung, die das faschistische Italien und das nationalsozialistische Deutschland den antirepublikanischen Kräften Spaniens zuteil werden ließen, sowie des Umstandes, daß Franco die einzigen disziplinierten und kampferprobten Einheiten im Bürgerkrieg befehligte, nämlich sein marokkanisches Regiment.[102]

Aus allen diesen Gründen – wegen der Stärke der konterrevolutionären Kräfte und des inneren Streits der revolutionären Linken, aber auch der Existenz einer signifikanten nichtrevolutionären Arbeiterschaft in den meisten Ländern Europas – brachten die Jahre zwischen den beiden großen Kriegen all denen, die für die Verwirklichung des sozialistischen Ideals kämpften, nichts als Kummer und Enttäuschung. In manchen Ländern aber, und sogar in Industriestaaten, ereignete sich etwas weit Schlimmeres: Der Faschismus kam an die Macht und vernichtete die organisierte Arbeiterbewegung in Italien und in Deutschland, d. h. in Ländern mit einer bedeutenden und zumindest teilweise radikalen Arbeiterbewegung. Wie konnte dies geschehen?

Der Faschismus und die europäische Arbeiterschaft

Drei Fragen sind es, die sich bei diesem Stichwort aufdrängen: In welchem Umfange gelang es den Faschisten in Italien bzw. den Nationalsozialisten in Deutschland, die Unterstützung der Industriearbeiterschaft zu gewinnen? Warum vermochte die organisierte Arbeiterbewegung die Machtergreifung Mussolinis bzw. Hitlers nicht zu verhindern? Und welches Schicksal erwartete den Arbeiterprotest unter dem Faschismus?

In der populären Literatur, aber auch in manchen streng historischen Arbeiten kann man der Behauptung begegnen, der Nationalsozialismus habe seine triumphalen Wahlerfolge nicht zuletzt der deutschen Arbeiterklasse und insbesondere den Arbeitslosen zu verdanken.[103] Die Partei Hitlers nannte sich ja National-*Sozialistische* Deutsche *Arbeiter*-Partei, wütete gegen das „parasitäre" Finanzkapital und die Großwirtschaft und glaubte angeblich an die Würde der Arbeit. Die neue „Volksgemeinschaft" sollte die Klassenschranken überwinden. Was Italien betraf, so hatte sich Mussolini vor dem Kriege auf der linken Seite des sozialistischen Spektrums befunden und antikapitalistische Parolen verkündet. In Frankreich war der Parti Populaire Français, eine der vielen faschistischen Sekten, von Jacques Doriot, einem früheren Mitglied des PCF, gegründet worden; und selbst in Großbritannien, wo nur wenige den Faschisten eine Chance einräumten, hatte Sir Oswald Mosley seine politische Karriere als Unterhausabgeordneter der Labour Party begonnen. Die Sozialstruktur ihrer politischen Basis sah freilich ganz anders aus. Es stimmt zwar, daß manche der ersten Anhänger Mussolinis aus Kreisen ehemaliger Anarchosyndikalisten kamen, die von der Zaghaftigkeit des organisierten Sozialismus enttäuscht waren; doch hatten sie nach den Feststellungen De Ambris' bis 1921 die faschistische Bewegung als inzwischen zu „bürgerlich" schon wieder verlassen. Mussolini war immer mehr auf die reaktionären ländlichen Grundbesitzer und die städtische Mittelschicht angewiesen, während das Industrieproletariat seine Stimme weiterhin den Sozialisten oder Kommunisten gab.[104] In Großbritannien erlitt Mosley Schiffbruch mit seinen Versuchen, Anhänger bei früheren Genossen der Labour Party zu gewinnen; und als er sich genötigt sah, Unterstützung bei anderen sozialen Gruppen zu suchen, wurde seine Botschaft immer reaktionärer.[105] In Frankreich war die Fraktion Doriots die einzige faschistische Gruppe, die sich einer gewissen Unterstützung aus Arbeiterkreisen erfreute; aber diese Fraktion war winzig.[106]

Sucht man Faschisten aus der Arbeiterklasse, so scheint sich Deutschland anzubieten; denn hier fand die faschistische Bewegung die Gunst der Wähler in einem Maße und hatte Mitgliederzahlen von einem Umfange zu verzeichnen, hinter dem alle anderen Staaten, vielleicht mit Ausnahme Österreichs, entschieden zurückblieben.[107] Für die SA läßt sich vor dem Januar 1933, als Hitler Reichskanzler wurde, ein beträchtlicher Prozentsatz von Industriearbeitern als Mitglieder feststellen. Die meisten von ihnen besaßen eine gewisse Qualifikation und waren eine Zeitlang arbeitslos gewesen.[108] Es gab auch einige Industriegebiete, in denen die Nationalsozialisten über ein beachtliches Wählerpotential verfügten: Das war der Fall in Braunschweig, in einigen Bergbaugemeinden an der Ruhr und vor allem in den Textilstädten Chemnitz und Zwickau.[109] Es wäre nun aber höchst irreführend, wollte man diese Fälle als typisch für die Einstellung von Arbeitern zum Nationalsozialismus überhaupt werten. In den drei genannten Gebieten hat man es vielleicht mit Arbeitern zu tun, die sich zuvor in verschiedenster Weise radikal oder kommunistisch betätigt hatten – zwischen 1918 und 1924 gab es in diesen drei Gebieten signifikante Aktivitäten der Linken –, die aber vom Verrat durch Gewerkschafts- und Parteifunktionäre und von den dauernden Niederlagen enttäuscht waren. Das ist zwar Spekulation, aber es läßt doch vermuten, daß diese proletarische Unterstützung für den Nationalsozialismus mit dessen eher kleinbürgerlichen Ideologie wenig zu tun hatte. Diese Schlußfolgerung wird durch eine Analyse von Haltungen und Einstellungen innerhalb der SA gestützt; denn der verhältnismäßig hohe Prozentsatz von Industriearbeitern in den Reihen der SA – ein viel höherer Prozentsatz als in der NSDAP insgesamt – entsprach ausgeprägt antikapitalistischen Tendenzen und einer geringeren Betonung der antisozialistischen Aspekte in den programmatischen Aussagen der Partei allgemein.[110]

Vor allem aber muß hervorgehoben werden, daß diese Arbeiter-Faschisten weder typisch für die Nazi-Bewegung noch für das deutsche Proletariat waren. Man muß schon Keles seltsame Definition von „Arbeiterklasse“ übernehmen, die außer Industriearbeitern auch Handwerker und Angestellte umfaßt, um zu dem Schluß zu kommen, die Nationalsozialisten hätten die Unterstützung der Arbeiterklasse gewonnen.[111] Tatsächlich blieb die Wahlpropaganda der Nazis, die sich ursprünglich an die Fabrikarbeiter in den großen deutschen Industriestädten gewandt hatte, gerade dort wirkungslos. Und als die Nazis erkannten, daß ihre begrenzten Erfolge in ländlichen protestantischen Gebieten zustande kamen, wechselten sie die Stoßrichtung ihrer Propaganda.[112] Eine wahlsoziologische Analyse macht zunächst einmal deutlich, daß die Nationalsozialisten in erster Linie von früheren Nichtwählern sowie von Wählern jener Parteien der Mittelschicht unterstützt wurden, die nach den triumphalen Erfolgen der NSDAP Anfang der dreißiger Jahre aus der Parteienlandschaft verschwunden waren. Die Arbeiterparteien, KPD und SPD, vermochten bis zum Ende der Weimarer Republik, ihren Stimmenanteil (von *zusammen* rund 30 Prozent) zu halten, ebenso die katholische Zentrumspartei. Dazu kam, daß die Hochburgen der Nazis weniger die großen Industriezusammenballungen waren als vielmehr die ländlichen protestantischen Gebiete sowie kleinere Provinzstädte. Selbst die Behauptung, die arbeitslosen Fabrikarbeiter hätten sich von Hitler und seiner Politik das Heil erwartet, ist nicht zu halten: die Arbeitslosigkeit konzentrierte sich in Industriestädten mit mehr als 100 000 Einwohnern, gerade in solchen Orten aber schnitten die Nationalsozialisten bei Wahlen überdurchschnittlich schlecht ab.[113] Dies alles legt die Vermutung nahe, daß jene Stimmen, die die SPD bei den beiden Reichstagswahlen des Jahres 1932 verlor, womit erstmals Teile ihrer Stammwählerschaft abwanderten, nicht den Nationalsozialisten, sondern den Kommunisten zugute kamen. In der Tat nahm der Stimmenanteil der KPD gerade in dieser Zeit explosionsartig zu.[114] Es scheint also, daß die Wahlerfolge Hitlers sich in erster Linie auf die protestantische Mittelschicht stützten; das würde auch erklären, warum es Hitler bei allen freien Reichstagswahlen (vor seiner Ernennung zum Reichskanzler) niemals gelang, reichsweit mehr als 33 Prozent aller Stimmen zu erhalten. Die Industriearbeiterschaft blieb im wesentlichen immun gegen die nationalsozialistische Propaganda; dieser Eindruck wird durch den unverhältnismäßig geringen Anteil von Industriearbeitern in der NSDAP noch verstärkt.[115]

Daß das Fabrikproletariat sich von Hitler und seinen Kumpanen nicht vereinnahmen ließ, ist nicht besonders erstaunlich. Ein Katalog von antisozialistischen Parolen konnte für Arbeiter, die in sozialistischen Traditionen groß geworden waren, wenig Anziehendes haben und die nationalsozialistische Verklärung des Bauern und des Kleinunternehmers schwerlich den Erfahrungen der Arbeiter entsprechen. Was der faschistische Ständestaat für den Industriearbeiter bedeutete, war an Mussolinis Italien bereits abzulesen. Wohl ebenso wichtig war jedoch, daß die traditionellen Arbeiterparteien in den Industriegebieten Deutschlands bereits tiefe Wurzeln geschlagen hatten. Sie waren nicht bloße politische Parteien, denen man bei Wahlen seine Stimme gab, sondern subkulturelle Teilgesellschaften mit eigenen Vereinen und Lokalen. Eben dies machte es für die Nationalsozialisten so schwierig, in Industriegemeinden Durchbrüche zu erzielen; ihre Erfolge verbuchten sie bei Gruppen, denen eine derartig ausgeprägte Tradition der politischen und sozialen Mobilisierung fehlte.[116] (Und das erklärt wohl auch ihren mangelnden Erfolg bei den deutschen Katholiken.)

Die Nationalsozialisten in Deutschland und die Faschisten in Italien verdankten also ihren Sieg im wesentlichen nicht der aktiven Unterstützung der Arbeiterklasse. Dies wirft freilich zugleich die Frage auf, warum eine Arbeiterbewegung, die sich von den Versprechungen des Ständestaates und der Volksgemeinschaft nicht vereinnahmen ließ, dem faschistischen Ansturm erlag und schließlich von ihm vernichtet wurde. In Italien kam Mussolini natürlich unter dem Beifall beträchtlicher Teile der alten Ordnung an die Macht, mit der Unterstützung von Generälen, Angehörigen des Königshauses und Teilen der Schwerindustrie. Der italienische Sozialismus hatte seine Kraft in den letztlich vergeblichen Land- und Fabrikbesetzungen des *biennio rosso* erschöpft und wurde von inneren Querelen zerrissen. Bewaffnete Faschistenbanden, die *squadristi*, kontrollierten die Straßen, während die Polizei ein Auge zudrückte und untätig blieb.[117] In Deutschland aber ist das Scheitern des Widerstandes gegen den Aufstieg Hitlers ein Problem ganz anderen Ausmaßes; denn hier waren die zur Verteidigung der Weimarer Republik entschlossenen paramilitärischen Gruppen im Jahre 1932 der SA sehr überlegen, und es ist bekannt, daß damals mancher bereit war, im Kampf gegen die Nazis auch sein Leben aufs Spiel zu setzen.[118]

Für das tragische Versagen der deutschen Arbeiterschaft vor dem Nationalsozialismus gibt es mehrere Erklärungen; bei allen aber sollte man nicht vergessen, daß viele Arbeiter vor 1933 nicht zögerten, die Nazis auf der Straße zu bekämpfen – und zwar recht erfolgreich. Die häufigste Erklärung für jenes Versagen ist der Hinweis auf den mörderischen Bruderkampf zwischen der SPD und der KPD. Beide Parteien schienen fixiert auf die Auseinandersetzung untereinander, anstatt den Kampf gegen die nazistische Bedrohung aufzunehmen. Die Schuld für diese fatale Kurzsichtigkeit gibt man gewöhnlich den Kommunisten, und zwar mit einem gewissen Recht. Es trifft zu, daß die KPD alles tat, um die Weimarer Demokratie zu untergraben, und daß ihre Mitglieder bei bestimmten Gelegenheiten gemeinsame Sache mit den Nazis machten, etwa beim Berliner BVG-Streik im Herbst 1932. Und das meiste Gift verspritzte die KPD in der Tat gegen die Sozialdemokraten, die sie mit der ihr eigentümlichen verschlungenen Logik als „Sozialfaschisten“ bezeichnete. Diese Haltung vertrat die KPD vielleicht nicht nur, aber zumindest teilweise auch auf Anweisung Moskaus. 1927 war die Kommunistische Partei Chinas in einem verfehlten Bündnis mit der anderen angeblich „progressiven“ Organisation in China, der Kuomintang, untergegangen. Daraufhin kamen Stalin und einige seiner Kollegen zu dem begreiflichen Schluß, daß die Zusammenarbeit der Kommunisten mit anderen Kräften gefährlich sei. Der Ausbruch der Weltwirtschaftskrise 1929 sowie ein Linksruck in der Innenpolitik Rußlands, der mit der Verfolgung der Kulaken eintrat, stärkten diese Linie der Unabhängigkeit. Die offizielle Linie der Komintern (Dritte Internationale) lautete nun, daß der Zusammenbruch des Kapitalismus unmittelbar bevorstehe und die proletarische Revolution das Gebot der Stunde sei. Infolgedessen könne der Faschismus nichts anderes als ein kurzlebiger und zum Scheitern verurteilter Versuch des Monopolkapitals sein, die bestehende Ordnung aufrechtzuerhalten. Eine weitere Konsequenz dieser Logik – oder vielleicht besser: Unlogik – war das Argument, daß der Sieg der sozialistischen Revolution nur noch vom Treiben sogenannter „Führer" der Arbeiterklasse aufgehalten werde, welche die Werktätigen von der bevorstehenden Erhebung ablenkten. Damit wurde die Sozialdemokratie zum „Sozialfaschismus", weil sie dem Kapitalismus seine einzige Überlebenschance bot. Selbstverständlich waren solche Argumente und verfehlten Vorstellungen von Faschismus nicht geeignet, dem deutschen Proletariat bei seinem Kampf gegen die wachsende nationalsozialistische Gefahr zu helfen. Doch ist zunächst einmal festzustellen, daß die Wurzeln des Antagonismus zwischen der SPD und der KPD nicht ausschließlich bei fehlgeleiteten, von Moskau ferngesteuerten Kommunisten zu suchen sind. Immerhin war der KPD nicht entgangen, daß eine SPD-Regierung die Niederwerfung der revolutionären Linken nach dem Ersten Weltkrieg organisiert hatte und daß dabei viel Blut vergossen worden war. Solche Wunden konnten nicht im Handumdrehen geheilt werden, vor allem deshalb nicht, weil SPD-Polizeipräsidenten in Berlin und anderen deutschen Industriestädten Ende der zwanziger und Anfang der dreißiger Jahre immer noch Demonstrationen der KPD untersagten. Das berühmteste Beispiel war das vom Sozialdemokraten Zörgiebel ausgesprochene Verbot der kommunistischen Kundgebung zum 1. Mai 1929 in Berlin. Die Demonstration fand dann trotzdem statt und nahm einen sehr blutigen Verlauf.[119] Es war auch ziemlich viel verlangt, wenn man von der KPD erwartete, daß sie mit Zähnen und Klauen eine Republik verteidigte, die so viel gegen die radikale Linke und so wenig für die Arbeitslosen getan hatte. Aber auch Mitglieder der SPD waren im allgemeinen nicht besonders erpicht darauf, ein Bündnis mit dem „kommunistischen Pöbel" einzugehen.

(Als Epilog zur „Sozialfaschismus"-Parole der Komintern Anfang der dreißiger Jahre sollte nicht unerwähnt bleiben, daß die Katastrophe von 1933 in Deutschland, politische Veränderungen in Rußland und die Notwendigkeit, Bundesgenossen gegen den drohenden Krieg mit den faschistischen Barbaren zu finden, einen entscheidenden Wandel der politischen Strategie zugunsten der „Volksfront" bewirkten, d. h. der Zusammenarbeit mit den Sozialisten, die denn auch 1936 von den kommunistischen Parteien in Frankreich und Spanien realisiert wurde.[120] Paradoxerweise kann man den Standpunkt vertreten, daß es nun keineswegs revolutionäres Abenteurertum, sondern im Gegenteil die überaus vorsichtige Politik des PCF und der Kommunistischen Partei Spaniens war, die radikalere Aktionen des französischen und des spanischen Proletariats bremste und das revolutionäre Potential entschärfte.[121])

Um aber auf den mörderischen Krieg zwischen Sozialdemokraten und

Angehörigen der KPD in der späten Weimarer Republik zurückzukommen, so kann man also nicht behaupten, daß dieser traurige Sachverhalt ausschließlich die Schuld der Kommunisten gewesen sei. In Wirklichkeit waren es sogar die Kommunisten, welche die Hauptlast der Straßenkämpfe gegen die Braunhemden zu tragen hatten.[122] Außerdem hatte die SPD-Führung keineswegs klarere Vorstellungen als die Kommunisten von dem, was in der Krise Anfang der dreißiger Jahre zu tun sei. Manche SPD-Mitglieder teilten den tragischen Irrtum, der Nazionalsozialismus sei ein kurzlebiges Phänomen, das die eingebauten Interessenkonflikte zwischen Monopolkapital und den Erwartungen der unteren Mittelschicht nicht überleben könne.[123] Unbestreitbar ist jedenfalls, daß die Exekutive der SPD es nicht nur 1933, als Hitler Reichskanzler wurde, versäumte, ihrer Parteibasis Entscheidungshilfen zu geben, sondern dies auch schon im vorangegangenen Jahre (1932) unterlassen hatte, als das sozialdemokratische Kabinett Braun in Preußen von der Reichsregierung unter von Papen verfassungswidrig abgesetzt wurde. Für diese Untätigkeit der SPD gab es verschiedene Gründe. Einmal hatte auf viele der Männer an der Spitze der Partei etwas von der alten fatalistischen und evolutionären Geschichtsauffassung der SPD abgefärbt, einer Art von kastriertem Marxismus, wie ihn Karl Kautsky verkörperte, der noch immer ein (inzwischen hochbetagtes) SPD-Mitglied war. So hatten sie kaum eine Ahnung von der Möglichkeit, den Gang der Geschichte zu verändern, geschweige denn davon, wie sie dies hätten anstellen sollen.[124] Zum andern waren sie – als maßgebliche Begründer und Verteidiger der Weimarer Demokratie – verfassungstreu bis auf die Knochen. Ein außerparlamentarischer Widerstand war für sie geradezu undenkbar, zumal Hitler auf völlig verfassungskonformem, wenngleich ziemlich schmutzigem Wege Reichskanzler wurde. Fast mit Sicherheit trifft schließlich drittens zu, daß die Führer der SPD vor der Aussicht auf einen blutigen Bürgerkrieg zurückschreckten. Und diese Furcht war durchaus rational, wenn man bedenkt, daß die paramilitärischen Kräfte der demokratischen Seite schlecht bewaffnet waren, daß sie es bei jedem Konflikt wahrscheinlich nicht nur mit der SA und der SS zu tun bekommen hätten, sondern auch mit den regulären Kräften der Polizei und der Armee, und wenn man sich vor Augen hält, was im folgenden Jahre in Österreich geschah.[125]

Es war jedoch nicht nur die eigene Angst und Unentschlossenheit, die den deutschen Sozialdemokraten die Hände band: In einem gewissen Sinne hatte bereits der Allgemeine Deutsche Gewerkschaftsbund diese Entscheidung für sie getroffen. Die deutsche Gewerkschaftsbewegung war von der Wirtschaftskrise in die Knie gezwungen worden. Ihre Mitglieder und finanziellen Mittel schwanden, und 1932 war die Hälfte aller Gewerkschaftsmitglieder arbeitslos. Aus dieser Schwäche heraus war der Gewerkschaftsbund bereit, mit praktisch jedem Politiker in Verhandlungen einzutreten, selbst mit Leuten vom Schlage eines Generals Schleicher, der 1932/33 in eine ganze Serie von Regierungsintrigen verwickelt war.[126] Der ADGB hatte schon immer vorsichtig operiert und war stets davor zurückgeschreckt, sich auf das einzulassen, was ihn übereilte politische Abenteuer dünkten. Somit wäre es auch unter den günstigsten Umständen unwahrscheinlich gewesen, daß er irgendeine verfassungswidrige antinazistische Aktion mitgetragen hätte. 1933 war eine solche Unterstützung absolut unwahrscheinlich.

Die Schwäche der organisierten Gewerkschaftsbewegung in der späten Weimarer Republik führt uns auf die vielleicht wichtigste, aber am wenigsten untersuchte Erklärung für das Scheitern der Arbeiterschaft, nämlich die Auswirkungen der Wirtschaftskrise selbst. Die massive Zunahme der Arbeitslosenzahlen und insbesondere die Tatsache, daß 50 Prozent der organisierten Gewerkschafter ohne Arbeit waren, reduzierte offensichtlich die Möglichkeit von Streikaktionen auf Null, zumal die von der Wirtschaftskrise am stärksten betroffenen Gruppen, nämlich die Metallarbeiter und die Bauarbeiter, zu den traditionell militantesten Teilen der Arbeiterschaft gehörten.[127] Wenn die KPD in dieser Zeit den Schwerpunkt ihrer Aktivitäten aus der Fabrik auf die Straße verlegte, dann eben deshalb, weil bei über 80% arbeitsloser KPD-Mitglieder ihre Position in den Betrieben so schwach war.[128] Außerdem lag das Problem nicht allein darin, daß die Beschäftigungslosen *per definitionem* nicht streiken konnten, sondern auch darin, daß das riesige Reservoir an Menschen, die verzweifelt Arbeit suchten, die noch Beschäftigten ebenfalls von Streikaktionen abhielt; denn solche Aktionen wären angesichts der leichten Ersetzbarkeit von Arbeitskräften zu riskant gewesen. Dieser Punkt wirft ein weiteres entscheidendes Problem auf: Die große Wirtschaftskrise verschärfte die Konflikte an der Basis der Arbeiterbewegung. Zumindest kurzfristig hatten die Beschäftigten und die Beschäftigungslosen widersprüchliche Interessen, wie der Austromarxist Max Adler damals in einer brillanten Abhandlung darlegte.[129] Dieser Interessenkonflikt erklärt zudem etwas von der bitteren Feindschaft, die das Verhältnis zwischen der KPD und der SPD kennzeichnete: Es ist kein Zufall, daß die KPD den größten Zulauf zu jener Zeit hatte, als sie die These vom „Sozialfaschismus“ vertrat. Einmal mehr hatte der interne Streit in der Arbeiterschaft nicht nur ideologische, sondern auch soziale Wurzeln. Die Politik der KPD spiegelte die Wut und Verzweiflung der Arbeitslosen wider – eine Wut, die sich nicht allein gegen den Unternehmer richtete, sondern gegen die Weimarer Republik überhaupt sowie gegen die traditionellen Einrichtungen der Arbeiterschaft, die sich in dieser Krise als wertlos erwiesen hatten.

Wenn wir uns dem Verhältnis zwischen der Arbeiterklasse und dem an der Macht befindlichen Faschismus zuwenden, werden die Dinge noch viel komplizierter. Bedauerlicherweise verfüge ich über keinerlei detaillierte Informationen über die Aktivitäten der italienischen Arbeiterschaft unter Mussolini zwischen 1922 und 1939. Daß die Faschisten auf lokaler Ebene oft Schwierigkeiten hatten, sich durchzusetzen, ist bekannt. Dies, der Umfang der Partisanentätigkeit und das spätere Wiederaufleben starker sozialistischer und kommunistischer Parteien deuten allesamt darauf hin, daß die Arbeiterschaft ihre Eigenständigkeit zu erhalten vermochte. Was Deutschland betrifft, so hat eine Fülle von detaillierten Untersuchungen gezeigt, daß die populäre Vorstellung vom Stillhalten der Arbeiterbewegung in der Nazizeit ein Märchen ist.[130] Erstens machten die allgegenwärtige Überwachung und der Terrorapparat des nationalsozialistischen Staates offenen Widerstand von auch nur einiger Bedeutung nahezu unmöglich. Vordergründige Ruhe ist daher nicht unbedingt Anzeichen einer stillschweigenden Hinnahme des Regimes. Weiter: Da Parteien und Gewerkschaften aufgelöst worden waren, wurde der Protest für den isolierten einzelnen um so schwieriger. Und schließlich gab die Arbeitslosigkeit Anfang der dreißiger Jahre dem nationalsozialistischen Regime eine weitere Waffe zur Kontrolle von Unzufriedenen in die Hand. Und doch finden sich trotz aller dieser Hindernisse zahlreiche Belege für einen proletarischen Dissens, die beweisen, daß die Arbeiter das Märchen von der klassenlosen Volksgemeinschaft nicht schluckten. Wie Ian Kershaws Studie über die Arbeiterschaft in Bayern während des Dritten Reichs gezeigt hat, bemerkten die Arbeiter weiterhin, daß sie keinen angemessenen Arbeitslohn erhielten. Sie beklagten sich auch darüber, und 1935 kam es auf einigen Autobahnbaustellen sogar zu Streiks.[131] Noch wichtiger ist, daß der wirtschaftliche Aufschwung von 1936 und die Wiedergewinnung einer Art von Vollbeschäftigung zu einer Unzahl von Arbeitskonflikten führten, bei welchen die Arbeiter mitunter *kollektiv* ihre Kündigungen einreichten, um die Unternehmerseite unter Druck zu setzen – eine alternative Form des Streiks, wo dieser selbst verboten war. Es gelang ihnen auch, die offiziellen Beschränkungen der freien Wahl des Arbeitsplatzes zu umgehen. Wie früher war also die Arbeiterschaft bereit, ihre starke Marktposition zur Verbesserung ihrer Lage zu benutzen; das galt sogar für manche Mitglieder der NSDAP. 1938 war die Regierung über die industrielle Disziplin so besorgt, daß das Arbeitsrecht kriminalisiert wurde – Fehlzeiten u. dgl. waren nunmehr ein Verstoß gegen die Gesetze des Reiches. Am Rande vieler deutscher Industriestädte entstanden Arbeitserziehungslager. Detaillierte Untersuchungen über einzelne Regionen, insbesondere Klaus Tenfeldes Studie über Penzberg, eine Bergbaugemeinde in Oberbayern, haben gezeigt, daß offener Widerstand zwar selten zu erwarten, passiver Widerstand jedoch an der Tagesordnung war. Die Propaganda der „Volksgemeinschaft" hatte die Loyalitäten und das Klassenbewußtsein der Arbeiter nicht ausgetilgt; denn die Wohn- und Arbeitsplatzbedingungen, welche dieses Bewußtsein einst geprägt hatten, waren dieselben geblieben.[132]

In den Fabriken gelang es daher den Nazionalsozialisten nicht, die Realitäten des Klassenkonflikts abzuschaffen, zumindest nicht auf der ökonomischen Ebene. Das war auch kein Wunder, denn das Dritte Reich war alles andere als jene mythisch verklärte Volksgemeinschaft. Die soziale Mobilität blieb so beschränkt wie eh und je, mit Ausnahme einiger Funktionäre innerhalb der NSDAP selbst, die Vermögensunterschiede nahmen zu, und das Kapital konzentrierte sich in immer weniger Händen. Krupp wurde immer reicher, während die Gesetzgebung versuchte, jene Streikaktionen zu verhindern, die eine gerechtere Verteilung des Sozialprodukts hätten gewährleisten können.[133]

Neben dem Protest in den Betrieben gab es im Dritten Reich natürlich noch die Untergrund-Arbeit der SPD und der KPD, und bezeichnenderweise überlebten beide Organisationen die Verfolgungen zwischen 1933 und 1945.[134] So vermochten nicht einmal Furcht und Elend des Dritten Reiches, das Rückgrat der deutschen Arbeiterklasse zu brechen.

5. Zusammenfassung

Wir sind am Ende eines langen Weges angelangt, der uns von den Arbeiterbildungsvereinen der Londoner Handwerker zu Beginn des 19. Jahrhunderts bis zur Niederwerfung von Anarchisten und Kommunisten in Italien, Deutschland und Spanien zwischen den beiden Weltkriegen geführt hat. Bis zum Jahre 1914 setzte sich die organisierte Arbeiterbewegung in Europa zum größten Teil aus Facharbeitern zusammen. Manche hatten einen begrenzten Horizont, andere eine etwas großzügigere Perspektive. Schon vor 1914, aber zunehmend danach wuchs der Arbeiterprotest in größere Dimensionen und erfaßte schließlich sehr unterschiedliche Arbeitergruppen in Großbetrieben und neuen Industrien. Dieser Zuwachs hatte auch seine Nachteile; denn angelernte und ungelernte Arbeiter zeigten ein höchst unstetes politisches Verhalten und häufig auch Widerstand gegen die alten Organisationen der Arbeiterschaft, die selbst dort, wo sie einmal revolutionäre Ambitionen besessen hatten, sich eine gelassenere Betrachtungsweise zu eigen machten. Derartige Meinungskämpfe und ihre Konkretisierung in unterschiedlichen politischen Fraktionen erwiesen sich als ein wesentlicher Grund dafür, daß die Arbeiterschaft fast nirgends jene sozialistische Gesellschaft aufzubauen vermochte, die zumindest von Teilen der europäischen Arbeiterklasse ersehnt wurde, ja daß sie angesichts des Faschismus eine gefährliche Schwäche zeigte.

Divergenzen und Spaltungen waren nicht auf die Zwischenkriegszeit beschränkt. Zwischen 1800 und 1939 bildeten sie ein zentrales Erfahrungsmoment der Arbeiterklasse. Es gab Differenzen zwischen nationalen Arbeiterbewegungen und innerhalb derselben, Differenzen zwischen Facharbeitern und ungelernten Arbeitern, zwischen Arbeitern verschiedener Berufszweige, zwischen Anarchisten und Sozialisten, zwischen Sozialdemokraten und Kommunisten, Revolutionären und Reformisten. Solche Spaltungen hatten vielfältige Ursachen: divergierende ökonomische Interessen, unterschiedliche ideologische Perspektiven, abweichende Einstellungen gegenüber dem Staat und den Unternehmern an unterschiedlichen Orten. Gerade diesen letztgenannten Faktoren dürfte wohl eine zusätzliche und entscheidende Bedeutung zukommen: In der Mehrzahl der Fälle wurde die Form des Arbeiterprotests durch die Rolle derjenigen bestimmt, die außerhalb der Bewegung standen. Repression reizte die Arbeiter zum Radikalismus, während innenpolitische Entspannung und die Möglichkeit freier Tarifverhandlungen den Reformismus begünstigten. Dennoch ist auch hier das Gegensatzpaar „revolutionär/reformistisch" allzu simpel und irreführend. Dieselben Arbeiter, die heute reformistisch waren, konnten morgen radikal sein, wie die Unruhen am Ende des Ersten Weltkriegs beweisen. Die Arbeiter konnten ihre Einstellungen je nach Erfolg oder Niederlage ändern; auch zunehmendes Alter und damit einhergehende neue Verantwortungen konnten eine Rolle spielen. So dürfte die Suche nach einer an allen Orten und für alle Zeiten gültigen, universellen Struktur der Meinungen und Handlungen der Arbeiterklasse mehr verdecken, als sie offenbart. Recht klar ist jedoch, daß der Arbeiterprotest nicht unmittelbar und einfach durch Armut und Elend an sich erklärt werden kann. Erwartungen spielten eine entscheidende Rolle, ebenso die Fähigkeit, etwas gegen die eigenen Probleme unternehmen zu können: Eben deshalb waren es während der gesamten Untersuchungszeit niemals die Ärmsten der Armen, die das Rückgrat des Arbeiterprotests bildeten.

Außerhalb Rußlands gelang es der Arbeiterschaft nirgends, die Träume des Sozialismus zu verwirklichen. Und selbst dort zwangen die Erfordernisse des Wirtschaftswachstums in einer primär bäuerlichen Gesellschaft zu Opfern von unerhörtem Ausmaß und gingen mit der Vernichtung unabhängiger Arbeiterorganisationen durch die bolschewistische Partei einher. Ja, was den stalinistischen Staat und manche seiner bürokratischen Strukturen betraf, so zeugten die Ausbeutung der Ware Arbeitskraft und die Beherrschung der Gesellschaft durch einen Apparat des Terrors entweder von einer *deformierten* sozialistischen Revolution oder sogar von einem „Staatskapitalismus". Im fortgeschrittenen industrialisierten Europa hatte der revolutionäre Sozialismus nichts als Fehlschläge zu verzeichnen. Man muß aber betonen, daß dies nur ein Teil der sehr viel komplizierteren Wahrheit ist. Denn die Streiks der Arbeiter, ihre Organisation in Parteien und Gewerkschaften und sogar ihre Aufstände in manchen Ländern am Ende des Ersten Weltkriegs führten nun doch zu massiven Veränderungen der staatlichen Strategien, von denen keineswegs alle repressiv waren. Vielerorts sahen die Unternehmer die Notwendigkeit von Tarifverhandlungen und deren Institutionalisierung ein, auch wenn es vor 1939 auf dem europäischen Festland dagegen noch verbreitete Widerstände gab. In den meisten europäischen Ländern brachten diese Aktionen der Arbeiterklasse eine Verbesserung des Lebensstandards und eine Verkürzung des Arbeitstages. In manchen Ländern wurden Sozialwohnungen gebaut. Soziale Reformen milderten die Folgen von Unfällen, Krankheit und Arbeitslosigkeit. Das vielleicht berühmteste Beispiel bietet Schweden, wo eine homogene sozialistische Regierung in den dreißiger Jahren einen staatlichen Gesundheitsdienst, Mutterschaftszulagen, eine Erhöhung der Renten und eine Verkürzung des Arbeitstages einführte.

Das soll nicht heißen, daß man dem ursprünglichen Traum von der sozialen Gleichheit der Menschen Geltung verschafft oder die Strukturen kapitalistischer Ausbeutung beseitigt hätte. Die Arbeiter mußten nach wie vor ihre Arbeitskraft an die Unternehmer verkaufen, die nach wie vor das Recht des „Heuerns und Feuerns" besaßen, und waren nach wie vor dem

Auf und Ab der Konjunktur ausgeliefert. Nirgends war die Existenz des Arbeiters vor dem Zweiten Weltkriege sicher und sorgenfrei. Aber die Ursprünge des Wohlfahrtsstaates, das vielleicht bedeutsamste Vermächtnis jener Zeit an uns, waren von einfachen Arbeitern erkämpft worden. Was die Vernichtung der Gewerkschaften und Arbeiterparteien bedeutete, läßt sich an den Schrecken des faschistischen Staates ermessen.

Bibliographische Hinweise*

* Der Leser, der an umfassenderen Literaturnachweisen interessiert ist, möge den nach Kapiteln geordneten Anmerkungsteil zu Rate ziehen.

Es gibt unzählige historische Darstellungen über die Entwicklung sozialistischer Theorien in Europa, von denen einige trotz ihres Alters nicht überholt sind. Das gilt insbesondere für das mehrbändige Werk von G. D. H. Cole (*History of Socialist Thought*. London 1956) sowie für die Schriften von George Lichtheim, die etwas jüngeren Datums sind (*Marxism. A Historical and Critical Study*. 2. Aufl. London 1964; *Ursprünge des Sozialismus*. Gütersloh 1969; und *Kurze Geschichte des Sozialismus*. München 1975). Zu erwähnen ist ferner die aus dem Französischen übersetzte Ullstein-Taschenbuchreihe *Geschichte des Sozialismus* in 15 Bänden (Hrsg. Jacques Droz, Frankfurt 1974–1979). Bedauerlicherweise haben wir keine vergleichende Untersuchung des europäischen Arbeiterprotests von ähnlichem Umfang, doch gibt es mehrere Werke über die internationalen Organisationen der sozialistischen Bewegung, etwa die Zweite und die Dritte Internationale. Siehe beispielsweise James Jolls *The Second International* (2. Aufl. London 1974) und Julius Braunthals *Geschichte der Internationale*. 3 Bde. Hannover 1961–1971. Eine Ausnahme bildet das anregende Werk von Charles, Louise und Richard Tilly: *The Rebellious Century* (London 1975), in welchem versucht wird, mit einem umfangreichen Arsenal an statistischen Daten die Quellen des Massenprotests, vor allem des gewalttätigen Massenprotests, zwischen 1830 und 1930 zu lokalisieren. In der Tat gelingt dem Buch der Nachweis, daß theoretische Modelle des Protests, die auf Armut und Entwurzelung abheben, unangemessen sind; das gleiche gilt von der Fülle von Aufsätzen aus der Feder derselben Autoren (siehe Anmerkungen) und von der gewichtigen Studie über französische Streiks von Charles Tilly und Edward Shorter: *Strikes in France 1830–1968* (Cambridge 1974). (Eine recht abweichende Analyse von französischen Streiks bietet Michelle Perrot: *Les ouvriers en grève, 1871–1890*. Paris 1974. Eine Analyse deutscher Streiks, die ebenfalls die Entwurzelungs- und Armutstheorien verwirft, findet sich in der Einleitung von Klaus Tenfelde und Heinrich Volkmann [Hrsg.]: *Streik*. München 1981.) Mit Hilfe einer Mehrvariablenanalyse von Gewalt- und Streikmustern entkräften die Tillys auch jene Erklärungsversuche, welche zur Vernachlässigung des politischen Faktors neigen und die ökonomistische Motivation von Arbeiteraktionen betonen. Damit geraten sie in Konflikt mit einem anderen amerikanischen Historiker, dessen literarische Gesamtproduktion einen wesentlichen Beitrag zur europäischen Geschichtsforschung darstellt: Peter Stearns (*European Society in Upheaval*. London 1967; *The Revolutions of 1848*. London 1974; *Revolutionary Syndicalism and French Labour*. New Brunswick 1971; *Lives of Labour. Work in a Maturing Industrial Society*. London 1975). Stearns' Werk, insbesondere der letztgenannte Titel, ist insofern ohne Vergleich, als es den Versuch unternimmt, den Arbeiterprotest in mehreren verschiedenen Ländern sozusagen „von unten her" zu verstehen, und ist durchweg anregend, wenngleich nicht immer überzeugend. Die Hervorhebung des begrenzten Horizontes der Arbeiterschaft ist, wie wir gesehen haben, auf Kritik gestoßen. Noch problematischer ist Stearns' Eintreten für eine Art von Modernisierungstheorie, sein Glaube an die allmähliche und rationale Anpassung der Arbeiterschaft an die neue industrielle Ordnung. Aber es ist schon wertvoll, daß überhaupt der Versuch gemacht wurde, das Arbeiterproblem über die nationalen Grenzen hinweg darzustellen, besonders dort, wo der Akzent nicht ausschließlich auf formalen Organisationen liegt.

Es gibt noch einen weiteren Historiker, den das Bemühen um die Beantwortung komplexer historischer und moralischer Fragen zu Leistungen imposanten Umfangs führt: Barrington Moore. Sein Buch *Injustice. The Social Bases of Obedience and Revolt* (White Plains, NY 1978) umfaßt historische, anthropologische und psychologische Untersuchungen, die erklären sollen, warum sich gewisse Menschengruppen bei bestimmten Gelegenheiten gegen Unterdrückung auflehnten. Anspruch und Resultate des Buches sind atemberaubend, obgleich es zwangsläufig um so problematischer wird, je näher es sich auf einzelne historische Fragen einläßt. So ist die Darstellung der industriellen und politischen Militanz in Deutschland, die in *Injustice* gegeben wird, verhältnismäßig schwach, soweit es um Probleme am Arbeitsplatz geht. Aber das beleuchtet vielleicht die Schwierigkeit, die Unmenge der in aller Welt erscheinenden monographischen Einzeluntersuchungen zur Geschichte der europäischen Arbeiterbewegung noch zu überblicken. Der bequemste und sicherlich lohnendste Weg zu diesem Ziel ist das Studium einer Reihe von Zeitschriften, die regelmäßig Aufsätze zur Geschichte der europäischen Arbeiterbewegung abdrucken, insbesondere *Archiv für Sozialgeschichte, Geschichte und Gesellschaft, Internationale Wissenschaftliche Korrespondenz zur Geschichte der deutschen Arbeiterbewegung, Annales, Le Mouvement Social, International Review of Social History, Journal of Social History, Past and Present, Social History* und *European Studies Review.*

Günstiger ist die Situation in der Literatur, wenn man sich dem Studium von sozialistischen und Arbeiterbewegungen in einzelnen Ländern zuwendet. In bezug auf die meisten europäischen Länder haben die meisten Werke sich jedoch mit den Organisationen der Arbeiterschaft (Parteien und Gewerkschaften) befaßt und weniger mit dem Protestverhalten an der Basis. So besteht kein Mangel an Werken über die deutsche Sozialdemokratie (Carl E. Schorske: *German Social Democracy.* Cambridge, Mass. 1955; Guenther Roth: *Social Democrats in Imperial Germany.* Totowa, NJ 1963; Dieter Groh: *Negative Integration und revolutionärer Attentismus.* Frankfurt am Main 1973; Susanne Miller: *Burgfrieden und Klassenkampf.* Düsseldorf 1974; dies.: *Die Bürde der Macht.* Düsseldorf 1978; W. Guttsman: *The German Social Democratic Party 1875–1933.* London 1981; Mary Nolan: *Social Democracy and Society.* Cambridge 1981) oder die KPD (Ossip K. Flechtheim: *Die KPD in der Weimarer Republik.* Frankfurt am Main 1971; Hermann Weber: *Die Wandlung des deutschen Kommunismus.* Frankfurt am Main 1969). Oder über den PCI (Paolo Spriano: *Storia del Partito Communista Italiano.* Turin 1967) oder den PCF (Annie Kriegel: *Aux Origines du Communisme Français.* Paris 1964; Robert Wohl: *French Communism in the Making.* Stanford 1966; Ronald Tiersky: *French Communism, 1920–1972.* Columbia 1976). Eine ähnliche Behandlung hat die sozialistische Bewegung in Rußland erfahren, beispielsweise in Alan Wildmans *The Making of a Workers' Revolution. Russian Social Democracy, 1891–1903* (Chicago 1967), Franco Venturis *Roots of Revolution. A History of the Populist and Socialist Move-*

ments in Nineteenth Century Russia (London 1960) und J. L. H. Keeps *The Rise of Social Democracy in Russia* (Oxford 1966). Eine noch umfangreichere Literatur besitzt Großbritannien über die Geschichte der Labour Party (Henry Pelling: *Origins of the Labour Party.* Oxford 1965) und über Gewerkschaften (Henry Pelling: *History of British Trade Unionism.* London 1966; A. E. Musson: *British Trade Unions, 1800–1875.* London 1972). Auch für Frankreich sind die Gewerkschaften in der Literatur gut vertreten (Georges Lefranc: *Histoire du Mouvement Syndical Français.* Paris 1937; *Le Mouvement Syndical en France.* Paris 1947; Jean Reynaud: *Les Syndicats en France.* Paris 1963); das gleiche gilt für Deutschland (Heinrich Potthoff: *Gewerkschaften und Politik zwischen Revolution und Inflation.* Düsseldorf 1979; Klaus Schönhoven: *Expansion und Konzentration.* Stuttgart 1980; F. Deppe, G. Fülberth, H.-J. Harrer u. a.: *Geschichte der deutschen Gewerkschaftsbewegung.* Köln 1979; Ulrich Engelhardt: „*Nur vereinigt sind wir stark*". 2 Bände. Stuttgart 1977).

Obgleich einige dieser Werke sich mehr oder weniger ausschließlich mit den formalen Organisationen der Arbeiterschaft und der Politik der Führungsspitze befassen, unternehmen die besseren unter ihnen doch auch den Versuch, eine Darstellung der Basis und der Probleme der sozialen Zusammensetzung dieser Organisationen zu geben. Freilich tun dies nur wenige in solchem Umfang wie Claude Willard in seiner prachtvollen Studie über die französischen Guesdisten (*Les Guesdistes.* Paris 1965), die eine systematische Untersuchung der regionalen und sozialen Zusammensetzung der Anhängerschaft dieser Bewegung unternimmt. Natürlich gibt es auch viele Arbeiten, welche sich gewissen Aspekten der Geschichte der Arbeiterklasse durch Biographien ihrer führenden Köpfe zu nähern suchen. Zwar hat diese Art des Herangehens unverkennbare Grenzen, doch bieten die besseren Werke dieser Gattung nicht selten ein hohes Maß an Einblick in die Funktionsweise der Arbeiterbewegung und der sozialistischen Parteien. Siehe beispielsweise J. P. Nettl: *Rosa Luxemburg* (Oxford 1966, gekürzte dt. Ausgabe: Köln/Berlin 1966), Harvey Goldberg: *The Life of Jean Jaurés* (Madison, Wis. 1962), C. Tsuzuki: *H. M. Hyndman and British Socialism* (Oxford 1961), Isaac Deutscher: *Trotzki.* 3 Bände (Stuttgart 1962/63), Adam B. Ulam: *Lenin and the Bolsheviks* (London 1969) und Israel Getzler: *Martov* (Melbourne 1967).

Es hat auch nicht an Versuchen gefehlt, geschichtliche Darstellungen von nationalen Arbeiterbewegungen unter Berücksichtigung von politischen und Gewerkschaftsorganisationen zu liefern. Zu den nützlichsten dieser Werke gehören David Kynaston: *King Labour* (London 1967), Hedwig Wachenheim: *Geschichte der deutschen Arbeiterbewegung* (Köln 1967), Helga Grebing: *Geschichte der deutschen Arbeiterbewegung* (München 1970; zuerst München 1966), Dieter Fricke: *Die deutsche Arbeiterbewegung 1869 bis 1914* (Berlin 1976), Edouard Dolléans: *Histoire du Mouvement Ouvrier.* 3 Bände (Paris 1936/47), Bernard Moss: *The Origins of the French Labour Movement* (Berkeley 1976), Giuliano Procacci: *La lotta di classe in Italia agli inizi del secolo XX* (Rom 1972) und Gerald Brenan: *The Spanish Labyrinth* (Cambridge 1962). In einigen Fällen, wie bei den Büchern von Moss und Procacci, beinhalten diese Werke in der Tat eine umfängliche Untersuchung des Arbeiterprotests auf der unteren Ebene. In dieser Hinsicht hat allerdings die Literatur über die britische Arbeiterbewegung bei weitem am meisten zu bieten, und zwar u. a. E. P. Thompsons unerreichtes Werk *The Making of the English Working Class* (London 1978), Malcolm Thomis' *The Town Labourer and the Industrial*

Revolution (London 1974), John Fosters *Class Conflict in the Industrial Revolution* (London 1974) und die bahnbrechenden Essays von Eric Hobsbawm in *Labouring Men* (London 1964). Diese Essays sind nicht nur wegen ihrer allgemeinen Ergebnisse von Bedeutung, sondern auch wegen ihres Ansatzes, welcher sich häufig auf bestimmte Teile der Arbeiterschaft konzentriert, um Arbeiterorganisation und Arbeiterprotest besser zu verstehen. In jüngster Zeit sind auch in Deutschland zahlreiche Arbeiten erschienen, die sich vom selben Ansatz leiten lassen. Siehe beispielsweise Dieter Langewiesche und Klaus Schönhoven (Hrsg.): *Arbeiter in Deutschland* (Paderborn 1981); Werner Conze und Ulrich Engelhardt: *Arbeiter im Industrialisierungsprozeß* (Stuttgart 1979); H. Pohl: *Forschungen zur Lage der Arbeiter im Industrialisierungsprozeß* (Stuttgart 1978); Utta Stolle: *Arbeiterpolitik im Betrieb* (Frankfurt 1980); Hartmut Zwahr: *Zur Konstituierung des Proletariats als Klasse* (Berlin 1978 und München 1981); Wolfgang Renzsch: *Handwerker und Lohnarbeiter in der frühen Arbeiterbewegung* (Göttingen 1980); Toni Offermann: *Arbeiterbewegung und liberales Bürgertum in Deutschland 1850–1863* (Bonn 1979); Richard J. Evans: *The German Working Class* (London 1982).

Es unterliegt keinem Zweifel, daß einige der fruchtbarsten historischen Untersuchungen aus einer solchen Analyse von bestimmten Berufsgruppen und ihren Organisationen hervorgegangen sind, wobei die kontinentaleuropäische Forschung noch ein gutes Stück Weges aufzuholen hat. Zu Großbritannien siehe Eric Hobsbawm; ferner R. Page Arnot: *South Wales Miners* (London 1967), James B. Jefferys: *The Story of the Engineers* (London 1946), H. A. Turner: *Trade Union Growth, Structure and Policy: a Comparative Study of the Cotton Unions* (London 1962) sowie Richard Price: *Masters, Unions and Men* (Cambridge 1980). In Frankreich hat man diesen Ansatz mit großem Erfolg auf Glasarbeiter angewendet (Joan Wallach Scott: *The Glassworkers of Carmaux.* Cambridge, Mass. 1974), und in Deutschland sind die Bergarbeiter an der Ruhr zum Gegenstand einer erschöpfenden Untersuchung geworden (Klaus Tenfelde: *Sozialgeschichte der Bergarbeiterschaft an der Ruhr im 19. Jahrhundert.* 2. Aufl. Bonn 1981). Von weiteren Berufsgruppenstudien seien erwähnt R. Trempé: *Les Mineurs de Carmaux* (Paris 1971), Gerhard Beier: *Schwarze Kunst und Klassenkampf* (Frankfurt 1966), D. Geary: „Radicalism and the German Worker: Metalworkers and Revolution", in: R. J. Evans (Hrsg.): *Society and Politics in Wilhelmine Germany* (London 1978), George Sayers Bain: *The Growth of White-Collar Unionism* (Oxford 1972), Robert J. Bezucha: „The *Canuts* of Lyons", in: Clive Emsley (Hrsg.): *Conflict and Stability in Europe* (London 1979), Jürgen Kocka: *Unternehmensverwaltung und Angestelltenschaft am Beispiel Siemens 1847–1914.* (Stuttgart 1969), Christopher H. Johnson: „Economic Change and Artisan Discontent: the Tailor's History, 1800–1848", in: Roger Price (Hrsg.): *Revolution and Reaction. 1848 and the Second French Republic* (London 1975).

Nicht nur Berufsgruppenstudien, sondern auch Untersuchungen einzelner Städte oder Regionen haben zu unserem Verständnis der Welt der Arbeiter außerordentlich viel beigetragen; das gilt insbesondere für die britische „Arbeiteraristokratie". Siehe in diesem Zusammenhang die elegante Arbeit von Geoff Crossick über „Kentish London" (*An Artisan Elite in Victorian Society: Kentish London, 1840–1880.* London 1978), Iowerth Protheros Arbeit über *Artisans and Politics in Early Nineteenth-Century London* (London 1979) sowie R. Q. Gray: *The Labour Aristocracy in Victorian Edinburgh* (Oxford 1976). Weitere Regionalstudien sind D. Vasseur: *Les Débuts du Mouvement Ouvrier dans la Région de Belfort-Montbehard* (Paris

1967), William Sewell: „Social Change and the Rise of Working-class Politics in Nineteenth Century Marseilles", in: *Past and Present* (1974), William M. Reddy: „The Textile Trade and the Language of the Crowd at Rouen 1752–1871", in: *Past and Present* (1977), Lawrence Schofer: *The Formation of a Modern Labour Force. Upper Silesia, 1865–1914* (Berkeley 1975), Klaus Tenfelde: *Proletarische Provinz. Radikalisierung und Widerstand in Penzberg/Oberbayern 1900–1945.* (München 1982), Jürgen Tampke: *The Ruhr and Revolution* (London 1979), Jürgen Reulecke: *Arbeiterbewegung an Rhein und Ruhr* (Wuppertal 1974), Tony Judt: *Socialism in Provence, 1871–1914* (Cambridge 1979) und Sydney Pollard: *A History of Labour in Sheffield* (Liverpool 1959).

Es ist sogar möglich, das wissenschaftliche Augenmerk nicht auf einen Beruf oder eine Region, sondern auf eine bestimmte Fabrik zu konzentrieren, wie beispielsweise in der Studie über *Die Arbeiter der Maschinenfabrik Esslingen* von Heilwig Schomerus (Stuttgart 1977) oder über Textilbetriebe in Württemberg (Peter Borscheid: *Textilarbeiterschaft in der Industrialisierung.* Stuttgart 1978). Solche Studien liefern eine Fülle von Detailinformationen über Berufsprobleme, Einkommensfragen und sonstige Aspekte der Alltagsexistenz des Arbeiters, die oft im Widerspruch zu allgemeineren Aussagen stehen. Allerdings wird in den genannten beiden Arbeiten kaum der Versuch gemacht, derartige Entdeckungen mit der Entwicklung des Protests und des Klassenbewußtseins der Arbeiter in Verbindung zu bringen. Das gilt nicht von Rudolf Vetterlis brillanter Untersuchung der Georg Fischer AG. in Schaffhausen (Schweiz), die sich explizit mit dem Zusammenhang zwischen Berufsstruktur und industrieller Militanz in einem einzelnen Betrieb befaßt (*Industriearbeit, Arbeiterbewußtsein und gewerkschaftliche Organisation.* Göttingen 1978).

Wenn von der detaillierten Analyse des Arbeiterprotests auf lokaler Ebene die Rede ist, muß endlich auch David Crews *Town in the Ruhr. A Social History of Bochum, 1860–1914* (New York 1979) erwähnt werden; denn dieses Buch befaßt sich nicht nur auf detaillierte und intelligente Art mit dem Arbeiterprotest, sondern bestimmt auch dessen Stellenwert in der sozialen Gesamtstruktur der Stadt und ist daher besser imstande, die Dynamik von sozialem Konflikt und sozialem Wandel zu begreifen.

Es wird niemanden erstaunen, daß es über die spektakuläreren Episoden in der Geschichte des europäischen Arbeiterprotests eine ungeheuer große Literatur gibt, so über den spanischen Bürgerkrieg (siehe Anm. 102 zu Kapitel 4), die Revolution in Deutschland (Anm. 126 zu Kapitel 3) und vor allem über die russische Februar- und Oktoberrevolution (Anm. 3 zu Kapitel 4). Im letztgenannten Falle befaßt der größte Teil der Literatur sich mit den Aktivitäten und politischen Strategien der bolschewistischen Partei und ihrer Führer, doch wird in den Werken von Marc Férro: *La Révolution de 1917.* 2 Bände (Paris 1967–80), David Mandel, *Petrograd Workers* (London 1983) und J. M. L. Keep: *The Russian Revolution: a Study in Mass Mobilization* (Westfield 1976) der Versuch unternommen, Wesen und Ursachen des Basisprotests der Arbeiterschaft im revolutionären Rußland zu ergründen. Andere bedeutsame Episoden, die erhebliche Aufmerksamkeit auf sich gezogen haben, sind in Großbritannien die Betriebsrätebewegung vom Ende des Ersten Weltkriegs, die betriebliche Kontrollrechte für die Arbeiterschaft anstrebte (James Hinton: *The First Shop Stewards' Movement.* London 1973), in Italien die Fabrikbesetzungen von 1920 (Paolo Spriano: *L'occupazione delle fabbriche.* Turin 1964) und der Bürgerkrieg an der Ruhr im Jahre 1920 (George Eliasberg: *Der Ruhrkrieg.* Hannover

1974 und Erhard Lucas: *Märzrevolution.* 3 Bände. Frankfurt 1970–79). Ein bedeutender Beitrag zu diesem letztgenannten Thema und zu unserem Verständnis des Arbeiterradikalismus überhaupt liegt vor in Erhard Lucas: *Arbeiterradikalismus: Zwei Formen von Radikalismus in der deutschen Arbeiterbewegung* (Frankfurt am Main 1976).

Anmerkungen

1. Einleitung

1 Dies galt für einen Kurs an der Universität Lancaster im Jahre 1973. Der Kurs hat sich seither radikal verändert.

2 Hans-Josef Steinberg: *Sozialismus und Sozialdemokratie.* 3. Aufl. Bonn-Bad Godesberg 1972; Dieter Langewiesche/Klaus Schönhoven: „Arbeiterbibliotheken und Arbeiterlektüre im Wilhelminischen Deutschland", in: *Archiv für Sozialgeschichte* 16 (1976), S. 135-204.

3 Steinberg, Kap. 6, S. 127-142.

4 Peter N. Stearns: *Revolutionary Syndicalism and French Labour.* New Brunswick 1971. Zu dem Zitat vgl. Edouard Dolléans: *Histoire du Mouvement Ouvrier.* Band 2: *1871-1936.* Paris 1946, S. 130.

5 J. M. L. Keep: *The Russian Revolution: A Study in Mass Mobilization.* Westfield 1976.

6 Dieses Interesse spielt auch eine erhebliche Rolle in Stearns' Untersuchung zum französischen Syndikalismus sowie in seinem Buch *Arbeiterleben. Industriearbeit und Alltag in Europa 1890-1914.* Frankfurt/New York 1980, Kap. 9. Ferner Edward Shorter und Charles Tilly: *Strikes in France 1830-1968.* Cambridge 1974; David Crew: *Bochum. Sozialgeschichte einer Industriestadt. 1860-1914.* Franfurt/M./Berlin/Wien 1980; Albin Gladen: „Die Streiks der Bergarbeiter", in: Jürgen Reulecke (Hrsg.): *Arbeiterbewegung an Rhein und Ruhr.* Wuppertal 1974, S. 113-167; Klaus Tenfelde/Heinrich Volkmann (Hrsg.): *Streik. Zur Geschichte des Arbeitskampfes in Deutschland während der Industrialisierung,* München 1981.

7 Eine solche Erklärung des Protests aus der Armut findet sich in Stefano Merlo: *Proletario di fabbrica e capitalismo industriale.* Mailand 1978; und in Jürgen Tampke: *The Ruhr and Revolution in the Rhenish-Westphalian Industrial Region 1912-1919.* London 1979, wo der Versuch gemacht wird, auf diese Weise die unterschiedlichen Ebenen des Radikalismus in den einzelnen Ruhrgemeinden zu erklären.

8 Leopold Haimson: „The Problem of Social Stability in Urban Russia, 1905-1917", in: Clive Emsley (Hrsg.): *Conflict and Stability in Europe.* London 1979, S. 235-246.

9 Peter von Oertzen: *Betriebsräte in der Novemberrevolution.* Düsseldorf 1963, 2. Aufl. Bonn-Bad Godesberg 1976, S. 275; Richard Comfort: *Revolutionary Hamburg.* Stanford, California 1966, Kap. 8; Dick Geary: „Radicalism and the German Worker: Metalworkers and Revolution 1914-1923", in: Richard J. Evans (Hrsg.): *Society and Politics in Wilhelmine Germany.* London 1978, S. 278; Gerald D. Feldman: „Socio-economic Structures in the Industrial Sector and Revolutionary Potentialities, 1912-22", in: Charles L. Bertrand (Hrsg.): *Revolutionary Situations in Europe, 1917-1922: Germany, Italy, Austria-Hungary.* Montreal 1977, S. 159-168.

10 Harvey Mitchell und Peter N. Stearns: *Workers and Protest. The European Labour Movement, the Working Classes and the Origins of Social Democracy 1890-1914.* Itasca, Illinois 1971, S. 172.

11 Siehe unten, S. 120 f. und S. 131 f.

12 Das war beispielsweise bei Siemens der Fall. Siehe Jürgen Kocka: *Unternehmensverwaltung und Angestelltenschaft am Beispiel Siemens 1847-1914.* Stuttgart 1969, S. 65. So scheint es auch bei den Textilarbeitern in Burg gewesen zu sein; siehe Karl Birker: *Die deutschen Arbeiterbildungsvereine 1840-1870.* Berlin 1973, S. 62.

13 Stearns: *Lives of Labour,* S. 170 f.

14 Crew: *Bochum,* S. 175-186.

15 Ebd., S. 191 f.

16 Joan Wallach Scott: *The Glassworkers of Carmaux.* Cambridge, Mass. 1974, S. 117 f.

17 Erhard Lucas: *Arbeiterradikalismus. Zwei Formen von Radikalismus in der deutschen Arbeiterbewegung.* Frankfurt am Main 1976.

18 Siehe unten, S. 81 f.

19 Shorter und Tilly: *Strikes in France 1830-1968,* S. 5-9.

20 Das würde wenigstens bis zu einem gewissen Grade erklären, warum ungelernte Arbeiter, die mancherorts regelmäßig ihren Arbeitsplatz wechselten, einer Organisierung weniger zugänglich waren. Siehe Stephen Thernstrom: *Poverty and Progress. Social Mobility in a Nineteenth Century City.* Cambrigde, Mass. 1964; Robert J. Bezucha: „The ‚Pre-Industrial' Worker Movement: the *Canuts* of Lyon", in: Emsley: *Conflict,* S. 49; Charles Tilly: „How Protest Modernised in France, 1845-1855", in: William O. Aydelotte, Allen G. Borgue und Robert Fogel (Hrsg.): *The Dimensions of Quantitative Research in History.* Oxford 1972, S. 204; und Richard Tilly: „Popular Disorders in Nineteenth Century Germany", in: *Journal of Social History* Nr. 1 (1970), Bd. IV, S. 25-30. Mit dieser Behauptung sind jedoch Probleme verbunden. Das Vorspiel zur Gründung von Gewerkschaften, die mehr als nur eine einzige Lokalität erfaßten, ist oft eine gewisse Mobilität in einem verhältnismäßig weiträumigen Gebiet gewesen, in dem die in Betracht kommenden Arbeiter *sehr wohl* von einem Arbeitsplatz zum andern zogen. Das ist die Behauptung von David Crew: „Regionale Mobilität und Arbeiterklasse: Das Beispiel Bochum", in: *Geschichte und Gesellschaft* (1975), S. 99-120; und von Heilwig Schomerus: *Die Arbeiter der Maschinenfabrik Esslingen.* Stuttgart 1977, S. 77.

21 Siehe unten, S. 45-71.

22 Zur ostdeutschen Auffassung vergleiche die *Geschichte der deutschen Arbeiterbewegung,* herausgegeben vom ZK der SED in vielen Bänden, Berlin 1966; ferner John Foster: *Class Conflict in the Industrial Revolution.* London 1974.

23 Siehe die einschlägigen Abschnitte in den Schriften Rosa Luxemburgs: *Gesammelte Werke,* 5 Bde. Berlin-DDR 1974-1975.

24 Wie im Falle mancher britischer Chartisten. Siehe Malcolm I. Thomis und Peter Holt: *Threats of Revolution in Britain 1789-1848.* London 1977, S. 119; und David Jones: *Chartism and the Chartists.* London 1975, S. 140. Ferner Asa Briggs: *Chartist Studies.* London 1977, S. 5 ff.

2. Die Anfänge des organisierten Protests

1 E. J. Hobsbawm und G. F. E. Rudé: *Captain Swing*. London 1969.

2 Über die zunehmende Rationalität von Streiks siehe Klaus Tenfelde und Heinrich Volkmann (Hrsg.): *Streik. Zur Geschichte des Arbeitskampfes in Deutschland während der Industrialisierung*. München 1981, besonders die Einleitung: Hartmut Kaelble und Heinrich Volkmann: „Konjunktur und Streik während des Übergangs zum Organisierten Kapitalismus in Deutschland", in: Dieter Langewiesche und Klaus Schönhoven (Hrsg.): *Arbeiter in Deutschland*. Paderborn 1981, S. 269-295; Heinrich Volkmann: „Organisation und Konflikt", in: Werner Conze und Ulrich Engelhardt (Hrsg.): *Arbeiter im Industrialisierungsprozeß*. Stuttgart 1979, S. 422-438; Ulrich Engelhardt: „Arbeitskämpfe als Instrument der Lageverbesserung", in: Werner Conze und Ulrich Engelhardt (Hrsg.): *Arbeiterexistenz im 19. Jahrhundert*. Stuttgart 1981, S. 385-409.

3 Andreas Griessinger: *Das symbolische Kapital der Ehre. Streikbewegungen und kollektives Bewußtsein deutscher Handwerksgesellen im 18. Jahrhundert*. Frankfurt 1981, besonders Kapitel 7.

4 Hungeraufstände früherer Zeiten werden in folgenden Arbeiten erörtert: Alan Booth: „Food Riots in the North-West of England 1790-1801", in: *Past and Present* Nr. 77 (1977), S. 84-107; Louise Tilly: „La révolte frumentaire, forme de conflict politique en France", in: *Annales* Bd. 27, Nr. 3 (1972), S. 731-757; Charles Tilly: „The Changing Place of Collective Violence", in: M. Richter (Hrsg.): *Essays in Theory and History*. Cambridge, Mass. 1970, S. 139; Richard Tilly: „Popular Disorders in Nineteenth Century Germany", in: *Journal of Social History* Nr. 1 (1970), S. 25-30; Roger Wells: „The Revolt of the South-West, 1800-1801", in: *Social History* Nr. 6 (1977), S. 713-744; George Rudé: *Die Volksmassen in der Geschichte. Unruhen, Aufstände und Revolutionen in England und Frankreich 1730-1848*. 2. Auflage. Frankfurt/New York 1979, S. 9 ff. Zu Italien siehe Richard Hostetter: *The Italian Socialist Movement*. Band 1: *Origins (1860-1882)*. Princeton 1958, S. 128-135; zu Hungeraufständen im Ersten Weltkrieg siehe Gerald D. Feldman: „Socio-economic Structures in the Industrial Sector and Revolutionary Potentialities 1917-22", in: Charles L. Bertrand (Hrsg.): *Revolutionary Situations in Europe, 1917-1922: Germany, Italy, Austria-Hungary*. Montreal 1977, S. 161. Zu Deutschland siehe Richard Tilly und Gerd Hohorst: „Sozialer Protest in Deutschland im 19. Jahrhundert", in: Konrad Jarausch: *Quantifizierung in der Geschichtswissenschaft*. Düsseldorf 1976, S. 232-278; Geschichte und Gesellschaft 3 (1977), Heft 2; Werner Blessing: „Theuerungsexcesse im vorrevolutionären Kontext", in: Conze/Engelhardt: *Arbeiterexistenz*, S. 356-384.

5 Eine Darstellung der Typologie von Hungeraufständen findet sich in den in Anm. 2 genannten Arbeiten.

6 Rudé: *Volksmassen*, S. 37 ff.; Louise Tilly: *Révolte frumentaire, passim;* und insbesondere E. P. Thompson: „The Moral Economy of the English Crowd in the Eighteenth Century", in: *Past and Present* Nr. 50 (1971), S. 76-136. Dt. Übers. unter d. T. „Die ‚sittliche Ökonomie' der englischen Unterschichten im 18. Jahrhundert", in: Detlev Puls (Hrsg.): *Wahrnehmungsformen und Protestverhalten. Studien zur Lage der Unterschichten im 18. und 19. Jahrhundert*. Frankfurt 1979, S. 13-80.

7 Thompson: „Sittliche Ökonomie", S. 44; Booth: *Food Riots,* S. 93 f.
8 Thompson: „Sittliche Ökonomie", S. 43-49; Booth: *Food Riots,* S. 98.
9 Thompson: „Sittliche Ökonomie", S. 44 u. 50 f.; Booth: *Food Riots,* S. 98.
10 Wells: *Revolt of the South-West,* S. 717.
11 Thompson: „Sittliche Ökonomie", S. 16-29; Louise Tilly: *Révolte frumentaire,* S. 757.
12 S. G. Checkland: *The Rise of Industrial Society in England 1815-1885.* Oxford 1964, S. 368.
13 Robert J. Holton: „The Crowd in History: Some Problems of Theory and Method", in: *Social History* Bd. 3, Nr. 2 (1978), S. 231.
14 E. P. Thompson: „‚Rough Music': Le Charivari anglais", in: *Annales* Nr. 2 (1972), S. 308.
15 Holton: *The Crowd,* S. 223 f.
16 Gareth Stedman Jones: *Outcast London.* Oxford 1971, S. 343 ff.
17 Griessinger: *Das symbolische Kapital;* C. R. Dobson: *Masters and Journeymen.* London 1980.
18 Booth: *Food Riots,* S. 91; Wells: *Revolt of the South-West,* S. 740; Rudé: *Volksmassen,* S. 36.
19 William M. Reddy: „The Textile Trade and the Language of the Crowd at Rouen 1752-1871", in: *Past and Present,* Nr. 74 (1977), S. 76.
20 Ebd., S. 80.
21 Siehe Kapitel 1, Anm. 24.
22 Rudé: *Volksmassen,* Kapitel 7.
23 Siehe Anm. 9 oben.
24 Charles Tilly: „The Changing Place", *passim,* und ders.: „How Protest Modernised in France, 1845-1855", in: William O. Aydelotte, Allen G. Borgue und Robert W. Fogel (Hrsg.): *The Dimensions of Quantitative Research in History.* Oxford 1972, S. 192-255.
25 Siehe Kapitel 1, Anm. 7.
26 Friedrich Engels: *Die Lage der arbeitenden Klasse in England.* Nach eigner Anschauung und authentischen Quellen. Marx-Engels-Werke Bd. 2, Berlin 1970, S. 225-650.
27 Louis Chevalier: *Classes Laborieuses et Classes Dangereuses à Paris.* Paris 1958.
28 Frank B. Tipton: *Regional Variations in the Economic Development of Germany during the Nineteenth Century.* Middleton, Conn. 1976, S. 127-130.
29 Jürgen Kocka: *Unternehmensverwaltung und Angestelltenschaft am Beispiel Siemens 1847-1914.* Stuttgart 1969, S. 65.
30 Beispiele für die Reglementierung deutscher Arbeitnehmer finden sich bei Heilwig Schomerus: *Die Arbeiter der Maschinenfabrik Esslingen.* Stuttgart 1977, S. 315-329; ferner David Crew: *Bochum. Sozialgeschichte einer Industriestadt 1860-1914,* Frankfurt/M./Berlin/Wien 1980, S. 157-169.
31 Siehe T. S. Ashton: „The Standard of Life of the Workers in England, 1790-1830", in: einem Supplement zum *Journal of Economic History* (1949); A. J. Taylor: „Progress and Poverty in Britain 1780-1850", in: *History* (1960); R. M. Hartwell: „The Rising Standard of Living in England, 1800-1850", in: *Economic History Review* (1961); E. J. Hobsbawm: „The British Standard of

Living, 1790-1850", in: *Economic History Review* (1963); E. P. Thompson: *The Making of the English Working Class.* London 1978, Kap. 8; Brian Inglis: *Poverty in the Industrial Revolution.* London 1972. Zu Diskussionen über den deutschen Lebensstandard siehe Conze/Engelhardt: *Arbeiterexistenz;* Dieter Langewiesche und Klaus Schönhoven: „Zur Lebensweise der Arbeiter in Deutschland", in: Langewiesche/Schönhoven: *Arbeiter,* S. 7-33.

32 Checkland: *Rise,* S. 231.

33 Inglis: *Poverty,* passim.

34 Crew: *Bochum,* S. 57-68; Schomerus: *Die Arbeiter,* S. 124-157; Jürgen Tampke: *The Ruhr and Revolution. The Revolutionary Movement in the Rhenish-Westphalian Industrial Region 1912-1919.* London 1979, Kap. 1. Siehe auch Ute Frevert: „Arbeiterkrankheit und Arbeiterkrankenkassen", in: Conze/Engelhardt: *Arbeiterexistenz,* S. 293-319.

35 Inglis: *Poverty,* S. 30.

36 Zu den Reallöhnen in Frankreich vgl. George Dupeux: *La Société Française 1789-1960.* Paris 1964, S. 145 f.; Bernard Moss: *The Origins of the French Labour Movement.* Berkeley 1976, S. 39 f. Zu Deutschland siehe Theodor S. Hamerow: *Restoration, Revolution, Reaction.* Princeton 1958, Kap. 5.

37 Charles Tilly und Lynn H. Lees: „The People of June, 1848", in: Roger Price (Hrsg.): *Revolution and Reaction, 1848 and the Second French Republic.* London 1975, S. 170-207; Richard Tilly: *Popular Disorders,* S. 31 f.

38 William Sewell: „Social Change and the Rise of Working-Class Politics in Nineteenth Century Marseilles", in: *Past and Present* Nr. 65 (1974), S. 84; Richard Tilly: „Popular Disorders", S. 32; Christopher H. Johnson: „Economic Change and Artisan Discontent: the Tailor's History, 1800-1848", in: Price: *Revolution,* S. 87 f. Siehe auch Wolfgang Renzsch: *Handwerker und Lohnarbeiter in der frühen Arbeiterbewegung.* Göttingen 1980, S. 72-76.

39 E. P. Thompson: *The Making,* S. 217, 274-289 und 309-314; Hamerow: *Restoration,* Kap. 2; Peter N. Stearns: *The Revolutions of 1848.* London 1974, S. 20-28.

40 Dies ist denn auch das zentrale Thema in E. P. Thompsons *The Making.* Siehe auch John Breuilly: *Artisan economy – artisan values – artisan politics,* unveröffentlichtes Manuskript eines Referats anläßlich der 4. Sitzung der Forschungsgruppe über Moderne Deutsche Sozialgeschichte der SSRC, University of East Anglia, Juli 1980.

41 Siehe unten, S. 71-82.

42 Roger Penn: *Skilled Manual Workers in the Labour Process,* unveröffentlichtes Manuskript, Universität Lancaster.

43 Siehe unten, S. 71-82.

44 Hamerow: *Restoration,* S. 82 f.; Hans Rosenberg: *Große Depression und Bismarckzeit.* Berlin 1967, S. 40; Lawrence Schofer: *The Formation of a Modern Labour Force. Upper Silesia, 1865-1914.* Berkeley 1975, S. 131-136.

45 Malcolm I. Thomis und Peter Holt: *Threats of Revolution in Britain 1789-1848.* London 1977, S. 31-36; Malcolm Thomis: *The Town Labourer and the Industrial Revolution.* London 1974, S. 77 ff.; Thompson: *The Making,* Kap. 14; Rudé: *Volksmassen,* S. 73-76; Richard Tilly: „Popular Disorders", S. 31; Charles Tilly, Louise Tilly und Richard Tilly: *The Rebellious Century.* London 1975, S. 301 f.; Jones: „Economic Change", in: Price: *Revolution,*

S. 87; Edouard Dolléans: *Histoire du Mouvement Ouvrier.* Band 1. *1830-1871.* Paris 1936, S. 58; Patrick Kessel: *Le prolétariat Français avant Marx.* Paris 1968, S. 197, 236, 250; Hamerow: *Restoration,* S. 33-36 und 84 ff.; Dieter Dowe: *Aktion und Organisation. Arbeiterbewegung, sozialistische und kommunistische Bewegung in der preuß. Rheinprovinz 1820-1852.* Hannover 1970, S. 27-35; Hartmut Zwahr: *Zur Konstituierung des Proletariats als Klasse.* Berlin 1978, S. 87 und S. 222; Leo Uhen: *Gruppenbewußtsein und informelle Gruppenbildungen.* Berlin 1964, S. 147 ff.; Martin Henkel/Rolf Taubert: *Maschinenstürmer.* Frankfurt 1979.

46 Hobsbawm und Rudé: *Swing;* David Jones: „Thomas Campbell Fraser and the Rural Labourer: Incendiarism in East Anglia in the 1840s", in: *Social History* (Januar 1976), S. 5-43.

47 K. F. Donnelly: „Ideology and Early English Working-Class History: Edward Thompson and His Critics", in: *Social History* (Mai 1976), S. 227.

48 E. P. Thompson: *The Making,* S. 529-560; Thomis and Hall: *Threats of Revolution,* S. 33 ff.; Jones: „Thomas Campbell Fraser", S. 14 ff.; Rudé: *Volksmassen,* S. 76 ff..

49 Jones: „Thomas Campbell Fraser", S. 31.

50 Rudé: *Volksmassen,* S. 74.

51 Peter N. Stearns: *Arbeiterleben. Industriearbeit und Alltag in Europa 1890-1914,* Frankfurt/New York 1980, S. 116.

52 Siehe Penn: *Skilled Labour*; Dick Geary: „The German Labour Movement 1848-1918", in: *European Studies Review,* Band 6, Nr. 3 (1976), S. 298.

53 Joan Wallach Scott: *The Glassworkers of Carmaux.* Cambridge, Mass., 1974, S. 53 ff., 55-64 und 80-96.

54 Dick Geary: „Radicalism and the German Worker: Metalworkers and Revolution 1914-1923", in: Richard J. Evans (Hrsg.): *Society and Politics in Wilhelmine Germany.* London 1978, S. 279-281; Klaus Tenfelde: „Linksradikale Strömungen in der Ruhrbergarbeiterschaft 1905 bis 1919", in: Hans Mommsen und Ulrich Borsdorf (Hrsg.): *Glück auf, Kameraden. Die Bergarbeiter und ihre Organisationen in Deutschland.* Köln 1979, S. 199-224. James Hinton: *The First Shop Stewards' Movement.* London 1973.

55 Karl Ditt: „Technologischer Wandel und Strukturveränderung der Fabrikarbeiterschaft", in: Conze/Engelhardt: *Arbeiter,* S. 237-261.

56 Hamerow: *Restoration,* Kap. 8; Paul Noyes: *Organization and Revolution. Working-Class Associations in the German Revolutions of 1848-1849.* Princeton 1966; Georges Duveau: *1848: The Making of a Revolution.* New York 1967.

57 Rudé: *Volksmassen,* S. 62 ff.; Kessel: *Le Prolétariat,* Kap. 1. Siehe auch Griessinger: *Das symbolische Kapital.*

58 Thomis: *Town Labourer,* S. 129; Thompson: *The Making,* S. 564 und 887 ff.; David Jones: *Chartism and the Chartists.* London 1975, S. 138-143; Shorter and Tilly: *Strikes,* S. 107-110; Richard Tilly: „Popular Disorders", S. 16-19; Dowe: *Aktion,* S. 33-41. Wegen des Jahres 1848 siehe oben Anm. 56.

59 Das Argument, bei der „Großen Depression" habe es sich um kaum mehr gehandelt als einen Mythos, mag in aggregierten ökonomischen Begriffen zutreffen. Doch legen Untersuchungen über das Schicksal bestimmter Teile der Arbeiterklasse ein ganz anderes Bild nahe. Man vergleiche etwa, wie sich das

Beschäftigungs- und Lohnniveau in einer Maschinenfabrik in Esslingen entwickelte: Schomerus: *Die Arbeiter,* Kap. III.

60 Geary: „German Labour Movement", S. 302; Shorter und Tilly: *Strikes,* S. 97-102; Dolléans: *Mouvement Ouvrier,* Bd. 1, S. 181.

61 Thompson: *The Making,* S. 564; Shorter und Tilly: *Strikes,* S. 110; Bernard H. Moss: *The Origins of the French Labour Movement 1830-1914.* Berkeley 1976, S. 53 ff.; Geary: „German Labour Movement", S. 300 f.

62 Die traditionelle Darstellung findet sich bei Eric Hobsbawm: *Labouring Men.* Neuausg. London 1979, S. 126-157; Kaelble/Volkmann: „Konjunktur und Streik", Zur Kritik dieser Auffassung siehe Griessinger, besonders Kapitel 7.

63 Thompson: *The Making,* S. 460; Thomis: *Town Labourer,* S. 127-132; E. J. Hobsbawm: *Labouring Men,* Kap. 9 und 10; David Kynaston: *King Labour. The British Working Class 1850-1914.* London 1976, S. 51-54; Shorter und Tilly: *Strikes,* S. 110 ff.; Moss: *Origins,* S. 11 ff.; Kessel: *Le Prolétariat,* S. 201; Geary: „German Labour Movement", S. 300-304.

64 Siehe unten, S. 76-82.

65 Mitchell und Stearns: *Workers,* S. 165-181.

66 D. Vasseur: *Les Débuts du Mouvement Ouvrier dans la Région de Belfort-Montebehard.* Paris 1967.

67 Tilly: *Rebellious Century,* S. 20, 196 und 218 ff.

68 Siehe Einleitung, Anm. 12 und 13.

69 Hedwig Wachenheim: *Die deutsche Arbeiterbewegung 1844 bis 1914.* Köln – Opladen 1967, S. 108.

70 Siehe unten, S. 58-65.

71 Wachenheim: *Arbeiterbewegung,* S. 124; vgl. Ulrich Engelhardt: „Zur Verhaltensanalyse eines sozialen Konflikts, dargestellt am Waldenburger Streik von 1869", in: Otto Neuloh (Hrsg.): *Soziale Innovation und sozialer Konflikt,* Göttingen 1977, S. 69-94.

72 Solomon M. Schwarz: *The Russian Revolution of 1905.* Chicago 1967.

73 Siehe seine Bemerkungen in: *Karl Marx and Friedrich Engels on Britain.* Moskau 1962, S. 28-33 und 567 f.

74 David Footman: *Ferdinand Lassalle. Romantic Revolutionary.* New York 1969, S. 201; Richard W. Reichard: *Crippled from Birth. German Social Democracy 1844-1870.* Iowa 1969, S. 165 und 190; Klaus Tenfelde, *Sozialgeschichte der Bergarbeiterschaft an der Ruhr im 19. Jahrhundert, 2. Aufl. Bonn 1981, S. 608-627.*

75 Zu proudhonistischen Einflüssen siehe Moss: *Origins,* S. 48-54; Dolléans: *Mouvement Ouvrier,* Band 1, S. 280-310. Zum Anarcho-Syndikalismus siehe Peter N. Stearns: *Revolutionary Syndicalism and French Labour.* New Brunswick 1971.

76 Siehe unten, S. 76-82.

77 Thomis: *Town Labourer,* S. 129; Thompson: *The Making,* S. 46; Dolléans: *Mouvement Ouvrier,* Band 1, S. 55, 73, 96; Toni Offermann: *Arbeiterbewegung und liberales Bürgertum in Deutschland 1850-1863.* Bonn 1979, S. 41-82; Günther Bergmann: *Das Sozialistengesetz im rechtsrheinischen Industriegebiet.* Hannover 1970; Vernon L. Lidtke: *The Outlawed Party.* Princeton 1966; Geary: „German Labour Movement", S. 298 f.; Hostetter: *Italian Socialist Movement,* S. 49; Allan K. Wildman: *The Making of Workers' Revolution.*

Russian Social Democracy, 1891-1903. Chicago 1967, S. 30-35; Franco Venturi: *Roots of Revolution. A History of the Populist and Socialist Movements in Nineteenth Century Russia.* London 1960, S. 507; Ezra Mendelsohn: *Class Struggle in the Pale. The Formative Years of the Jewish Workers' Movement in Tsarist Russia.* Cambridge 1970, S. 35 f.; Martin Blinkhorn: *Industrialisation and Social Protest in Spain,* unveröffentl. Manuskript.

78 Jones: *Chartism and the Chartists,* S. 45 f.; Asa Briggs: *Chartist Studies.* London 1977, S. 4 f.; Geary: „German Labour Movement", S. 302 f.; Dieter Dowe: „Organisatorische Anfänge der Arbeiterbewegung", in: Jürgen Reulecke (Hrsg.): *Arbeiterbewegung an Rhein und Ruhr.* Wuppertal 1974, S. 113-167; Dowe: *Aktion,* S. 157 und 159; Wolfgang Schmierer: *Von der Arbeiterbildung zur Arbeiterpolitik. Die Anfänge der Arbeiterbewegung in Württemberg 1862/63-1878.* Hannover 1970, *passim* und besonders S. 56 und Kapitel 4; Jörg Schadt: *Die Sozialdemokratische Partei in Baden. Von den Anfängen bis zur Jahrhundertwende (1868-1900).* Hannover 1971, S. 29 ff.; Franz Osterroth: *Biographisches Lexikon des Sozialismus.* Hannover 1960, S. 16; Frolinde Balser: *Sozial-Demokratie 1848/49-1863.* Stuttgart 1965, S. 29-33; Hugo Eckert: *Liberal- oder Sozialdemokratie. Frühgeschichte der Nürnberger Arbeiterbewegung.* Stuttgart 1968, S. 12 und 80-120.

79 J. T. Ward (Hrsg.): *Popular Movements c. 1830-1850.* London 1970, S. 102; Thompson: *The Making,* S. 868-872; Moss: *Origins, passim;* Dolléans: *Mouvement Ouvrier,* Band 1, S. 74 f. und 279 ff.; George Lichtheim: *Ursprünge des Sozialismus.* Gütersloh 1969, S. 113 ff.; George Lichtheim: *Kurze Geschichte des Sozialismus,* Köln 1972, S. 48 ff.; Footman: *Lassalle, passim;* Schmierer: *Von der Arbeiterbildung,* S. 64; Schadt: *Sozialdemokratische Partei,* S. 31; Ursula Schulz: *Die deutsche Arbeiterbewegung 1848-1919 in Augenzeugenberichten.* Düsseldorf 1968, S. 123 f.; Wachenheim: *Arbeiterbewegung,* S. 82 f.; Offermann: *Arbeiterbewegung,* S. 206-229. Es ist vielleicht nicht unwichtig, darauf hinzuweisen, daß die aus der Arbeiterschaft stammenden Mitglieder von Genossenschaften nur selten völlig der liberalen Ideologie anhingen, auch wenn die Genossenschaften im liberalen Dunstkreis blieben.

80 Ward: *Popular Movements,* Kapitel 4; Thomis: *Town Labourer,* S. 127-143; Thompson: *The Making,* S. 550-570; Kynaston: *King Labour,* S. 17 ff. und 25 ff.

81 Jacques Droz: *Le Socialisme Démocratique 1864-1960.* Paris 1966, S. 18 ff.; Moss: *Origins,* S. 10 ff. und 40-54; R. Gossez: „L'Organisation Ouvrière à Paris sous la Seconde République", in: *Revue des Révolutions Contemporaines* Band 42 (1950); Dolléans: *Mouvement Ouvrier,* Band 1, S. 55-82 und 279-335; Kessel: *Prolétariat,* S. 200 ff. und 313; Hostetter: *Italian Socialist Movement,* S. 123; Donald H. Bell: „Worker Culture and Worker Politics: the Experience of an Italian Town, 1880-1915", in: *Social History* Band 3, Nr. 1 (1978), S. 1-21; Rezension von Donald Bell zu Merlo in *Journal of Social History,* Nr. 1 (1976), S. 132 f.; Giuliano Procacci: *La Lotta di Classe in Italia agli Inizi del Secolo XX.* Rom 1972, S. 23 ff.; Venturi: *Roots of Revolution,* S. 507-511.

82 Noyes: *Organisation and Revolution, passim;* Ulrich Engelhardt: *‚Nur vereinigt sind wir stark.' Die Anfänge der deutschen Gewerkschaftsbewegung 1862/63 bis 1869/70.* 2 Bde. Stuttgart 1976, *passim;* Geary: „German Labour Movement", S. 298-301; Dowe: „Organisatorische Anfänge", S. 59 f.; Dowe:

Aktion, S. 248, 273 und 289-292; Schmierer: *Von der Arbeiterbildung*, S. 40 und Kapitel 4; Balser: *Sozial-Demokratie*, S. 33 und 66 f.

83 Jones: *Chartism*, S. 138; Dolléans: *Mouvement Ouvrier*, Band 1, S. 81; Dowe: *Aktion*, S. 244-248 und 290 f.; Schadt: *Sozialdemokratische Partei*, S. 32 f.

84 Patricia Hollis (Hrsg.): *Class and Class Conflict in the Nineteenth Century. 1815-1850*. London 1973, S. 163; Kynaston: *King Labour*, S. 11 und *passim;* Geary: „German Labour Movement", S. 300 f.

85 Thompson: *The Making*, S. 216 und *passim;* Robert J. Bezucha: „The ‚Pre-Industrial' Worker Movement: the *Canuts* of Lyon", in: Clive Emsley (Hrsg.): *Conflict and Stability in Europe*. London 1979, S. 62; Dolléans: *Mouvement Ouvrier*, Band 1, S. 172-179; John Plamenatz: *The Revolutionary Movement in France 1815-1871*. London 1952, *passim*.

86 Lidtke: *Outlawed Party, passim;* Bergmann: *Sozialistengesetz, passim;* Geary: „German Labour Movement", S. 304.

87 W. I. Lenin: *Über die Gewerkschaftsbewegung*. Berlin 1960, S. 187 f. u. *passim* (bes. Auszüge aus: *Was tun?* Stuttgart 1902).

88 J. Barrington Moore: *Injustice. The Social Bases of Obedience and Revolt*. White Plains, N. Y. 1978.

89 Zur Rezeption des Marxismus und Lassalles in Deutschland siehe Footman: *Lassalle;* Na'aman: *Lassalle;* George Lichtheim: *Marxism. A Historical and Critical Study*. 2. Aufl. London 1964, besonders Teil 5; R. J. Geary: *Karl Kautsky and the Development of German Marxism*. Unveröffentlichte Diss. Cambridge 1971. Zur Rezeption französischer Theoretiker siehe Lichtheim: *Ursprünge*, Teil I. Zu Rußland siehe Lichtheim: *Kurze Geschichte*, Kapitel 7 und 8. Über die soziale Zusammensetzung pro-anarchistischer Kreise siehe unten, S. 81 f. Über russische Arbeiter im Jahre 1905 siehe Schwarz: *Russian Revolution of 1905*, S. 111. Über den Juli 1917: Marc Férro: *La Révolution de 1917*. Paris 1967, S. 456-466. Zu Martov: J. L. H. Keep: *The Rise of Social Democracy in Russia*. Oxford 1966, S. 46. Ferner Israel Getzler: *Martov. A Political Biography of a Russian Social Democrat*. Cambridge 1967, *passim*. Über die anti-intellektuellen Stimmungen mancher russischer Arbeiter siehe Venturi: *Roots of Revolution*, S. 517, 539 und 552; Wildman: *Making of a Workers' Revolution*, S. 94 f.

90 Stearns: *Revolutionary Syndicalism, passim.*

91 Steinberg: *Sozialismus, passim.*

92 Siehe die Aufsätze in Gerhard A. Ritter (Hrsg.): *Arbeiterkultur*. Königstein 1979. Ferner Guenther Roth: *The Social Democrats in Imperial Germany. A Study in Working Class Isolation and National Integration*. Totowa, N. J. 1963, *passim*.

93 R. P. Morgan: *German Social Democrats and the First International 1864-1872*. Cambridge 1965, *passim;* Susanne Miller: *Das Problem der Freiheit im Sozialismus*. Franfurt am Main 1964, *passim;* Geary: „German Labour Movement", S. 302 f.

94 Geary: „Radicalism", S. 270-273.

95 Erhard Lucas: *Arbeiterradikalismus, passim;* Eve Rosenhaft: *The German Communists and Paramilitary Violence 1929-1933*. Unveröffentlichte Diss. Cambridge 1979.

96 Das ist die zentrale These in Thompson, *The Making*.
97 Engels: *Die Lage der arbeitenden Klasse;* E. J. Hobsbawm: *Labouring Men,* Kapitel 15; Kynaston: *King Labour,* S. 12; Harry J. Marks: „Sources of Reformism in the Social Democratic Party of Germany, 1890-1914", in: *Journal of Modern History,* Band XI, Nr. 3 (1939). Über die Löhne in Deutschland siehe unten, S. 108.
98 Hobsbawm: *Labouring Men,* Kapitel 15; Thomis: *Town Labourer,* S. 192 ff.; Kynaston: *King Labour,* S. 12 f.
99 Moss: *Origins,* S. 14 ff.
100 Siehe unten, S. 100-121.
101 A. E. Musson: „Class Struggle and Labour Aristocracy 1830-1860", in: *Social History,* Nr. 3 (1976), S. 335-356; Gareth Stedman Jones: „England's First Proletariat", in: *New Left Review,* Nr. 90 (1975), S. 35-69.
102 Stedman Jones: „First Proletariat", S. 52 ff.; Thompson: *The Making,* S. 325 f.; Jones: *Chartism,* S. 153-158; Ward: *Popular Movements,* S. 7 f., 108 und 121; Brian R. Bawn: „Industrial Capitalism, Conflict and Working-Class Contention in Lancashire, 1842", in: Louise und Charles Tilly (Hrsg.): *Class Conflict and Collective Action.* Beverly Hills 1981, S. 123 und S. 129 f.
103 Renzsch: *Handwerker und Lohnarbeiter, passim.*
104 Stearns: *Revolutionary Syndicalism, passim;* Shorter und Tilly: *Strikes, passim;* Theodore Zeldin: *France 1848-1945.* Band 1. Oxford 1973, S. 224 und 238 ff.
105 Frank Wilkinson: „Collective Bargaining in the Steel Industry in the 1920s", in: Asa Briggs und John Saville (Hrsg.): *Essays in Labour History 1918-1939.* London 1977, S. 102; J. T. Ward und W. Hamish Fraser: *Workers and Employers.* London 1980, Kapitel 6; Kynaston: *King Labour,* S. 152 f.; Stearns: *Arbeiterleben,* S. 174.
106 Zu einer Diskussion des „Sonderweges" siehe David Blackbourn und Geoff Eley: *Mythen der deutschen Geschichtsschreibung.* Frankfurt 1980, sowie die kritische Aufnahme dieses Buches durch Hans-Ulrich Wehler: „‚Deutscher Sonderweg' oder allgemeine Probleme des westlichen Kaptialismus", in: *Merkur,* 5 (1981).
107 Eine Beschreibung des Paternalismus in den Baumwollstädten Lancashires bietet Patrick Joyce: *Work, Society and Politics.* London 1980.
108 Keith Burgess: *The Origins of British Industrial Relations.* London 1975, S. VIII, 30, 59 f., 65 und 187.
109 Klaus Mattheier: *Die Gelben. Nationale Arbeiter zwischen Wirtschaftsfrieden und Streik.* Düsseldorf 1973, S. 42-46.
110 Burgess: *Origins,* S. 38 f., 60 f., 155, 188, 209, 306 und 311.
111 Stearns: *Arbeiterleben,* S. 177 f.; Geoff Eley: „Capitalism and the Wilhelmine State", in: *The Historical Journal,* Band 21 (1978), S. 742; Jürgen Kuczynski: *Die Geschichte der Lage der Arbeiter unter dem Kaptialismus.* Teil I, Band 3: *Darstellung der Lage der Arbeiter in Deutschland von 1871 bis 1900.* Berlin 1962, S. 43 ff.
112 Zit. nach Kynaston: *King Labour,* S. 152. Aus der deutschsprachigen Literatur s. u. a. Gerhard A. Ritter, *Parlament und Demokratie in Großbritannien.* Göttingen 1972, S. 125-181.
113 Peter Ullmann: *Tarifverträge und Tarifpolitik in Deutschland bis 1914.* Frank-

furt 1977, S. 23, 34, 56, 97 f.; Dieter Groh: „Intensification of Work and Industrial Conflict“, in: *Politics and Society* 8 (1978), S. 366-369.

114 Kynaston: *King Labour,* S. 157-162.

115 Schwarz: *Russian Revolution of 1905, passim;* Robert Looker (Hrsg.): *Rosa Luxemburg. Selected Political Writings.* London 1976, S. 117-134; bzw. Rosa Luxemburg: *Gesammelte Werke,* Bd. I/2, S. 485 f. u. *passim.*

116 Thompson: *The Making,* S. 216.

117 Siehe oben, Anmerkung 85.

118 Zu 1848 siehe Duveau: *1848,* S. 133-156; zur Commune siehe Moss: *Origins,* S. 61 ff. Zu späteren Aktivitäten ebd., S. 88 und 148. Zu den sechziger Jahren des 19. Jahrhunderts siehe Dolléans: *Mouvement Ouvrier,* Band 1, S. 279-300.

119 Stearns: *Revolutionary Syndicalism, passim;* Albert S. Lindeman: *The ‚Red Years.‘* Berkeley 1974, S. 6 f.; Claude Willard: *Geschichte der französischen Arbeitsbewegung. Eine Einführung,* Frankfurt/New York 1981, S. 43-53, 66-90; Claude Willard: *Les Guesdistes.* Paris 1965, *passim;* David Stafford: *From Anarchism to Reformism. Paul Brousse.* London 1971, *passim;* Shorter and Tilly: *Strikes,* S. 31 ff. und 42 f.

120 Lidtke: *The Outlawed Party, passim*; Bergmann: *Sozialistengesetz, passim;* Alex Hall: „By Other Means: The Legal Struggle Against the SPD in Wilhelmine Germany 1890-1900“, in: *The Historical Journal,* Band 17 (1974), *passim;* Klaus Saul: *Staat, Industrie, Arbeiterbewegung im Kaiserreich,* Düsseldorf 1974; Geary: „German Labour Movement“, *passim;* siehe auch Dick Geary: *Der preußische Machtstaat und die Arbeiterbewegung.* Mitteilungen des Instituts zur Geschichte der Arbeiterbewegung. Bochum 1982.

121 Marks: *Sources of Reformism, passim;* Geary: „German Labour Movement“, S. 305 ff.; Carl E. Schorske: *Die große Spaltung. Die deutsche Sozialdemokratie von 1905-1917,* Berlin 1981, S. 17-34 und Kapitel 4, 5 und 6; Gerhard A. Ritter: *Die Arbeiterbewegung im Wilhelminischen Reich,* 2. Aufl. Berlin 1963; Dieter Groh: *Negative Integration und revolutionärer Attentismus,* Berlin/Wien 1973, S. 81-195; Peter Friedemann (Hrsg.): *Materialien zum politischen Richtungsstreit in der dt. Sozialdemokratie 1890-1917,* 2 Bde. Frankfurt etc. 1978; Schadt: *Sozialdemokratische Partei, passim;* Georg Kotowski: *Friedrich Ebert.* Wiesbaden 1963, *passim;* J. P. Nettl: „The German Social Democratic Party as a Political Model“, in: *Past and Present,* Nr. 30 (1965), S. 65-95.

122 Siehe oben, Anmerkung 121.

123 Adrian Lyttleton: „Revolution and Counter-revolution in Italy, 1918-1922“, in: Charles L. Bertrand (Hrsg.): *Revolutionary Situations in Europe, 1917-1922: Germany, Italy, Austria-Hungary.* Montreal 1977, S. 63 ff.; Tilly: *Rebellious Century,* S. 97 ff. und 143; Gerald Brenan: *The Spanish Labyrinth.* Cambridge 1962, S. 156 f.; Gabriel Jackson: *The Spanish Republic and the Civil War 1931-1939.* Princeton 1965, S. 276-309. Siehe auch Walter L. Bernecker, *Die soziale Revolution im Spanischen Bürgerkrieg,* München 1977.

124 Schwarz: *Russian Revolution of 1905, passim;* Oskar Anweiler: *Die Rätebewegung in Rußland 1905-1921, passim;* E. H. Carr: *The Bolshevik Revolution 1917-1923.* London 1966, Teil I, *passim.*

125 Thomis: *Town Labourer,* S. 26; Thomis und Holt: *Threats of Revolution,* S. 100; Jones: *Chartism,* S. 120 f.; Briggs: *Chartist Studies,* S. 38 ff.

126 Mary Nolan: *Social Democracy and Society.* Cambridge 1981, S. 50; Gerhard A. Ritter: *Sozialversicherung in Deutschland und England,* München 1982.

127 Geary: „German Labour Movement", S. 302 f.; Schmierer: *Von der Arbeiterbildung, passim* und besonders S. 33; Balser: *Sozial-Demokratie, passim;* Reichard: *Crippled from Birth,* S. 128; S. Na'aman (Hrsg.): *Die Konstituierung der deutschen Arbeiterbewegung 1862/63,* Assen 1975.

128 Hans-Ulrich Wehler: *Das deutsche Kaiserreich 1871-1918.* Göttingen 1973; Helmut Böhme: *Deutschlands Weg zur Großmacht. Studien zum Verhältnis von Wirtschaft und Staat während der Reichsgründungszeit 1848-1881.* 2. Aufl. Köln 1972; Dirk Stegmann: *Die Erben Bismarcks. Parteien und Verbände in der Spätphase des Wilhelminischen Deutschlands. Sammlungspolitik 1897-1918.* Köln/Berlin 1970; Volker R. Berghahn: *Der Tirpitz-Plan. Genesis und Verfall einer innenpolitischen Krisenstrategie unter Wilhelm II.* Düsseldorf 1971; Hans-Jürgen Puhle: *Agrarische Interessenpolitik und preußischer Konservatismus im wilhelminischen Reich (1893-1914).* 2. Aufl. Bonn-Bad Godesberg 1975.

129 David Blackbourn: *Class, Religion and Local Politics in Wilhelmine Germany.* New Haven 1980; Geoff Eley: *Reshaping the German Right.* New Haven 1980.

130 Eley: *Reshaping, passim.*

131 Siehe die Erörterung in Blackbourn und Eley: *Mythen;* ferner Perry Anderson: *Lineages of the Absolute State.* London 1974.

132 Moss: *Origins,* S. 68.

133 Siehe oben, S. 57.

134 Leo Trotzki: *Geschichte der russischen Revolution.* Berlin 1931 und 1933. Kapitel 1.

135 Bell: *Worker Culture,* S. 2.

136 Penn: *Skilled Manual Workers,* S. 4 und *passim.*

137 Kocka: *Unternehmensverwaltung,* S. 65.

138 Thompson: *The Making,* S. 457-464; Jones: *Chartism,* S. 24; Briggs: *Chartist Studies,* S. 4-8; Thomis: *Town Labourer,* S. 132 f.; Kynaston: *King Labour,* S. 17 ff.; Ward und Fraser: *Workers,* S. 104 f.; Henry Pelling: *A History of British Trade Unionism.* London 1966, S. 42 f.; Wilkinson: „Collective Bargaining", S. 103.

139 Georges Dupeux: *La Société Française 1789-1960.* Paris 1964, S. 152 f.; Tilly: *Rebellious Century,* S. 41 f.; Shorter und Tilly: *Strikes,* S. 110, 154-160; Moss: *Origins,* S. 9 ff., 71, 125 ff. und 151 f.; Dolléans: *Mouvement Ouvrier,* Band 1, S. 55, 74-81 und 279-300; Kessel: *Prolétariat,* S. 200 f. und 347; Vasseur: *Les Débuts, passim;* Sewell: „Social Change", S. 81.

140 Na'aman: *Lassalle,* S. 682 ff.; Noyes: *Organization and Revlution, passim;* Hamerow: *Restoration,* Kapitel 8; Geary: „German Labour Movement", S. 298-304; Dowe: *Aktion,* S. 145 und 244-248; Schmierer: *Von der Arbeiterbildung,* S. 55, 58 ff. und 207-228; Schadt: *Sozialdemokratische Partei,* S. 22, 32, 63, 76 f., 94 f. und 109; Bergmann: *Sozialistengesetz,* S. 19, 73 und 91 Anm.; Wachenheim: *Arbeiterbewegung,* S. 182; Balser: *Sozial-Demokratie,* S. 20 und 92 f.; Reichard: *Crippled from Birth,* S. 125 f.; Eckert: *Liberal- oder Sozialdemokratie,* S. 83, 157 und 249-270; Morgan: *German Social Democrats,* S. 4; Ritter: *Die Arbeiterbewegung,* S. 9; Helga Grebing: *Geschichte der deutschen*

Arbeiterbewegung. Ein Überblick. München 1970, S. 40 ff.; Georg Gärtner: *Die Nürnberger Arbeiterbewegung 1868-1908.* Nürnberg 1908, S. 23 und 69-75; Renzsch: *Handwerker und Lohnarbeiter, passim;* Offermann: *Arbeiterbewegung, passim;* Birker: *Arbeiterbildungsvereine,* S. 139-143.

141 Hans Hautmann und Rudolf Kropf: *Die österreichische Arbeiterbewegung vom Vormärz bis 1945.* Linz 1974, Kapitel 3 und 4.

142 Brenan: *Spanish Labyrinth,* S. 215.

143 Bell: *Worker Culture,* S. 2-7; Procacci: *La Lotta di Classe, S. 23 ff.; Tilly: Rebellious Century,* S. 120.

144 Venturi: *Roots of Revolution,* S. 507-511 und 552; Wildman: *Making of a Workers' Revolution,* S. 30-37 und *passim;* Mendelsohn: *Class Struggle,* S. 37.

145 Kynaston: *King Labour,* S. 18.

146 Moss: Origins, S. 11 f.; Peter Stearns: „Patterns of Industrial Strike Activity in France during the July Monarchy", in: *American Historical Review,* Nr. 70 (1965), S. 371-394; Charles Tilly: „How Protest Modernised", S. 203 f.; Richard Tilly: „Popular Disorders", S. 25 ff.

147 Thompson: *The Making,* S. 297; Thomis: *Town Labourer,* S. 90.

148 Thompson: *The Making,* S. 297-337 und 529; Thomis und Holt: *Threats of Revolution,* S. 31-36 und 100-122; Jones: *Chartism,* S. 153-158; Briggs: *Chartist Studies, passim;* Moss: *Origins,* S. 125-135; Willard: *Geschichte,* S. 81-84; Tilly und Lees: „The People of June, 1848", S. 170-207; Hamerow: *Restoration,* Kapitel 8; Stearns: *Revolutions of 1848,* S. 20-28 und Kapitel 7; Schadt: *Sozialdemokratische Partei,* S. 22; Osterroth: *Biographisches Lexikon,* S. 17.

149 Willard: *Guesdistes, passim;* Moss: *Origins,* S. 120.

150 Geary: „German Labour Movement", S. 310; Marks: „Sources of Reformism", S. 353 ff.; Moore: *Injustice,* S. 183; Dieter Fricke: *Die deutsche Arbeiterbewegung 1869 bis 1914. Ein Handbuch über ihre Organisation und Tätigkeit im Klassenkampf.* Berlin 1976, S. 249 ff.; Klaus Schönhoven: *Expansion und Konzentration. Studien zur Entwicklung der freien Gewerkschaften im Wilhelminischen Deutschland 1890-1914.* Stuttgart 1980, S. 28 ff. und 150 ff.

151 Ward and Fraser: *Workers,* S. 108; Kynaston: *King Labour,* S. 52 ff.

152 Vasseur: *Les Débuts, passim;* Moore: *Injustice,* S. 261 Anm.; Klaus J. Mattheier: „Werkvereine und wirtschaftsfriedlich-nationale (gelbe) Arbeiterbewegung", in: Reulecke (Hrsg.): *Arbeiterbewegung,* S. 174-200.

153 Karl Erich Born: *Staat und Sozialpolitik seit Bismarcks Sturz.* Wiesbaden 1957, S. 67 f.; Moore: *Injustice,* S. 189.

154 Zahlenangaben zu außergewöhlich häufigem Arbeitsplatzwechsel finden sich bei Crew: *Bochum,* Kapitel 3. S. ferner Schönhoven: *Expansion,* S. 151-198.

155 Moore: *Injustice,* S. 183.

156 Charles Tilly: „How Protest Modernised", S. 206; Richard Tilly: „Popular Disorders", S. 25.

157 Dies ist eines der zentralen Themen bei Zwahr: *Konstituierung,* und Schomerus: *Arbeiter.*

158 Leopold Haimson: „The Problem of Social Stability in Urban Russia, 1905-1917", in: Clive Emsley (Hrsg.): *Conflict and Stability in Europe.* London 1979, S. 240-246; Anweiler: *Rätebewegung,* S. 120; Benjamin Ward: „Wild Socialism in Russia: the Origins", in: *California Slavic Studies,* Band 3 (1964), S. 133; Theodor H. von Laue: „Russian Labour between Field and Factory,

1892-1903", *ebd.*, S. 33-65; Theodor H. von Laue: „Russian Peasants in the Factory 1892-1904", in: *Journal of Economic History*, Band 2 (1961), S. 61-80.

159 Robert Eugene Johnson: *Peasant and Proletarian: the Working Class of Moscow in the Late Nineteenth Century*. Leicester 1980. Diese Argumentation ist nicht unproblematisch. Siehe die Besprechung von Johnsons Werk in: *Times Higher Education Supplement*, 18. April 1980, S. 20, durch R. W. Davies, der darauf hinweist, daß einigen jüngeren Forschungen zufolge die Quellen der Militanz anderswo lagen, nämlich bei den eingesessenen Facharbeitern aus den Großbetrieben der Metallindustrie. Dies würde der von mir verfolgten Argumentation vielleicht noch besser entsprechen (S. Mandel, *Petrograd Workers*).

160 Crew: *Bochum*, S. 66 ff.; Schomerus: *Arbeiter*, S. 124-157.

161 Geary: „German Labour Movement", S. 310 f.; Groh: *Negative Integration*, S. 282 f.; Ritter: *Arbeiterbewegung*, S. 73-78; Michael Schneider: *Die christlichen Gewerkschaften 1894-1933*. Düsseldorf 1982, Klaus-Michael Mallmann: *Die Anfänge der Bergarbeiterbewegung an der Saar (1848-1904)*. Saarbrücken 1981.

162 P. M. Jones: „Political Commitment and Rural Society in the Southern Massif-Central", in: *European Studies Review*, Band 10, Nr. 3 (1980), S. 337-356; A. Siegfried: *Tableau politique de la France de l'Quest*. Paris 1964; A. Siegfried: *Géographie Electrale de l'Ardéche sous la IIIe République*. Paris 1949.

163 Lyttleton: „Revolution and Counter-revolution", S. 64 f.; Brenan: *Spanish Labyrinth*, S. 89 f. und 152; Jackson: *Spanish Republic*, S. 289 f.

164 Thomis: *Town Labourer*, S. 45, 49, 61, 109 und 194; Thompson: *The Making*, S. 474-480.

165 Ritter: *Arbeiterbewegung*, S. 74; Klaus Tenfelde: *Sozialgeschichte der Bergarbeiterschaft an der Ruhr im 19. Jahrhundert*. 2. Aufl. Bonn 1981, S. 384 ff.; Christoph Klessmann: *Polnische Bergarbeiter im Ruhrgebiet 1870-1914*. Göttingen 1978.

166 Scott: *Glassworkers*, S. 117 ff.

167 Crew: *Bochum*, S. 199-207; siehe auch Franz J. Brüggemeier und Lutz Niethammer: „Schlafgänger, Schnapskasinos und schwerindustrielle Kolonie", in: Langewiesche/Schönhoven: *Arbeiter*, S. 139-172; Lutz Niethammer (Hrsg.): *Wohnen im Wandel. Beiträge zur Geschichte des Alltags in der bürgerlichen Gesellschaft*. Wuppertal 1979.

168 Hobsbawm: *Labouring Men*, S. 180 und 191; Pelling: *British Trade Unionism*, S. 94-98.

169 Richard J. Evans: *Sozialdemokratie und Frauenemanzipation im deutschen Kaiserreich*. Bonn 1979; Jean H. Quataert: *Reluctant Feminists in German Social Democracy, 1885-1917*. Princeton, N. J. 1979.

170 Evans: *Sozialdemokratie*, S. 203 ff.

171 Quataert: *Reluctant Feminists*, S. 21; Gisela Loseff-Tillmanns: *Frauenemanzipation und Gewerkschaften*. Wuppertal 1978.

172 Thompson: *The Making*, S. 474-480.

173 Dowe: „Organisatorische Anfänge". S. 52; Hans-Gerhard Husung: „Kollektiver Gewaltprotest", in: Wolfgang J. Mommsen (Hrsg.): *Sozialprotest, Gewalt, Terror*. Stuttgart 1982, S. 47–63; Wilhelm Wortmann: *Eisenbahnbauarbeiter im Vormärz*, Köln/Wien 1972.

174 Tilly und Lees: „The People of June, 1848", *passim.*

175 Tilly: *Rebellious Century,* S. 20; Shorter und Tilly: *Strikes,* S. 110; Dolléans: *Mouvement Ouvrier,* Band 1, S. 329 f.; Rolande Trempé: *Les mineurs de Carmaux 1848-1914.* 2 Bde. Paris 1971.

176 Moss: *Origins,* S. 152 f.

177 Tenfelde: „Linksradikale Strömungen", *passim;* David W. Morgan: *The Socialist Left and the German Revolution.* Ithaca, N. Y. 1975, S. 72.

178 David Lane: *The Roots of Russian Communism.* Assen 1967, S. 21; Haimson: „Problem of Social Stability", S. 240-246; von Laue: „Russian Labour", S. 33-65; von Laue: „Russian Peasants", S. 61-80.

179 Venturi: *Roots of Revolution,* S. 507-511; Edward E. Malefakis: *Agrarian Reform and Peasant Revolution in Spain.* New Haven, Conn. 1970, S. 284-316; Jackson: *Spanish Republic,* S. 79 f.

180 Nordstern 26. 3. 1864, Zit. bei Reichard: *Crippled from Birth,* S. 182. [Angesichts der schweren Beschaffbarkeit dieser Quelle wurde das Zitat aus dem Englischen rückübersetzt. Anm. d. Hrsg.].

3. Die Entstehung der Arbeiterorganisationen 1890-1914

1 Die Überzeugung, daß zumindest gewisse Teile der europäischen Arbeiterschaft ihr Los innerhalb der herrschenden Ordnung akzeptiert hatten, ist in Rosa Luxemburgs Kritik an der Zaghaftigkeit der SPD-Führung nachzulesen und wird in der klassischen Arbeit von Robert Michels über die Folgen der Bürokratisierung (*Zur Soziologie des Parteiwesens in der modernen Demokratie.* 1911, Neudruck der 2. Aufl. von 1925: Stuttgart 1958) wieder aufgenommen und weiterentwickelt. Michels war ein früheres Mitglied der SPD, der von der Partei enttäuscht war. Die These von der Entradikalisierung kennzeichnet die traditionelle Darstellung der Geschichte der SPD und ist auch im späteren Schrifttum zu finden. Siehe Carl E. Schorske: *Die große Spaltung. Die deutsche Sozialdemokratie von 1905-1917,* Berlin 1981; Harvey Mitchell und Peter N. Stearns: *Workers and Protest. The European Labour Movement, the Working Classes and the Origins of Social Democracy 1890-1914.* Itasca, Ill. 1971; Harry J. Marks: „Sources of Reformism in the Social Democratic Party of Germany, 1890-1914", in: *Journal of Modern History,* Band XI, Nr. 3 (1939).

2 Hans Hautmann und Rudolf Kropf: *Die österreichische Arbeiterbewegung vom Vormärz bis 1945.* Linz 1974, Kapitel 4, 5 und 6; Georges Lefranc: *Le Mouvement Socialiste sous la IIIe République.* Paris 1963, S. 14-196; Edouard Dolléans: *Mouvement Ouvrier.* Band 2: *1871-1936.* Paris 1946; Jacques Droz: *Le Socialisme Démocratique 1864-1960.* Paris 1966, S. 63-75; Dick Geary: „The German Labour Movement 1848-1918", in: *European Studies Review,* Band 6, Nr. 3 (1976), S. 304-315; Schorske: *Die große Spaltung;* Guenther Roth: *The Social Democrats in Imperial Germany. A Study in Working Class Isolation and National Integration.* Totowa, N. J. 1963; Helga Grebing: *Geschichte der deutschen Arbeiterbewegung.* München 1970; Hedwig Wachenheim: *Die deutsche Arbeiterbewegung 1844 bis 1914.* Köln und Opladen 1967.

3 Richard Hostetter: *The Italian Socialist Movement.* Band 1: *Origins (1860-*

1882). Princeton 1958; Giuliano Procacci: *La lotta di classe in Italia agli inizi del secolo XX.* Rom 1972.

4 Gerald Brenan: *The Spanish Labyrinth.* London 1962, Kapitel 8 und 10; D. Ruiz: *El Movimiento Obrero en Asturias.* Gijón 1980; Tunon de Lara: *El Movimiento Obrero en la Historia de España.* Madrid 1972; Stanley G. Payne: *The Spanish Revolution.* London 1970, Kapitel 2, 3 und 4; Fusi: *El Movimiento Obrero Vasco 1888-1923.* Madrid 1974; Adrian Shubert: „The Social Origins of Labour Militancy in Asturias 1860-1914", in: *European Studies Review* 12 (1982), Nr. 2, S. 167-185; Shephard B. Clough: *The Economic History of Modern Italy.* New York 1964, S. 144-154.

5 Franco Venturi: *Roots of Revolution.* London 1960; Allen K. Wildman: *The Making of a Workers' Revolution. Russian Social Democracy, 1891-1903.* Chicago 1967; Solomon M. Schwarz: *The Russian Revolution of 1905.* Chicago 1967; David Lane: *The Roots of Russian Communism.* Assen 1967; Richard Pipes: *Social Democracy and the St. Petersburg Labour Movement, 1885-1897.* Cambridge, Mass. 1963; J. L. H. Keep: *The Rise of Social Democracy in Russia.* Oxford 1966; Israel Getzler: *A Political Biography of a Russian Social Democrat.* Cambridge 1967; Donald W. Treadgold: *Lenin and his Rivals.* London 1955; Samuel Baron: *Plekhanov. The Father of Russian Marxism.* London 1963; E. H. Carr: *The Bolshevik Revolution.* London 1966, S. 15-81; Isaac Deutscher: *Trotzki.* 3 Bände. Stuttgart 1962/63; L. H. Haimson: *The Russian Marxists and the Origins of Bolshevism.* Cambridge, Mass. 1955; David Shub: *Lenin.* London 1966; Adam B. Ulam: *Lenin and the Bolsheviks.* London 1969; Leopold Haimson: „The Problem of Social Stability in Urban Russia, 1905-1917", in: Clive Emsley (Hrsg.): *Conflict and Stability in Europe.* London 1979; Theodor H. von Laue: „Russian Peasants in the Factory 1892-1904", in: *Journal of Economic History,* Band 2 (1961), S. 61-80.

6 Henry Pelling: *The Origins of the Labour Party.* Oxford 1965; David Kynaston: *King Labour. The British Working Class 1850-1914.* London 1976, S. 65.

7 Dieser Punkt wird ausführlicher abgehandelt auf S. 91-98.

8 Siehe oben, Anm. 2, 3 und 4.

9 Siehe oben Anm. 5.

10 Siehe die Einleitung zu D. A. Smart (Hrsg.): *Pannekoek and Gorter's Marxism.* London 1978, S. 10 f.

11 Siehe oben, Anm. 1 und 2. Siehe auch unten, S. 101 f.

12 Siehe oben, S. 45-71.

13 Joan Connelly Ullmann: *Spain's Tragic Week.* Cambridge 1968.

14 Adrian Lyttleton: „Revolution and Counter-revolution in Italy, 1918-1922", in: Charles L. Bertrand (Hrsg.): *Revolutionary Situations in Europe, 1917-1922: Germany, Italy Austria-Hungary.* Montreal 1977, S. 65.

15 *Ebd.*, S. 64 f.

16 Kynaston: *King Labour,* S. 66.

17 Claude Willard: *Les Guesdistes.* Paris 1965; Bernard Moss: *The Origins of the French Labour Movement.* Berkeley 1976, S. 120 f.

18 Siehe oben, S. 54 f.

19 Moss: *Origins,* S. 120-135.

20 Charles Tilly, Louise Tilly und Richard Tilly: *The Rebellious Century.* London 1975, S. 120; Donald Bell: „Worker Culture and Worker Politics: the Expe-

rience of an Italian Town, 1880-1915", in: *Social History,* Band 3, Nr. 1 (1978), S. 2-7; Procacci: *Lotta di Classe,* S. 23 ff.

21 Geary: „German Labour Movement", S. 310 ff.; Jörg Schadt: *Die Sozialdemokratische Partei in Baden. Von den Anfängen bis zur Jahrhundertwende (1868-1900).* Hannover 1971, S. 150; Dieter Fricke: *Die deutsche Arbeiterbewegung 1869 bis 1914.* Berlin 1976, S. 249-272; Marks: „Sources of Reformism", S. 353 ff.; Georg Gärtner: *Die Nürnberger Arbeiterbewegung 1868-1908.* Nürnberg 1908, *passim.*

22 Brenan: *Spanish Labyrinth,* S. 216 f.

23 Siehe oben, S. 77.

24 Leo A. Loubère: *Radicalism in Mediterranean France: its Rise and Decline, 1848-1914.* New York 1974.

25 Tony Judt: *Socialism in Provence, 1871-1914.* Cambridge 1979.

26 *Ebd.*

27 Dick Geary: „Radicalism and the German Worker: Metalworkers and Revolution 1914-1923", in: Richard J. Evans (Hrsg.): *Society and Politics in Wilhelmine Germany.* London 1978, S. 276-283; David W. Morgan: *The Socialist Left and the German Revolution.* Ithaca, N. Y. 1975, S. 72; Dolléans: *Mouvement Ouvrier.* Band 3: *De 1921 à nos Jours.* Paris 1953, S. 153; Edward Shorter und Charles Tilly: *Strikes in France 1830-1968.* Cambridge 1974, S. 132-136; Antoine Prost: *La CGT à l'Epoque du Front Populaire.* Paris 1964, S. 95-104; Ronald Tiersky: *French Communism 1920-1972.* New York 1978, S. 58; Daniel R. Brower: *The New Jacobins.* Ithaca, N. Y. 1968, S. 87, 135 und 156; Clough: *The Economic History,* S. 181 ff.; P. Spriano: *L'occupazione della fabbriche.* Turin 1964; P. Spriano: *Storia del partito communista italiano.* Turin 1967, Bd. 1; John M. Cammett: *Antonio Gramsci and the Origins of Italian Communism.* Stanford 1967, Kap. 3. Zu einer ausführlicheren Erörterung vgl. unten, S. 139 f.

28 Gerhard A. Ritter: *Die Arbeiterbewegung im Wilhelminischen Reich.* 2. Aufl Berlin 1963, S. 73-78; Dieter Groh: *Negative Integration und Revolutionärer Attentismus.* Frankfurt am Main 1973, S. 282 f.

29 Pelling: *British Trade Unionism,* Kapitel 7; J. T. Ward und W. Hamish Fraser: *Workers and Employers.* London 1980, S. 364 f.; Geary: „German Labour Movement", S. 311 f.; Heinz Josef Varain: *Freie Gewerkschaften, Sozialdemokratie und Staat.* Düsseldorf 1956; Fricke: *Arbeiterbewegung,* S. 718 ff.; Georges Lefranc: *Histoire du Mouvement Syndical Français.* Paris 1937; Paul Louis: *Le Syndicat en France.* Paris 1963; Theodor Zeldin: *France 1848-1945.* Oxford 1973, S. 218-267; Moss: *Origins,* S. 151 ff.; Peter N. Stearns: *Revolutionary Syndicalism and French Labour.* New Brunswick 1971; Dolléans: *Mouvement Ouvrier.* Band 2, S. 208; Hautmann und Kropf: *Die österreichische Arbeiterbewegung,* Kapitel 5 und 6.

30 Geary: „German Labour Movement", S. 312 ff.; Schorske: *German Social Democracy,* S. 10 f., 128 ff., 200, 203, 208, 218 Anm., 229 f., 260 f. und 270; Klaus Schönhoven, *Expansion und Konzentration.* Stuttgart 1981, *passim;* Klaus Tenfelde: „Linksradikale Strömungen in der Ruhrbergarbeiterschaft 1905 bis 1919", in: Hans Mommsen und Ulrich Borsdorf (Hrsg.): *Glück auf, Kameraden.* Köln 1979, S. 199-224; siehe auch Dirk H. Müller: Probleme gewerkschaftlicher Organisation. *Internationale wiss. Korrespondenz zur Geschichte der dt. Arbeiterbewegung* 15 (1979), Nr. 4, S. 569-580.

31 Dolléans: *Mouvement Ouvrier.* Band 2, S. 143; Tilly: *Rebellious Century,* S. 121; Shorter und Tilly: *Strikes,* S. 120; Judt: *Socialism in Provence;* Michel Augé-Laribé: *La Révolution Agricole.* Paris 1955, S. 220 ff. und 260 ff.; Gérard Walter: *Histoire des Paysans de France.* Paris 1963, S. 422 ff. und 426-429; Blinkhorn: *Italy;* L. Lotti: *La settimata rossa.* Florenz 1965, S. 27 ff.

32 E. J. Hobsbawm: *Labouring Men.* London 1979, Kapitel 9, 10 und 11; Pelling: *British Trade Unionism,* Kapitel 6.

33 Lefranc: *Mouvement Syndical*; Louis: *Les Syndicats;* Stearns: *Revolutionary Syndicalism;* Zeldin: *France,* S. 218-267.

34 Fricke: *Arbeiterbewegung,* S. 695 ff.

35 Kynaston: *King Labour,* S. 139-143; Hobsbawm: *Labouring Men,* Kapitel 8; Zeldin: *France,* S. 239 f.; Blinkhorn: *Italy;* Geary: „German Labour Movement", S. 311 f.; J. Barrington Moore: *Injustice. The Social Bases of Obedience and Revolt.* White Plains, N. Y. 1978, S. 183; Elisabeth Domansky-Davidsohn, „Der Großbetrieb als Organisationsproblem des Deutschen Metallarbeiterverbandes vor dem Ersten Weltkrieg", in: Hans Mommsen (Hrsg.): *Arbeiterbewegung und industrieller Wandel,* Wuppertal 1980, S. 95-116.

36 Siehe unten, S. 139 f.

37 Brenan: *Spanish Labyrinth,* Kapitel 8; Gerald H. Meaker: *The Revolutionary Left in Spain, 1914-1923.* Stanford 1974; Robert W. Kern: *Red Years/Black Years. A Political History of Spanish Anarchism 1911-1937.* Philadelphia 1978; s. auch Walter L. Bernecker: *Anarchismus und Bürgerkrieg.* Hamburg 1978.

38 Kynaston: *King Labour,* S. 139-144; Hobsbawm: *Labouring Men,* Kapitel 10. Dieses Bild gilt sogar für die sogenannten „Industriegewerkschaften", wie etwa die Gewerkschaften der Metall- und Bauarbeiter in Deutschland; siehe Klaus Schönhoven: „Gewerkschaftliches Organisationsverhalten", in: Werner Conze und Ulrich Engelhardt (Hrsg.): *Arbeiter im Industrialisierungsprozeß.* Stuttgart 1979, S. 411

39 Geary: „German Labour Movement", S. 311; Moore: *Injustice,* S. 260 ff.; Klaus J. Mattheier: „Werkvereine und wirtschaftsfriedlich-nationale (gelbe) Arbeiterbewegung", in: Reulecke: *Arbeiterbewegung;* Fricke: *Arbeiterbewegung,* S. 718 f.; Geoff Eley: „ The Wilhelmine Right", in: Evans: *Society and Politics,* S. 121 f.; Schneider: *Die Christlichen Gewerkschaften.*

40 Mitchell und Stearns: *Workers and Protest,* S. 148 f.; George Sayers Bain: *The Growth of White-Collar Unionism.* Oxford 1970, S. 11-21; T. Pierenkemper: *White-Collar Workers in Germany before 1900.* Unveröffentlichtes Manuskript eines Referats zur dritten Konferenz des SSRC/DFG-Nordwest-Forums zur deutschen Wirtschafts- und Sozialgeschichte, Universität Liverpool, 1980; Jürgen Kocka: *Unternehmensverwaltung und Angestelltenschaft am Beispiel Siemens 1847-1914.* Stuttgart 1969; *ders.: Angestellte zwischen Faschismus und Demokratie.* Göttingen 1977; David Crew: *Bochum. Sozialgeschichte einer Industriestadt 1860-1914.* Franfurt/M./Berlin/Wien 1980, S. 97 f.

41 Brenan: *Spanish Labyrinth,* Kapitel 8; Meaker: *The Revolutionary Left in Spain, passim;* Kern: *Red Years, passim;* Stearns: *Revolutionary Syndicalism;* F. F. Ridley: *Revolutionary Syndicalism in France.* Cambridge 1970. Zu Deutschland siehe Hans-Manfred Bock: *Syndikalismus und Linkskommunismus.* Meisenheim 1969; Ulrich Linse: *Organisierter Anarchismus im Deutschen Kaiserreich von 1871,* Berlin 1969.

42 Brenan: *Spanish Labyrinth*, Kapitel 7; Moss: *Origins, passim.*

43 Hostetter: *Italian Socialist Movement*, Kap. XI-XVI; Tilly: *Rebellious Century*, S. 97-120; Lyttleton: „Revolution and Counter-revolution“, S. 68.

44 Moss: *Origins*, S. 128; Stearns: *Revolutionary Syndicalism*, S. 12 und 19 f.; Claude Willard: *Geschichte der frz. Arbeiterbewegung*, Frankfurt/New York 1981, S. 44 f.

45 Brenan: *Spanish Labyrinth*, Kapitel 7 und 8; Gabriel Jackson: *The Spanish Republic and the Civil War 1931-1939.* Princeton 1965, S. 17-24; Edward E. Malefakis: *Agrarian Reform and Peasant Revolution in Spain.* New Haven 1970, S. 284-316; Albert Balcells: *El Sindicalismo a Barcelona.* Barcelona 1965; s. auch: Walter L. Bernecker:„Strategien der direkten Aktion“, in: Mommsen (Hrsg.): *Sozialprotest*, S. 108.

46 Siehe oben, S. 68.

47 Zu Darstellungen der französischen Politik während der Dritten Republik vgl. David Thomson: *Democracy in France since 1870.* Oxford 1969; Alfred Cobban: *History of Modern France.* Band 3: *1871-1962.* London 1965.

48 Brenan: *Spanish Labyrinth*, S. 7 ff. und 220.

49 Siehe oben, S. 48.

50 Siehe oben, Anmerkung 45.

51 Jackson: *Spanish Republic*, S. 79 f.

52 Shubert: *The Social Origins, passim.*

53 Lyttleton: „Revolution and Counter-revolution“, S. 65.

54 Ein tabellarisches Verzeichnis von Streikforderungen bietet Peter N. Stearns: *Arbeiterleben. Industriearbeit und Alltag in Europa 1890-1914*, Frankfurt/New York 1980, Kapitel 9.

55 Pelling: *British Trade Unionism*, S. 135 ff.

56 Eine umfangreiche Zusammenstellung statistischen Materials bieten Shorter und Tilly: *Strikes*, Anhang B; Stearns: *Arbeiterleben*, Kapitel 9.

57 Zu diesem letzteren Punkt siehe unten, S. 118 ff.; zu Zahlenangeben über Streiks vgl. Albin Gladen: „Die Streiks der Bergarbeiter“, in: Reulecke (Hrsg.): *Arbeiterbewegung*, S. 113-146; Fricke: *Arbeiterbewegung*, S. 757-770; Jürgen Kuczynski: *Die Geschichte der Lage der Arbeiter unter dem Kapitalismus.* Teil I, Band 3. *Darstellung der Lage der Arbeiter in Deutschland von 1871 bis 1900.* Berlin 1962, S. 205; Kuczynski: *Geschichte der Lage* ... Teil I, Band 4. *Darstellung der Lage der Arbeiter in Deutschland von 1900 bis 1917/18.* Berlin 1967, S. 155; Klaus Tenfelde/Heinrich Volkmann (Hrsg.): *Streik*, München 1981, S. 287-313.

58 Zu Deutschland siehe Klaus Saul: *Staat, Industrie, Arbeiterbewegung im Kaiserreich.* Düsseldorf 1974; Tenfelde/Volkmann (Hrsg.): *Streik, passim;* Kaelble und Volkmann: „Konjunktur und Streik“, S. 285-289. – Zu Großbritannien siehe Bob Holton: *British Syndicalism, 1900-1914.* London 1976; James E. Cronin: *Industrial Conflict in Modern Britain.* London 1979; E. R. Wigham: *Strikes and the Government, 1893-1974.* 2. Aufl. London 1982; R. Davidson: „The Board of Trade and Labour Unrest“, in: *Historical Journal* 21 (1978).

59 Zu einer Diskussion über diese Veränderungen vgl. unten S. 118.

60 Shorter und Tilly: *Strikes*, S. 68-80; Stearns: *Arbeiterleben*, S. 3; Michael Grüttner: „Mobilität und Konfliktverhalten. Der Hamburger Hafenarbeiter-

streik 1896/97", in: Tenfelde/Volkmann (Hrsg.): *Streik,* S. 143-161.

61 Shorter und Tilly: *Strikes,* S. 68-80.

62 Mitchell und Stearns: *Workers and Protest,* S. 168 f.; Richard J. Evans: „,Red Wednesday' in Hamburg", in: *Social History,* Band 4, Nr. 1 (1979).

63 Stearns: *Arbeiterleben,* S. 310-316; Kynaston: *King Labour,* S. 132 und 163 f.

64 Crew: *Bochum,* Kapitel 6.

65 Shorter und Tilly: *Strikes, passim.*

66 Hobsbawm: *Labouring Men,* Kapitel 9, 10 und 11; Pelling: *British Trade Unionism,* Kapitel 6.

67 Siehe unten, S. 118 f.

68 Siehe unten, S. 118 ff.

69 Über die Haltung der sozialistischen bzw. sozialdemokratischen Parteien zum Weltkrieg und die in seinem Verlauf entstehenden Meinungskämpfe gibt es eine umfangreiche Literatur. Walter Bartel: *Die Linken in der deutschen Sozialdemokratie im Kampf gegen Militarismus und Krieg.* Berlin 1958; A. J. Berlau: *The German Social Democratic Party 1914-1921.* New York 1949; Carr: *Bolshevik Revolution,* Kapitel 3 und 4; Merle Fainsod: *International Socialism and the World War.* Cambridge, Mass. 1934; Hermann Heidegger: *Die deutsche Sozialdemokratie und der nationale Staat 1870-1920.* Göttingen 1956; James W. Hulse: *The Forming of the Communist International.* Stanford 1964; James Joll: *The Second International.* London 1955; William Maehl: „The Triumph of Nationalism in the German Socialist Party on the Eve of the First World War", in: *Journal of Modern History,* Band 24, Nr. 1 (1952); Karl W. Meyer: *Karl Liebknecht.* Washington, D. C. 1957; Susanne Miller: „Zum dritten August 1914", in: *Archiv für Sozialgeschichte* 4 (1964), S. 515-523; John W. Mishark: *The Road to Revolution.* Detroit 1967; Eugen Prager: *Geschichte der USPD.* Berlin 1921; A. J. Ryder: *The German Revolution of 1918.* Cambridge 1967; Schorske: *Die große Spaltung;* Robert Wohl: *French Communism in the Making.* Stanford 1966; Annie Kriegel: *Aux Origines du Communisme Français.* Paris 1964; Georges Haupt: *Socialism and the Great War.* Oxford 1972; Helmut Trotnow: *Karl Liebknecht.* Köln 1980; Kenneth R. Calkins: *Hugo Haase. Demokrat und Revolutionär.* Berlin 1976; Susanne Miller: *Burgfrieden und Klassenkampf. Die deutsche Sozialdemokratie im Ersten Weltkrieg.* Düsseldorf 1974; Gilbert Badia: *Le Spartakisme.* Paris 1967; Warren Lerner: *Karl Radek.* Stanford 1970; Ursula Ratz: *Georg Ledebour 1850-1947.* Berlin 1969; Morgan: *Socialist Left;* Robert F. Wheeler: *USPD und Internationale.* Frankfurt am Main 1975; Albert S. Lindemann: *The ‚Red Years'.* Berkeley 1974.

70 Michels: *Soziologie des Parteiwesens;* J. P. Nettl: „The German Social Democratic Party as a Political Model", in: *Past and Present,* Nr. 30 (1965), S. 65-95; Schorske: *Die große Spaltung;* Marks: „Sources of Reformism"; Roth: *Social Democrats;* Gerhard A. Ritter (Hrsg.): *Arbeiterkultur.* Königstein 1979; Geary: „German Labour Movement", S. 305-315.

71 Willard: *Geschichte,* S. 52 f.; Roger Williams: *The Commune of Paris, 1871.* New York 1969.

72 Willard: *Geschichte,* S. 63-90; Lindemann: *‚Red Years',* S. 6 f.; David Stafford: *From Anarchism to Reformism. Paul Brousse.* London 1971; Stearns: *Revolutionary Syndicalism.*

73 Blinkhorn: *Italy;* Lyttleton: „Revolution and Counter-revolution", S. 64; Brenan: *Spanish Labyrinth,* Kapitel 10.

74 Pelling: *Origins of the Labour Party, passim;* Pelling: *British Trade Unionism, passim.*

75 Ekhard Brockhaus: *Zusammensetzung und Neustrukturierung der Arbeiterklasse vor dem Ersten Weltkrieg.* München 1978, S. 60 f.; Dieter Langewiesche: „Mobilität in deutschen Mittel- und Großstädten", in: Conze/Engelhardt (Hrsg.): *Arbeiter,* S. 70-93; Hermann-Josef Rupieper: „Regionale Herkunft, Fluktuation und innerbetriebliche Mobilität", in: *ebd.,* S. 94-112; Hermann Schäfer: „Probleme der Arbeiterfluktuation", in: *ebd.,* S. 262-282.

76 Gareth Stedman Jones: „Working-class Culture and Working-class Politics in London. 1870-1900", in: *Journal of Social History,* Band 7, Nr. 4 (1974), S. 460-508; Kynaston: *King Labour,* S. 101-109.

77 Steinberg: *Sozialismus,* Kapitel 6; Dieter Langewiesche/Klaus Schönhoven: „Arbeiterbibliotheken und Arbeiterlektüre im Wilhelminischen Deutschland", in: *Archiv für Sozialgeschichte* 16 (1976), S. 135-204.

78 Siehe oben, S. 50 f.

79 Adolf Levenstein: *Die Arbeiterfrage.* München 1912.

80 Paul Göhre: *Drei Monate Fabrikarbeiter und Handwerksbursche,* Leipzig 1891, S. 113; vgl. Roth: *Social Democrats,* S. 195.

81 Göhre: *Drei Monate,* S. 114.

82 Siehe oben, S. 12.

83 Ward und Fraser: *Workers,* S. 104, 160, 164 und 167.

84 Schorske: *Die große Spaltung;* Geary: „German Labour Movement", S. 305-311; Lindemann: *‚Red Years',* S. 6 f.

85 Michels: *Soziologie des Parteiwesens;* Nettl: „German Social Democratic Party".

86 Pelling: *British Trade Unionism,* S. 126. [Taff Vale Case: Die Taff-Vale-Eisenbahngesellschaft in Süd-Wales strengte 1901 einen Schadensersatzprozeß gegen die Eisenbahnergewerkschaft „Amalgamated Society of Railway Servants" an, nachdem Angehörige dieser Gewerkschaft anläßlich eines von dieser nicht gebilligten Streiks als Streikposten Streikterror verübt hatten. Der Court of Appeals wies die Schadensersatzklage ab, doch das Oberhaus hob dieses Urteil auf und gab der Forderung der Eisenbahngesellschaft über 32 000 Pfund statt. Der Vorgang erregte wegen seiner grundsätzlichen Bedeutung großes Aufsehen. Die Entscheidung des Oberhauses wurde 1906 unter der Regierung Campbell-Bannerman aufgehoben. – A. d. Ü.]

87 Lyttleton: „Revolution and Counter-revolution", S. 64.

88 Schorske: *Die große Spaltung,* S. 123-160.

89 So argumentiert jedenfalls Peter Stearns in Mitchell und Stearns: *Workers and Protest,* S. 164-181. Eine positivere Korrelation zwischen Organisation und Streikbereitschaft sehen Shorter und Tilly: *Strikes,* S. 10 und *passim.*

90 Das ist das zentrale Argument von Roth: *Social Democrats;* s. ferner Dieter Groh: *Negative Integration und revolutionärer Attentismus.* Frankfurt 1973.

91 Siehe unten, S. 139 ff.

92 Mary Alice Walters (Hrsg.): *Rosa Luxemburg Speaks.* New York 1970, S. 149 f.

93 Siehe oben, S. 50.

94 Kuczynski: *Geschichte der Lage*, Band 3, S. 408 ff. und Band 4, S. 330 f.; Gerhard Bry: *Wages in Germany 1870-1945*. Princeton 1960. Siehe ferner Hans-Jürgen Teuteberg: „Wie ernährten sich Arbeiter im Kaiserreich", in: Werner Conze/Ulrich Engelhardt (Hrsg.): *Arbeiterexistenz im 19. Jahrhundert*. Stuttgart 1981, S. 57-73; Reinhard Spree: „Zu den Veränderungen der Volksgesundheit zwischen 1890 und 1913", *ebd.*, S. 235-295; und die Aufsätze über Sparkassen von Kiesewetter, Schultz und Ditt, *ebd.*, S. 446-538; Günter Wiegelmann: „Tendenzen kulturellen Wandels in der Volksnahrung", in: Langewiesche und Schönhoven: *Arbeiter*, S. 173-182; Hans J. Teuteberg: „Die Nahrung der sozialen Unterschichten", *ebd.*, S. 182-186. Vgl. unten Anm. 130.

95 Lindemann: *‚Red Years'*, S. 3.

96 Zur Sozialgesetzgebung in Deutschland siehe Born: *Staat und Sozialpolitik;* Marks: *Sources of Reformism*, S. 341 ff.; im Vergleich s. Gerhard A. Ritter, *Sozialversicherung in Deutschland und England*, München 1982.

97 Lawrence Schofer: *The Formation of a Modern Labour Force. Upper Silesia, 1865-1914*. Berkeley 1975, S. 117; Jutta Schmidt und Wolfgang Seichter: „Die deutsche Gewerkschaftsbewegung", in: F. Deppe, G. Fülberth, H. -J. Harrer u. a.: *Geschichte der deutschen Gewerkschaftsbewegung*. Köln 1979, S. 72.

98 Malcolm Thomis: *The Town Labourer and the Industrial Revolution*. London 1974, S. 192 ff.

99 Kuczynski: *Geschichte der Lage der Arbeiter*, Band 4, S. 360 f.

100 Thomis: *Town Labourer*, S. 193 f.

101 Marks: „Sources of Reformism", S. 341 f.

102 So etwa Konrad Haenisch und Paul Lensch in der SPD. Zu Großbritannien siehe Ward und Fraser: *Workers*, S. 193 f.

103 Gerald Feldman: *Army, Industry and Labour in Germany, 1914-1918*. Princeton 1966, S. 30.

104 Ryder: *German Revolution*, S. 42 f.; Miller: *Burgfrieden*, S. 61-74.

105 A. E. Musson: „Class Struggle and Labour Aristocracy 1830-1860", in: *Journal of Social History*, Nr. 3 (1976), S. 335-560.

106 Stafford: *Anarchism to Reformism*, S. 206 und *passim*.

107 Das ist das wesentliche Ergebnis von Vernon L. Lidtke: *The Outlawed Party*. Princeton1966.

108 Eine Darstellung der verschiedenen Flügel im französischen Vorkriegssozialismus bietet Willard: *Geschichte*, S. 63-90. Man muß allerdings zugeben, daß die beim Parteitag in Tours 1920 erfolgte Spaltung der Sozialisten in einen kommunistischen und einen sozialdemokratischen Flügel faktisch nicht ganz genau den ideologischen Trennungen entsprach. Siehe Kriegel: *Aux Origines*.

109 Geary: „German Labour Movement", S. 305-315; Schorske: *Die große Spaltung, passim.* Auch hier ist jedoch eine gewisse Vorsicht angebracht. Nicht alle radikalen Ortsgruppen der Vorkriegs-SPD schlossen sich der USPD oder der KPD an, und die Trennlinien zwischen den Parteien verliefen in der unmittelbaren Vorkriegszeit keineswegs deutlich. Siehe Geary: „Radicalism", S. 270-273.

110 Payne: *The Spanish Revolution*, Kapitel 2, 3 und 4; Paul Preston: *The Coming of the Spanish Civil War*. London 1978, Kapitel 1; Brenan: *Spanish Labyrinth*, Kapitel 8 und 10.

111 Lyttleton: „Revolution and Counter-revolution", S. 64.

112 Alex Hall: „By Other Means: the Legal Struggle Against the SPD in Wilhelmine Germany 1890-1900", in: *The Historical Journal* 17 (1974), S. 365-386; Saul: *Staat, Industrie, Arbeiterbewegung;* Geary: *Der preußische Machtstaat und die Arbeiterbewegung*, demnächst in: *Internationale wiss. Korrespondenz zur Geschichte der deutschen Arbeiterbewegung*, 1984.

113 Geary: „German Labour Movement", S. 308.

114 Moss: *Origins*, S. 148.

115 Alastair Reed: „Politics and Economics in the Formation of the British Working Class", in: *Social History*, Band 3 (1978), S. 327-336.

116 Siehe unten, S. 119.

117 Michels: *Soziologie des Parteiwesens.*

118 Schorske: *Die große Spaltung*, Kapitel 5.

119 Th. Nipperdey: *Die Organisation der deutschen Parteien vor 1918.* Düsseldorf 1961, S. 337 f.

120 Ralf Lützenkirchen: *Der sozialdemokratische Verein für den Reichstagswahlkreis Dortmund-Hörde.* Dortmund 1970.

121 Richard J. Evans: „The Sociological Interpretation of German Labour History", in: *ders.* (Hrsg.): *The German Working Class 1888-1933. The Politics of Everyday Live.* London/Totowa 1982, S. 15-53.

122 Siehe die Diskussion der kulturellen Aktivitäten der SPD bei Nolan: *Social Democracy*, und Dieter Langewiesche: „Arbeiterbildung in Deutschland und Österreich", in: Conze und Engelhardt (Hrsg.): *Arbeiter*, S. 441 und vor allem S. 454 f. Jedenfalls ist es unzulässig, die Kultur der Sozialdemokratie mit jener der Arbeiterklasse generell zu verwechseln, in welcher Verbrechen, Gesetzwidrigkeiten, Trunksucht und Gewalttätigkeit keineswegs selten waren. Siehe Richard J. Evans (Hrsg.): *The German Working Class.* London 1982.

123 Siehe etwa die *Protokolle* der Bergarbeitergewerkschaft 1890, S. 8 f., und 1894, S. 24.

124 Siehe oben, S. 104 f.

125 Kritische Stimmen zu Roth finden sich bei Geary: „German Labour Movement", S. 305-315; Evans: „Sociological Interpretation".

126 Geary: „Radicalism". Unterschiedliche Auffassungen der deutschen Revolution finden sich in folgenden Werken: Ryder: *German Revolution;* Morgan: *Socialist Left;* F. L. Carsten: *Revolution in Mitteleuropa 1918-1919.* Köln 1973; Allan Mitchell: *Revolution in Bayern 1918/19.* München 1967; Badia: *Le Spartakisme;* Eric Waldman: *The Spartacist Rising of 1919.* Milwaukee, Wis. 1958; J. S. Drabkin: *Die Novemberrevolution 1918 in Deutschland.* Berlin 1968; Pierre Broué: *Révolution en Allemagne 1917-1923.* Paris 1971; R. Rürup: „Problems of the German Revolution", in: *Journal of Contemporary History* (1968); Richard Comfort: *Revolutionary Hamburg.* Stanford 1966; Sebastian Haffner: *Die verratene Revolution.* Frankfurt am Main 1971 (Neuausgabe u. d. T.: *Die deutsche Revolution 1918/19.* München 1979); Eberhard Kolb: *Die Arbeiterräte in der deutschen Innenpolitik.* Düsseldorf 1962 (Neudruck: Frankfurt 1978); Peter von Oertzen: *Betriebsräte in der Novemberrevolution.* Düsseldorf 1963 (2. Aufl. Bonn-Bad Godesberg 1976); Wheeler : *USPD;* Manfred Bock: *Syndikalismus und Linkskommunismus von 1918-1923.* Meisenheim am Glan 1969; Gottfried Mergner: *Arbeiterbewegung und Intelligenz.* Starnberg 1973; Gerhard Schmolze (Hrsg.): *Revolution und Räterepublik in Mün-*

chen. Düsseldorf 1969; Gerhard A. Ritter und Susanne Miller: *Die deutsche Revolution.* 2. Aufl. Hamburg 1975; Erhard Lucas: *Arbeiterradikalismus: Zwei Formen von Radikalismus in der deutschen Arbeiterbewegung.* Frankfurt am Main 1976; Jürgen Tampke: *The Ruhr and Revolution. The Revolutionary Movement in the Rhenish-Westphalian Industrial Region 1912-1919.* London 1979.

127 Geary: „Radicalism", S. 268 ff.

128 Kynaston: *King Labour,* S. 163; Pelling: *British Trade Unionism,* S. 131; Ward und Fraser: *Workers,* S. 160.

129 Stearns: *Revolutionary Syndicalism,* S. 18.

130 Bry: *Wages in Germany,* S. 73; Kuczynski: *Geschichte der Lage der Arbeiter,* Band 4, S. 330 f. Zu einer „optimistischeren" Einschätzung gelangt Ashok V. Desai: *Real Wages in Germany, 1871-1913.* Oxford 1968. Desai scheint jedoch die Auswirkungen der Vorkriegsinflation zu unterschätzen. So mußte die durchschnittliche Arbeiterfamilie in Hamburg im Jahre 1912 20 Prozent mehr für Lebensmittel ausgeben als noch 1905; die Miete für ein kleines Zimmer stieg zwischen 1905 und 1910 um 16 Prozent; die Kosten für Heizung und Licht erhöhten sich von 1905 bis 1912 um 23 Prozent. Siehe Michael Grüttner: „Working-class Crime and the Labour Movement: Pilfering in the Hamburg Docks, 1888-1923", in: Evans (Hrsg.): *The German Working Class,* S. 66.

131 Zu Statistiken über Aussperrungen in Deutschland siehe Kuczynski: *Geschichte der Lage der Arbeiter,* Band 4, S. 143; Tenfelde/Volkmann (Hrsg.): *Streik,* S. 298 f.

132 Kynaston: *King Labour,* S. 152 f.

133 Siehe oben, S. 109; ferner Kuczynski: *Geschichte der Lage der Arbeiter,* Band 4, S. 360 f. und 372.

134 Grüttner: „Working-class Crime and the Labour Movement", S. 66; Spree: „Veränderungen der Volksgesundheit", S. 249; Schmitt und Seichter: „Deutsche Gewerkschaftsbewegung", S. 72; Jürgen Reulecke: „Die Entwicklung des Erholungsurlaubs für Arbeiter in Deutschland vor dem Ersten Weltkrieg", in: Langewiesche und Schönhoven (Hrsg.): *Arbeiter,* S. 240-268.

135 Siehe oben, S. 78; ferner Hermann Schäfer: „Die Industriearbeiter", in: Hans Pohl (Hrsg.): *Sozialgeschichtliche Probleme in der Zeit der Hochindustrialisierung (1870-1914).* Paderborn 1979, S. 143-216; Heinz Reif: „Soziale Lage und Erfahrungen des alternden Fabrikarbeiters in der Schwerindustrie des westlichen Ruhrgebiets während der Hochindustrialisierung", in: *Archiv für Sozialgeschichte* 22 (1982), S. 1-94.

136 Schofer: *Modern Labour Force,* S. 134 f.; Ute Frevert: „Arbeiterkrankheit und Arbeiterkrankenkassen", in: Conze und Engelhardt (Hrsg.): *Arbeiterexistenz,* S. 293-319; Evans: „Sociological Interpretation", S. 39 f.

137 Hermann Schäfer: „Arbeitslosigkeit im 19. Jahrhundert", in: Conze und Engelhardt (Hrsg.): *Arbeiterexistenz,* S. 323; Frank Niess: *Geschichte der Arbeitslosigkeit.* Köln 1979, S. 30 ff.

138 Schofer: *Modern Labour Force,* S. 11-118; Stearns: *Arbeiterleben,* S. 186 ff.

139 Siehe unten, S. 127 f.

140 Kynaston: *King Labour,* S. 65 ff.; Stearns: *Arbeiterleben,* S. 118, 125; Hobsbawm: *Labouring Men,* S. 355-362.

141 Kynaston: *King Labour,* S. 65 ff.; Stearns: *Arbeiterleben,* S. 109-139, 195,

214 f., 246 f. Siehe insbesondere Heidrun Homburg: „Anfänge des Taylorsystems in Deutschland vor dem Ersten Weltkrieg. Eine Problemskizze unter bes. Berücksichtigung der Arbeitskämpfe bei Bosch 1913", in: *Geschichte und Gesellschaft* 4 (1978), wo die Umorganisation bei Bosch in Stuttgart und der Widerstand der Arbeiter gegen diese Veränderung untersucht wird. Zur Anwendung eines „wissenschaftlichen Managements" und von Techniken der Massenfertigung kam es in Deutschland in vollem Umfang jedoch eigentlich erst nach 1914, und damit war, wie bereits erwähnt, das Problem weniger eines der Dequalifikation als vielmehr eines der Intensivierung der Arbeit. Siehe Dieter Groh: „Intensification".

142 Gerald D. Feldman: „Socio-economic Structures in the Industrial Sector and Revolutionary Potentialities, 1917-1922", in: Charles L. Bertrand (Hrsg.): *Revolutionary Situations in Europe, 1917-1922: Germany, Italy, Austria-Hungary.* Montreal 1977, S. 160 f.

143 Pelling: *British Trade Unionism,* S. 134-138; Stearns: *Lives,* S. 322 ff.; Holton: *British Syndicalism.*

144 Lyttleton: „Revolution and Counter-revolution", S. 64 ff.; Lotti: *Settimata Rossa.* Zu Rußland siehe oben, S. 81.

145 Geary: „Radicalism", S. 279 f.; Fritz Opel: *Der deutsche Metallarbeiterverband während des Ersten Weltkrieges und der Revolution.* Hannover/Frankfurt 1962; Comfort: *Revolutionary Hamburg, passim;* siehe auch Elisabeth Domansky-Davidsohn: *Arbeitskämpfe und Arbeitskampfstrategien des DMV bis 1914.* Phil. Diss., Ruhr-Universität Bochum 1981.

146 Klaus Tenfelde: „Linksradikale Strömungen in der Ruhrbergarbeiterschaft 1905 bis 1919", in: Hans Mommsen und Ulrich Borsdorf (Hrsg.): *Glück auf, Kameraden.* Köln 1979, S. 199-224.

147 C. Gras: „La Fédération des Métaux, 1913-14", in: *Mouvement Social* (Dezember 1981).

148 M. Degl'Innocenti: „La guerra libica, la crisi del riformismo e la vittoria degli intransigenti", in: *Studi storici,* Nr. 3 (1972), S. 502-506.

149 Geary: „Radicalism", S. 276-283; Hobsbawm: *Labouring Men,* S. 360; Feldman: „Socio-economic Structures", S. 160-166; James Hinton: *The First Shop Stewards' Movement.* London 1973; B. Pribicevic: *The Shop Stewards' Movement and Workers' Control.* Oxford 1959; Wheeler: *USPD,* S. 255 f. In welchem Umfange die Dequalifikation für die Militanz deutscher Metallarbeiter ausschlaggebend war, ist allerdings eine umstrittene Frage. Robert F. Wheeler: „Zur sozialen Struktur der Arbeiterbewegung am Anfang der Weimarer Republik", in: Hans Mommsen, Dietmar Petzina und Bernd Weisbrod (Hrsg.): *Industrielles System und politische Entwicklung in der Weimarer Republik.* Düsseldorf 1974, S. 185, vertritt die Ansicht, daß die Frage der Dequalifikation in Solingen irrelevant, für die Besorgnisse der revolutionären Obleute in Berlin dagegen von Bedeutung gewesen sei.

150 Tenfelde: „Linksradikale Strömungen"; zu Rußland vgl. Kapitel 2, Anm. 158, sowie die in der Anm. 159 ebd, gemachten Einschränkungen.

151 Geary: „Radicalism"; Lindemann: *‚Red Years',* S. 253-270; Hans-Ulrich Ludewig: *Arbeiterbewegung und Aufstand. Eine Untersuchung zum Verhalten der Arbeiterparteien in den Aufstandsbewegungen der frühen Weimarer Republik 1920-1923.* Husum 1978, S. 84; Dolléans: *Mouvement Ouvrier,* Band 3,

S. 152 ff.; Shorter und Tilly: *Strikes,* S. 132-136; Antoine Prost: *CGT,* S. 66 und 104.

152 Ein klassisches Beispiel hierfür bietet Rudolf Vetterli: *Industriearbeit, Arbeiterbewußtsein und gewerkschaftliche Organisation: Dargestellt am Beispiel der Georg Fischer AG. (1890-1930).* Göttingen 1978.

153 George Eliasberg: *Der Ruhrkrieg von 1920.* Bonn 1974, S. 48; Dick Geary: „The Ruhr: From Social Peace to Social Revolution", in: *European Studies Review,* Nr. 4 (1980).

4. Krieg, Revolution und Kommunismus

1 Gordon Phillips: *Industrialisation and Social Protest in Inter-war Britain.* Unveröffentlichtes Ms.; Antoine Prost: *La CGT à l'Epoque du Front Populaire.* Paris 1964, S. 37; Gerald Brenan: *The Spanish Labyrinth.* Cambridge 1962, Kapitel 8 und 10; siehe auch Anm. 37 zu Kapitel 3; Gerhard Braunthal: *Socialist Labour and Politics in Weimar Germany.* New York 1978, S. 88.

2 Dick Geary: „Radicalism and the German Worker: Metalworkers and Revolution 1914-1923", in: Richard J. Evans (Hrsg.): *Society and Politics in Wilhelmine Germany.* London 1978, S. 273 f.; Gerald D. Feldman: „Socio-economic Structures in the Industrial Sector and Revolutionary Potentialities, 1917-1922", in: Charles L. Bertrand (Hrsg.): *Revolutionary Situations in Europe, 1917-1922: Germany, Italy, Austria-Hungary.* Montreal 1977, S. 161.

3 Über die russischen Revolutionen von 1917 gibt es zahllose Untersuchungen. Einige seien genannt: E. H. Carr: *The Bolshevik Revolution in 1917-1923.* 3 Bde. London 1966; Lionel Kochan: *Russia in Revolution.* London 1970; Marcel Liebman: *The Russian Revolution.* London 1970; Marc Férro: *Révolution de 1917.* 2 Bände. Paris 1967-80; J. M. L. Keep: *The Russian Revolution.* Westfield 1976; Leo Trotzki: *Geschichte der russischen Revolution.* 2 Bde. Berlin 1931; Joel Carmichael: *Die Russische Revolution.* Reinbek 1967.

4 Feldman: „Socio-economic Structures", S. 163; Jürgen Kuczynski: *Die Geschichte der Lage der Arbeiter unter dem Kaptialismus.* Band 4: *Darstellung der Lage der Arbeiter in Deutschland von 1900 bis 1917/18.* Berlin 1967, S. 350; R. H. Dumke: *Trends in Income Distribution in Germany.* Unveröffentlichtes Ms. eines Referats vor der dritten Konferenz des SSRC/DFG-Forums über deutsche Wirtschafts- und Sozialgeschichte an der Universität Liverpool, Mai 1980, Schaubild 5; Carl-Ludwig Holtfrerich: *Die deutsche Inflation 1914-1923.* Berlin/New York 1980, *passim*; Hans-Ulrich Ludewig: *Arbeiterbewegung und Aufstand.* Husum 1978, S. 51.

5 Zu Hungeraufständen und sonstigen Massenbewegungen siehe Friedhelm Boll: *Massenbewegungen in Niedersachsen, 1906-1920.* Bonn 1981.

6 Edouard Dolléans: *Histoire du Mouvement Ouvrier.* Band 2: *1871-1936.* Paris 1946, S. 298-333; Edward Shorter und Charles Tilly: *Strikes in France 1830-1968.* Cambridge 1974, S. 123; Alfred Sauvy: *Histoire Economique de la France entre les deux Guerres.* Band 1: *1918-1931.* Paris 1967, S. 99; Claude Fohlen: *La France de l'Entre-Deux-Guerres.* Paris 1966, S. 35 f.; Jacques Chastenet: *Histoire de la Troisième République.* Band 5: *Les Années d'Illusion 1918-1931.*

Paris 1960, S. 67; J. Lhomme: „Le pouvoir d'achat de l'ouvrier français au cours d'un siècle, 1840-1940", in: *Mouvement social* (Juni 1968), S. 52 f.

7 Clough: *The Economic History*, S. 194-197; John M. Cammett: *Antonio Gramsci and the Origins of Italian Communism.* Stanford 1967, Kap. 5; P. Spriano: *L'occupazione della fabbriche.* Turin 1964.

8 Karl-Theodor Stiller: *Gewerkschaftspolitik und Bewegungen in der Arbeiterschaft (1914-1920).* Offenbach 1977, S. 23. Eine detaillierte Analyse der Zustände in der Arbeiterschaft bietet auch Gerald Feldman: *Army, Industry and Labour in Germany, 1914-1918.* Princeton, N.J. 1966, sowie J. Kocka: *Klassengesellschaft im Krieg. Deutsche Sozialgeschichte 1914-1918.* 2. Aufl. Göttingen 1978.

9 Henry Pelling: *A History of British Trade Unionism.* London 1966, S. 151 ff.

10 Annie Kriegel: *Aux Origines du Communisme Français.* Paris 1964, Kapitel 6.

11 Siehe oben, Anm. 126 zu Kapitel 3.

12 Sydney Pollard: *Peaceful Conquest.* Oxford 1981, S. 292 f.

13 M. Degl'Innocenti: „La guerra libica, la crisi del riformismo e la vittoria degli intransigenti", in: *Studi storici,* Nr. 3 (1972), S. 502-506.

14 Adrian Lyttleton: „Revolution and Counter-revolution in Italy, 1918-1922", in: Bertrand (Hrsg.): *Revolutionary Situations,* S. 64 f.; Paolo Spriano: *Storia del Partito Communista Italiano.* Turin 1967, Band 1, Kap. 6.

15 Feldman: „Socio-economic Structures", S. 160 f.; Peter von Oertzen: *Betriebsräte in der Novemberrevolution.* 2. Aufl. Bonn-Bad Godesberg 1976, S. 273 f.; Barrington Moore: *Injustice. The Social Bases of Obedience and Revolt.* White Plains, N.Y. 1978; David W. Morgan: *The Socialist Left and the German Revolution.* Ithaca, N.Y. 1975, S. 72.

16 Siehe Anm. 149 zu Kapitel 3.

17 Ebd.

17a Whitley Councils sind Gremien, in denen Unternehmer und Arbeiter gemeinsam über Löhne, Arbeitsbedingungen u. ä. verhandeln. Sie entstanden seit 1917 in verschiedenen Industrien, im Staatsdienst und in der Lokalverwaltung und sind nach dem britischen Politiker J. H. Whitley (1866-1935) benannt. (A. d. Ü.)

18 Siehe Anm. 149 zu Kapitel 3.

19 Siehe Anm. 69 zu Kapitel 3. Zur Entwicklung der internationalen Arbeiterbewegung: Gerhard A. Ritter (Hrsg.): *Die II. Internationale 1918/19.* 2 Bde. Berlin/Bonn 1980; Agnes Blönsdorf: *Die Zweite Internationale und der Krieg.* Stuttgart 1979.

20 Feldman: *Army, passim;* Susanne Miller: *Burgfrieden und Klassenkampf. Die deutsche Sozialdemokratie im Ersten Weltkrieg.* Düsseldorf 1974, *passim;* Geary: „Radicalism", S. 280 ff. Solche Entwicklungen waren nicht auf Deutschland beschränkt. Auch in Italien und in Österreich lassen sich ähnliche Tendenzen feststellen. Feldman: „Socio-economic Structures", S. 161.

21 Ebd.

22 Feldman: „Socio-economic Structures", S. 161 f. Ferner ebd., S. 165 f., und Richard Comfort: *Revolutionary Hamburg.* Stanford, Cal. 1966, Kapitel 7.

23 Pelling: *British Trade Unionism.* S. 151-156; James Hinton: *The First Shop Stewards' Movement.* London 1973, *passim.*

24 Kriegel: *Origines*, Kapitel 6.
25 Feldman: *Army*, S. 104 und 113.
26 Über die Polarisierung der deutschen Gesellschaft im Laufe des Ersten Weltkrieges siehe Kocka: *Krieg, passim.*
27 Sebastian Haffner: *Die deutsche Revolution 1918/19.* München 1979, S. 119-122.
28 Leopold Haimson: „The Problem of Social Stability in Urban Russia, 1905-1917", in: Clive Emsley (Hrsg.): *Conflict and Stability in Europe.* London 1979, S. 247 ff.
29 Lyttleton: „Revolution and Counter-revolution", S. 64 f.
30 George Dangerfield: *The Strange Death of Liberal England.* London 1966.
31 Feldman: „Socio-economic Structures".
32 Pelling: *British Trade Unionism*, Kapitel 10; Eve Rosenhaft: *Social History of the German Communist Party, 1919-1933.* Unveröffentlichtes Ms.; Richard N. Hunt: *German Social Democracy 1918-1933.* Chicago 1970, S. 89-138; Ossip K. Flechtheim: *Die KPD in der Weimarer Republik.* Frankfurt am Main 1971, S. 241 und 318-322.
33 Rosenhaft: *German Communist Party;* James Wickham: *Working Class Movement and Working Class Life*, unveröffentlichtes Ms.
34 So waren in Deutschland Anfang 1926 zwei Millionen Menschen arbeitslos.
35 Siehe oben, S. 117 ff.
36 Feldman: „Socio-economic Structures", S. 164.
37 Siehe oben, S. 117 ff.
38 Siehe oben, Anm. 159 zu Kapitel 2.
39 Das ist das zentrale Argument in Carl E. Schorske: *Die große Spaltung. Die deutsche Sozialdemokratie von 1905-1917.* Berlin 1981.
40 Albert S. Lindemann: *The ‚Red Years'.* Berkeley 1974, S. 24.
41 *Ebd.*, S. 6 f.; David Stafford: *From Anarchism to Reformism. Paul Brousse.* London 1971, *passim;* Claude Willard: *Geschichte der französischen Arbeiterbewegung*, Frankfurt/New York 1981, S. 66-80.
42 Die russische Partei war natürlich bereits 1903 in einen bolschewistischen und einen menschewistischen Flügel auseinandergebrochen, und zwar an der Frage, wie weit die Partei sich für neue Mitglieder öffnen solle, wobei Lenin strengere Aufnahmebedingungen wünschte.
43 Zu den Kämpfen innerhalb der verschiedenen sozialistischen Parteien in der Frage des Anschlusses an die Dritte Internationale siehe Anm. 69 zu Kapitel 3.
44 Schilderungen des Verhältnisses Moskaus zu den anderen kommunistischen Parteien bieten: E. H. Carr: *The Interregnum 1923-1924, Socialism in One Country 1924-1926, Foundations of a Planned Economy, 1926-1929.* London 1954-76, *passim;* Isaac Deutscher: *Trotzki.* 3 Bände. Stuttgart 1962-63, Band 2 und 3 *passim;* Richard Löwenthal: „The Bolshevisation of the Spartacist League", in: David Footman (Hrsg.): *International Communism.* London 1960, S. 23-71. Hermann Weber: *Die Wandlung des deutschen Kommunismus.* 2 Bde. Frankfurt am Main 1969; Werner T. Angress: *Die Kampfzeit der KPD 1921-1923.* Düsseldorf 1973.
45 Kriegel: *Origines;* Lindemann: *‚Red Years'*, S. 270 f.; Dolléans: *Mouvement Ouvrier.* Band 3. *De 1921 à nos jours.* Paris 1953; Jacques Droz: *Le Socialisme*

Démocratique 1864-1960. Paris 1966, S. 233 f.; Ronald Tiersky: *French Communism 1920-1972.* Columbia 1976, S. 23-36.

46 Morgan: *Socialist Left;* Robert F. Wheeler: *USPD und Internationale.* Frankfurt am Main 1975; Weber: *Wandlung;* Flechtheim: *KPD.*

47 Geary: „Radicalism“, S. 270-273.

48 Lindemann: *‚Red Years‘*, S. 24, 54 und 117.

49 Ebd., S. 293.

50 Ebd., S. 251; Wheeler: *USPD.*

51 Droz: *Socialisme Démocratique,* S. 233 f.; Shorter und Tilly: *Strikes,* S. 132-136; Prost: *CGT,* S. 66-73.

52 Degl'Innocenti: „La guerra libica“, S. 502-506; Feldman: „Socio-economic Structures“, S. 165 f.

53 Hunt: *German Social Democracy,* S. 93-130; Flechtheim: *KPD,* S. 63 f. und 241; Weber: *Die Wandlung,* Band 2, S. 26-34.

54 Rosenhaft: *Communist Party*; Wickham: *Workers' Movement.*

55 Geary: „Radicalism“, S. 277; Robert F. Wheeler: „Zur sozialen Struktur der Arbeiterbewegung am Anfang der Weimarer Republik“, in: Hans Mommsen, Dietmar Petzina und Bernd Weisbrod (Hrsg.): *Industrielles System und politische Entwicklung in der Weimarer Republik.* Düsseldorf 1974, S. 182 f.; Lindemann: *‚Red Years‘*, S. 253, 262 f. und 270.

56 Mayone Ruth Clark: *A History of the French Labour Movement.* Berkeley 1930, S. 85 ff.; Kriegel: *Origines,* S. 359-521.

57 Braunthal: *Socialist Labour,* S. 88; Flechtheim: *KPD,* S. 70; Angress: *Kampfzeit,* 2. und 3. Teil; Denis Authier und Jean Barrot: *La Gauche Communiste en Allemagne 1918-1921.* Paris 1976, S. 121 und 164.

58 Lyttleton: „Revolution and Counter-revolution“, S. 69 ff.

59 Pelling: *British Trade Unionism,* S. 180 und 188.

60 Siehe oben, S. 81 f.

61 Siehe oben, S. 133.

62 Siehe oben, S. 133 f.

63 Ludewig: *Arbeiterbewegung,* S. 53 ff.

64 Pelling: *British Trade Unionism,* S. 161; Phillips: *Inter-war Britain.*

65 Feldman: „Socio-economic Structures.“ S. 162 f.

66 Phillips: *Inter-war Britain;* Frank Wilkinson: „Collective Bargaining in the Steel Industry in the 1920s“, in: Asa Briggs und John Saville (Hrsg.): *Essays in Labour History 1918-1939.* London 1977.

67 Phillips: *Inter-war Britain;* Alan Deacon: „Concession and Coercion: The Politics of Unemployment Insurance in the Twenties“, in: Briggs und Saville (Hrsg.): *Essays in Labour History 1918-1939,* S. 9.

68 Ludewig: *Arbeiterbewegung, passim.*

69 F. L. Carsten: *Revolution in Mitteleuropa 1918-1919.* Köln 1973, Kap. 3 u. 4.

70 George Eliasberg: *Der Ruhrkrieg von 1920.* Bonn 1974, *passim.*

71 Lindemann: *‚Red Years‘*, S. 117.

72 Siehe oben, S. 139.

73 Feldman: *Army,* S. 523-531.

74 David Caute: *The Left in Europe since 1789.* London 1966, S. 197. Noch großzügigere Sozialmaßnahmen gab es in Schweden.

75 Alfred Cobban: *History of Modern France.* Band 3: *1871-1962.* London 1965, S. 152 f.

76 Eine klassische Demonstration dieser Argumentationsweise bietet die Schilderung der deutschen Revolution von 1918/19 aus DDR-Sicht; siehe die einschlägigen Beiträge in der *Zeitschrift für Geschichtswissenschaft,* 1968 und 1969.

77 Siehe oben, S. 47 f.

78 Trotzki: *Russische Revolution,* Band 1, Kapitel 1.

79 Kochan: *Revolution in Russia,* S. 18 f.

80 So beispielsweise im Falle Italiens; siehe Lyttleton: „Revolution and Counter-revolution", S. 71.

81 Hans-Jürgen Puhle: *Agrarische Interessenpolitik und preußischer Konservatismus im Wilhelminischen Reich.* 2. Auflage Bonn-Bad Godesberg 1975; Jens Flemming: *Landwirtschafltiche Interessen und Demokratie.* Bonn 1978; Lyttleton: „Revolution and Counter-revolution", S. 69.

82 Siehe oben, S. 88 f.

83 R. G. L. Waite: *Vanguard of Nazism. The Free Corps Movement in Post War Germany 1918-1923.* Cambridge, Mass. 1952; Lyttleton: „Revolution and Counter-revolution", S. 68-73.

84 Robert F. Wheeler: „‚Ex oriente lux?' The Soviet Example and the German Revolution, 1917-1923", in: Bertrand (Hrsg.): *Revolutionary Situations,* S. 46.

85 G. Ranki: „Structural Crisis in Agriculture in Postwar Years", in: Bertrand (Hrsg.): *Revolutionary Situations,* S. 105-114.

86 Lyttleton: „Revolution and Counter-revolution", S. 66.

87 Francis Carsten: „Revolutionary Situations in Europe, 1917-1920", in: Bertrand (Hrsg.): *Revolutionary Situations,* S. 30.

88 Hans Hautmann und Rudolf Kropf: *Die österreichische Arbeiterbewegung vom Vormärz bis 1945.* Linz 1974, S. 162 ff.

89 Authier und Barrot: *Gauche Communiste;* Flechtheim: *KPD;* Hans-Manfred Bock: *Syndikalismus und Linkskommunismus von 1918-1923.* Meisenheim am Glan 1969; Gottfried Mergner: *Arbeiterbewegung und Intelligenz.* Starnberg 1973.

90 Lindemann: *‚Red Years',* S. 274.

91 Rudolf L. Tökés: *Bela Kun and the Hungarian Soviet Republic.* London 1967.

92 Spriano: *L'occupazione, passim;* Cammett: *Gramsci, passim.*

93 Haffners *Revolution* behandelt dies als zentrales Thema. Siehe auch Eliasberg: *Ruhrkrieg, passim.*

94 Eine Erörterung der Eigenart der deutschen Revolution bietet Geary: „Radicalism".

95 Cammett: *Gramsci,* Kapitel 4 und 5.

96 Hinton: *Shop Stewards' Movement, passim.*

97 Ludewig: *Arbeiterbewegung, passim;* Eliasberg: *Ruhrkrieg, passim.*

98 Eliasberg: *Ruhrkrieg,* S. 3 und 79; Erhard Lucas: *Arbeiterradikalismus: Zwei Formen von Radikalismus in der deutschen Arbeiterbewegung.* Frankfurt am Main 1976.

99 Siehe oben, S. 81.

100 Lyttleton: „Revolution and Counter-revolution", S. 66; Ludewig: *Arbeiterbewegung,* S. 43 f.

101 Brenan: *Spanish Labyrinth,* Kapitel 6.
102 Beschreibungen des spanischen Bürgerkrieges finden sich in: Brenan: *Spanish Labyrinth;* Gabriel Jackson: *The Spanish Republic and the Civil War 1931-1939.* Princeton, N. J. 1965; Hugh Thomas: *The Spanish Civil War.* London 1961; Stanley G. Payne: *The Spanish Revolution*; London 1970; Burnett Bolloten: *The Grand Camouflage. The Spanish Civil War and Revolution.* London 1968; Paul Preston: *The Coming of the Spanish Civil War.* London 1978; Pierre Broué und Emile Témine: *The Revolution and Civil War in Spain.* London 1972.
103 Max H. Kele: *Nazis and Workers. National Socialist Appeals to German Labour, 1919-1933.* Chapel Hill 1972.
104 Über die soziale Zusammensetzung der faschistischen Anhängerschaft siehe G. Germani: „Fascism and Class", in: S. J. Woolf (Hrsg.): *The Nature of Fascism.* London 1968, S. 65-96; ferner verschiedene Beiträge in S. J. Woolf (Hrsg.): *European Fascism.* London 1968, und S. M. Lipset: *Political Man.* London 1964, Kapitel 5. Zu Italien siehe Lyttleton: „Revolution and Counterrevolution"; A. Lyttleton (Hrsg.): *Italian Fascism.* London 1973; P. Corner: *Fascism in Ferrara.* London 1975.
105 R. Skidelsky: „Great Britain", in: Woolf (Hrsg.): *European Fascism,* Kapitel 11.
106 G. Warner: „France", in ebd., S. 268 f.
107 Die Literatur über den deutschen Nationalsozialismus ist enorm groß. Genannt seien: W. S. Allen: *„Das haben wir nicht gewollt!" Die nationalsozialistische Machtergreifung in einer Kleinstadt 1930-1935,* [Gütersloh] 1966; K. D. Bracher, W. Sauer und G. Schulz: *Die nationalsozialistische Machtergreifung.* Köln 1962; M. Broszat: *Der Nationalsozialismus.* Stuttgart 1960; R. Heberle: *Landbevölkerung und Nationalsozialismus.* Stuttgart 1962; Alan Bullock: *Hitler. Eine Studie über Tyrannei.* Düsseldorf 1953; D. Orlow: *History of the Nazi Party.* 2 Bände. London 1969-73. Zu Österreich siehe F. L. Carsten: *Austrian Fascism.* London 1979; Zum Vergleich etwa: Wolfgang Schieder (Hrsg.), *Faschismus als soziale Bewegung.* Hamburg 1976.
108 Conan Fischer: *The SA's Rank and File Membership in the Early 1930s.* Unveröffentlichtes Ms.; Conan Fischer: „The Occupational Background of the SA's Rank and File Membership during the Depression Years, 1929 to mid-1934", in: P. D. Stachura (Hrsg.): *The Shaping of the Nazi State.* London 1978.
109 Untersuchungen über die soziale Zusammensetzung der Nazi-Partei bieten Lipset: *Political Man,* Kapitel 5; aus der neueren Literatur z. B. L. D. Stokes: „The Social Composition of the Nazi Party in Eutin, 1925-1932", in: *International Review of Social History.* 23 (1978), Teil 1. Eine allgemeiner gehaltene Erörterung über das Verhältnis der Nazis zu den Arbeitern bietet die irreführende Darstellung von Kele: *Nazis and Workers,* vor allem aber Tim Mason: *Arbeiterklasse und Volksgemeinschaft. Dokumente und Materialien zur deutschen Arbeiterpolitik 1936-1939.* Opladen 1975.
110 Fischer: *The SA's Rank and File.*
111 Kele: *Nazis and Workers.*
112 Heberle: *Landbevölkerung.*
113 Siehe oben, Anm. 109.

114 Bei den Reichstagswahlen vom November 1932 konnte die KPD nicht weniger als 5 980 000 Stimmen auf sich vereinigen, gegenüber weniger als 3 Millionen im Jahre 1924 und 3,25 Millionen im Jahre 1928.

115 Harold Lasswell und Daniel Lerner: *World Revolutionary Elites.* Cambridge, Mass. 1965, Kapitel 5; ferner oben, Anm. 109. Weitere Analysen der Parteizugehörigkeit und des Wählerverhaltens, die diesen generellen Eindruck bestätigen, bieten Richard F. Hamilton: *Who Voted for Hitler?* Princeton 1982; Klaus Tenfelde: *Proletarische Provinz. Radikalisierung und Widerstand in Penzberg/Oberbayern 1900-1945.* 2. Ausg. München 1982, besonders S. 190-193, 199-203; das Werk referiert auch ausführlich über weitere Literatur.

116 A. K. Organski: „Fascism and Modernization", und J. Solé-Tura: „The Political ‚Instrumentality' of Fascism", beides in Woolf: *Nature of Fascism.*

117 Siehe oben, Anm. 104.

118 Erich Matthias: „Die Sozialdemokratie und die Macht im Staate", in: ders.: *Der Weg in die Diktatur 1918 bis 1933.* München 1963, S. 71-93; vgl. generell: Erich Matthias/Rudolf Morsey (Hrsg.): *Das Ende der Parteien 1933.* Düsseldorf 1960.

119 Ossip K. Flechtheim: „Die Rolle der KPD", in *ebd.*, S. 121-149; Eve Rosenhaft: *The German Communists and Paramilitary Violence 1929-1933.* Ph.-D.-These, Cambridge 1979; Flechtheim: *KPD,* S. 253 f.; Friedrich-Wilhelm Witt: *Die Hamburger Sozialdemokratie in der Weimarer Republik.* Hannover 1971, S. 73 und 117 f.

120 Zur französischen Front Populaire siehe Prost: *CGT;* Daniel Guérin: *Front Populaire. Révolution Manquée.* Paris 1970; Tiersky: *French Communism,* S. 54-58; Daniel R. Brower: *The New Jacobins.* Ithaca, N. Y. 1968; Nathaniel Green: *Crisis and Decline. The French Socialist Party in the Popular Front Era.* Ithaca, N. Y. 1968. Zu Spanien siehe Brenan: *Spanish Labyrinth,* Kapitel 13, und Paul Presten, *Coming of the Civil War,* S. 134-191.

121 So argumentiert der *gauchiste* Guérin in bezug auf Frankreich *(Front Populaire),* während Bolloten *(Grand Camouflage)* eine vernichtende Anklage gegen die Kommunistische Partei Spaniens darstellt.

122 Rosenhaft: *Paramilitary Violence, passim.*

123 Siehe beispielsweise die Spätschriften Kautskys, welcher noch 1934 diese Überzeugung vertreten konnte: Karl Kautsky: *Grenzen der Gewalt.* Karlsbad 1934.

124 R. J. Geary: *Karl Kautsky and the Development of Marxism.* Ph.-D.-These, Cambridge 1971, Kapitel 13.

125 Matthias: „Die Sozialdemokratie".

126 Braunthal: *Socialist Labour,* S. 70-74. Zu einem positiveren Urteil über die deutschen Gewerkschaften in der Zeit der Depression, besonders was ihre Ansätze zur Formulierung einer neuen Wirtschaftsstrategie betrifft, kommt Sydney Pollard: „The Trade Unions in the Depression 1929-1933", in: Mommsen, Petzina und Weisbrod (Hrsg.): *Industrielles System,* S. 237-269. Über die Gewerkschaften in der Phase der Machtübernahme vgl. Gerhard Beier, *Das Lehrstück vom 1. und 2. Mai 1933,* Frankfurt 1975.

127 Rosenhaft: *Socialist History.*

128 Ebd. und Rosenhaft: *Paramilitary Violence,* S. 68.

129 Max Adler: „Wandlung der Arbeiterklasse?" in: *Der Kampf* 26 (1933), S. 367-

382. Zu einer ausführlicheren Diskussion dieser Punkte vgl. Dick Geary: „The Failure of German Labour in the Weimar Republic", in: Michael Dobkowski und Isidor Wallimann (Hrsg.): *Toward the Holocaust: Anti-Semitism and Fascism in the Weimar Republic.* New York 1983.

130 Mason: *Arbeiterklasse;* Tim Mason: *The Workers' Opposition in the Third Reich.* Unveröffentlichtes Ms. Zu der These, daß die Arbeiter sehr wohl der nationalsozialistischen Propaganda Glauben schenkten, siehe David Schoenbaum: *Die braune Revolution. Eine Sozialgeschichte des Dritten Reiches.* München 1980, Kap. 3.

131 Ian Kershaw: *The Working Class in Bavaria in the Third Reich.* Unveröffentlichtes Referat vor der zweiten Session der Forschungsgruppe der SSRC zur modernen deutschen Sozialgeschichte, University of East Anglia, Januar 1979.

132 Klaus Tenfelde: *Proletarische Provinz,* Kap. 5-7; Tim Mason: *Arbeiterklasse und Volksgemeinschaft;* Gerhard Hetzer: „Die Industriestadt Augsburg. Eine Sozialgeschichte der Arbeiteropposition", in: Martin Broszat u. a. (Hrsg.): *Bayern in der Ns-Zeit.* Band III, Teil B, München 1981, S. 1-234.

133 Zur unveränderten Eigenart der deutschen Gesellschaftsstruktur unter den Nazis siehe Franz Neumann: *Behemoth. Struktur und Praxis des Nationalsozialismus 1933-1944.* Köln/Frankfurt 1977.

134 Kurt Klotzbach: *Gegen den Nationalsozialismus. Widerstand und Verfolgung in Dortmund 1930-1945.* Hannover 1969; Hans-Josef Steinberg: *Widerstand und Verfolgung in Essen 1933-1945.* Hannover 1969; siehe auch Detlev Peukert: *Die KPD im Widerstand.* Wuppertal 1980.

Buchanzeige